ミネルヴァ日本評伝選

人間到る処青山有り

月性

海原　徹著

ミネルヴァ書房

刊行の趣意

「学問は歴史に極まり候ことに候」とは、先哲荻生徂徠のことばである。

歴史のなかにこそ人間の智恵は宿されている。人間の愚かさもそこにはあらわだ。この歴史を探り、歴史に学んでこそ、人間はようやくみずからの正体を知り、いくらかは賢くなることができる。新しい勇気を得て未来に向かうことができる。徂徠はそう言いたかったのだろう。

「ミネルヴァ日本評伝選」は、私たちの直接の先人について、この人間知を学びなおそうという試みである。日本列島の過去に生きた人々の言行を、深く、くわしく探って、そこに現代への批判を聴きとろうとする試みである。日本人ばかりではない。列島の歴史にかかわった多くの異国の人々の声にも耳を傾けよう。

先人たちの書き残した文章をそのひだにまで立ち入って読み、彼らの旅した跡をたどりなおし、彼らのなしとげた事業を広い文脈のなかで注意深く観察しなおす——そのとき、はじめて先人たちはいまの私たちのかたわらによみがえってくる。彼らのなまの声で歴史の智恵を、また人間であることのよろこびと苦しみを、私たちに伝えてくれもするだろう。

この「評伝選」のつらなりのなかから、列島の歴史はおのずからその複雑さと奥ゆきの深さをもって浮かび上がってくるはずだ。これを読むとき、私たちのなかに新たな自信と勇気が湧いてきて、その矜持と勇気をもって「グローバリゼーション」の世紀に立ち向かってゆくことができる——そのような「ミネルヴァ日本評伝選」にしたいと、私たちは願っている。

平成十五年（二〇〇三）九月

上横手雅敬
芳賀　徹

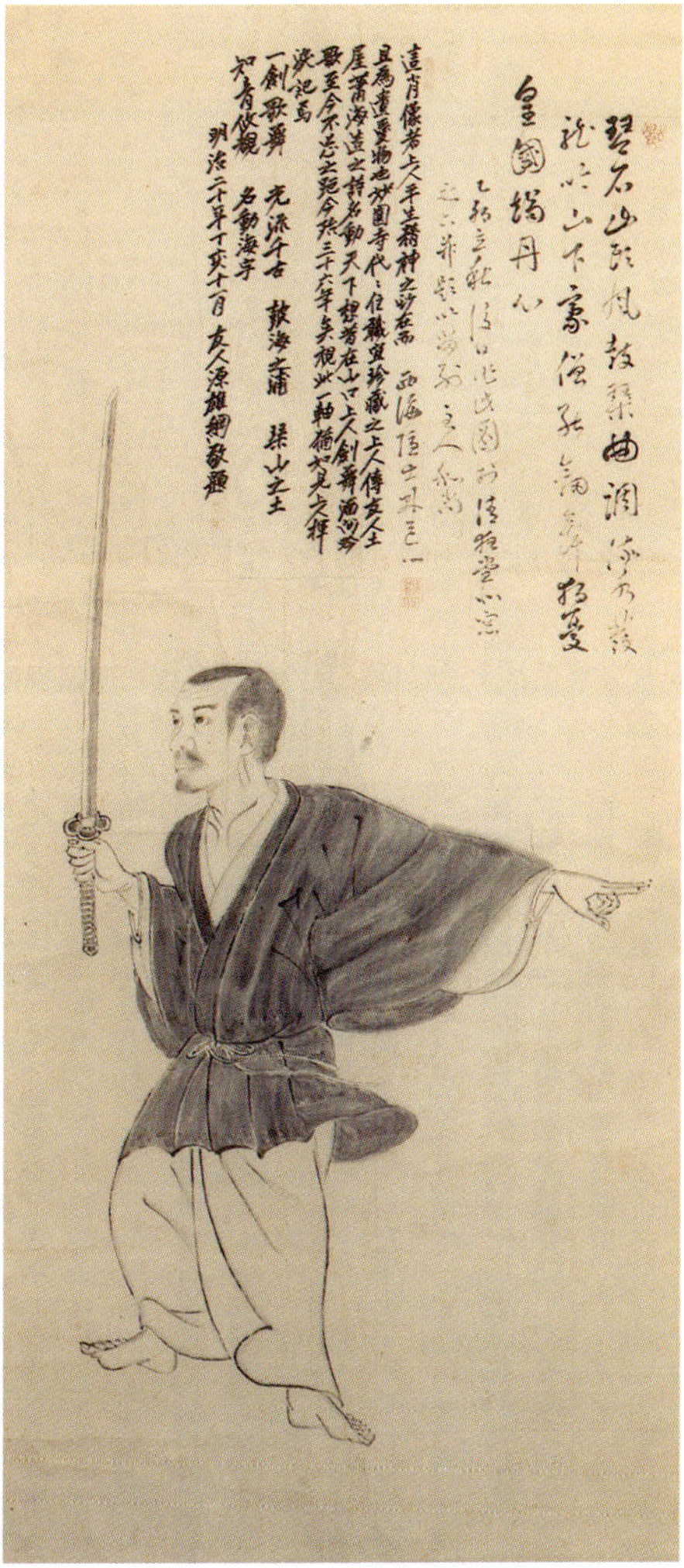

月性剣舞の図

（山口県玖珂郡大畠町・妙円寺蔵）

時間を要しなかったのは、萩城下で周布政之助《すふまさのすけ》らが主宰する嚶鳴社《おうめいしゃ》の活躍を無視できないが、その事実上のメンバーである月性が、社中の人びとに「新論」を提示したことが、おそらく決定的ではなかっただろうか。

僧月性はまた、長州藩でもっとも早く討幕論を唱えた人物でもある。尊王攘夷から討幕への政治的決断を必ずしもなし得ない、公武合体的路線が大勢を占める長州藩の藩論をやがて大きく転回させる指針、一つの確かなきっかけになったのは、ペリーの再来を目前にした時期、早くも月性が藩主に呈した「封事草稿」であったように思われる。

草莽崛起《そうもうくっき》の政治的スローガンを掲げ、安政大獄で刑死する松陰ですら、毛利家の臣であることを深刻に悩み、天朝への忠節と幕府への信義の間で揺れ動いていた頃、すでに月性は討幕論を前面に掲げながら、そうした不徹底かつ優柔不断の姿勢を断乎として不可とした。たしかに、討幕論者松陰の登場には、芸州からやって来た、もう一人の勤王僧默霖《もくりん》の関与がなければならず、また松陰自身、死生を目前にしたぎりぎりの限界状況で自得する過程があったが、そうした彼の周辺にあって、絶えず励まし、教え導いたのは月性その人である。誤解を恐れずにいえば、僧月性の存在がなければ、松陰の野山再獄は考えられず、したがってまた刑死すらなかったかもしれない。

嘉永元年から安政五年の没年まで、彼が主宰した時習館《じしゅうかん》から奇兵隊総管赤禰武人《あかねたけと》や奥羽鎮撫《ちんぶし》使参謀世良修蔵《せらしゅうぞう》らのような激動の時代を彩る人材が多数輩出した。高杉晋作の奇兵隊が、村塾グループの軍事的拠点であったように、第二奇兵隊やその周辺の諸隊のリーダーは、ほとんど時習館出身者たちで占められた。つまり幕末維新の政治運動に果たした役割という面からいえば、松下村塾に優るとも劣らない学塾であるにもかかわらず、その評価がいかにも小さいのは一体なぜだろうか。

舞台の主役月性なる人物が、萩城下のサムライでなく、真宗西本願寺派の小さな寺の住職であったということもあるだろう。詩人としてはたしかに有名で、その気宇壮大、勇壮活発な詩作は、志士たちの間で大いにもてはやされ、盛んに愛誦されたが、彼が唱えた尊攘討幕論はさほど注目されなかった。月性没後、西本願寺から公刊された「護国論」には当然のことながら討幕論はなく、またこれが、全国一万の末寺を通して本願寺門徒に夷狄《いてき》の侵略の具と化したキリスト教の邪教たる所以《ゆえん》を縷々《るる》述べたことも一因であろう。月性が声を大にして叫んだ護法すなわち護国、尊王攘夷の政治的主張が、実は排仏論、なかんずく真宗撲滅論への回答として、もっぱら法談の場で語られたとすれば、サムライ身分が主流をなす当代の政治青年たちに今一つアピールしなかったのも分からないではない。

時習館の位置する周防遠崎《とおざき》村が、萩城下から遠く離れた瀬戸内の小さな僻村であったことも、あるいは関係したのかもしれない。真宗僧が経営する学塾のためか、教えを乞うたのは寺の子が多い。何人かいたサムライ身分の塾生も、秋良《あきら》雄太郎のように、せいぜい陪臣ランクにとどまった。赤禰武人や世良修蔵らのようにもと百姓の子が養子になった場合もある。この辺は、身分の上下はあるが直臣が多く、師の松陰を通じて絶えず藩の政治に直接、間接に関わった村塾生との大きな違いであろう。

もう一つ、おそらく決定的な要因であったと思われるが、月性の門下生たちは、なぜか幕末維新史の激動の渦中で、多くの人びとが志半ばで倒れた。阿武隈川の畔で斬られた世良修蔵のように、官軍内部の裏切りで非業の死を遂げた者もいる。高杉との内ゲバに破れて刑死した赤禰も、華やかな志士的履歴をすべて抹消され、「不忠不義之至」と断罪されたのでは浮かばれないだろう。維新のバスに乗り遅れた大楽《だいらく》源太郎のように、かつての同志たちが作った新政府のお尋ね者となり、逃避行の末、異境の地で殺された者もいる。

たしかに、西本願寺執行長を一三年間勤めた大洲《おおず》鉄然《てつねん》のような、世間的な活躍をした人物もいないではないが、彼の活躍は、あくまで宗教的世界での出来事にすぎず、門主に次ぐいわばナンバーツーの顕職も任期を終えれば、もとの小寺の住職に戻る。現に鉄然自身が、そうした境遇の中で生涯を全うした。彼と一緒に宗門改革に活躍した三國貫嶺《みくにかんれい》や芥川義天《あくたがわぎてん》らのように、四境《しきょう》戦争の頃まで諸隊のリーダーとしてそれなりの軍歴を有したが、新政府には出仕せず、たかだか田舎の名士で終わった者もいる。

さまざまな理由が考えられるが、時習館出身者は、多くの人びとが地方にとどまり中央に進出しなかった。その意味で世俗的な成功や立身出世に関係がなく、萩城下の人びととは、決定的に異なる生き方をした。勝てば官軍の言葉は、勝ち組であった長州藩内での論功行賞にもあてはまり、軍配はほとんどすべて萩城下の人びとの側に上がったといっても過言ではない。このことは、やがて始まる山口県当局の維新史編纂にもそのまま反映されており、早くから大洲鉄然は、萩城下出身者への過褒、そしてまた周南地方、なかんずく月性や時習館出身者の活躍が必ずしも正当に評価されていないことに苦情を述べ、その偏向ぶりを批判した。

百数十年の歳月の経過とともに、誰も知らなくなった僧月性やその門下生たちを遠い昔の歴史的風景、今は朧げになってしまった記憶の世界から一つ一つ確実に蘇らせ、もう一度スポットライトを当ててみる。そのような作業を通して、幕末維新の激動の時代に彼らが一体何を思い、どのように行動したのかを改めて検証してみたい。剣を振りかざし鮮やかに舞う月性の絵姿にイメージを膨らませながら、私は今そのように考えている。

月性――人間到る処青山有り　目次

目　次

図表写真一覧

第一章　どのような家庭環境、少年時代を送ったのか

1　海の見える風景

大島郡遠崎村という土地

月性は文化一四（一八一七）年九月二七日、周防国大島郡遠崎村（現・山口県玖珂《くが》郡大畠《おおばたけ》町遠崎《とおざき》七二九）の真宗本願寺派、つまり西本願寺系の小寺妙円寺《みょうえんじ》に生まれた。幼名は分からないが、長じて字《あざな》を知円《ちえん》、清狂《せいきょう》と号し、また別号を烟渓《えんけい》（煙渓）、梧堂《ごどう》などといった。

遠崎村に隣接する東の大畠村や西の柳井《やない》村はもちろん、周囲はすべて岩国領であり、この村のみ萩藩の飛び地、大島宰判《さいはん》の支配下という特異な位置関係にあったが、藩政初期の慶長年間（一五九六〜一六一四）には、まだ萩毛利家の末家である吉川《きっかわ》氏の所領、つまり岩国領に属した。本藩領へ移された正確な時期は分からないが、寛永二（一六二五）年の検地を踏まえ、藩内全域で給領地の大幅な入れ替えを行った頃ではないかと推定される。目の前の笠佐《かささ》島やその左背後に見える屋代《やしろ》島、今は巨大

な連絡橋の架かっている周防大島などが本藩領であったため、そこへの出入り口として遠崎村が重要であったためである。幕末期の長府藩領馬関《ばかん》の本藩領への移行のような大きなトラブルはなかったらしいが、かなり早い時期に、若干の替地でもと岩国領の遠崎村を本藩領としたものである。明治二二（一八八九）年に遠崎・大畠の両村を合併して鳴門村となったが、昭和三〇（一九五五）年四月、この鳴門村に神代《こうじろ》村の南部を合わせて大畠村となり、昭和四六（一九七一）年四月、新しく町制を施行した。現大畠町である。

ところで、江戸時代の遠崎村は、どのような規模、また種類の村であったのだろうか。元文三（一七三八）年の「地下上申」に、「一東西拾五町程、但東はわた川より西は石仏《いしぼとけ》川迄。一南北拾四町程、但烏帽子《えぼし》岩《いわ》之麓川端より南は遠崎海辺迄」（『大畠町史』一七三頁）とあるように、東はわた川を境に大畠村、西は石仏川を挟んで柳井村となっている。大畠村とは複雑に入り組んだ境界となっており、正確を期しがたいが、ともかく一・五、六キロメートル四方のごく狭い区域である。

石高については、早くから幾つかの報告があるが、「防長風土注進案」、天保一二（一八四一）年の調査によれば、遠崎村の総石高は七四八石余、戸数三三七軒、人口一三七一人とある。背後に標高五四五メートルの琴石山《こといしやま》を控え、耕作可能な地は、海岸に迫るごく限られた平野部しかなく、おまけに陸地は海へ深く切れ込み、萩藩が得意とした干拓による新田開発を不可能にしていた。したがって耕地は、背後の山の傾斜面を上へ上へ登っていくかたちをとった。田が二八町六反三畝、畠が二五町五畝余、実に全体の耕地の四七％強、ほぼ半分近くを畠地が占めたのは、そうした極めて特異なこの村

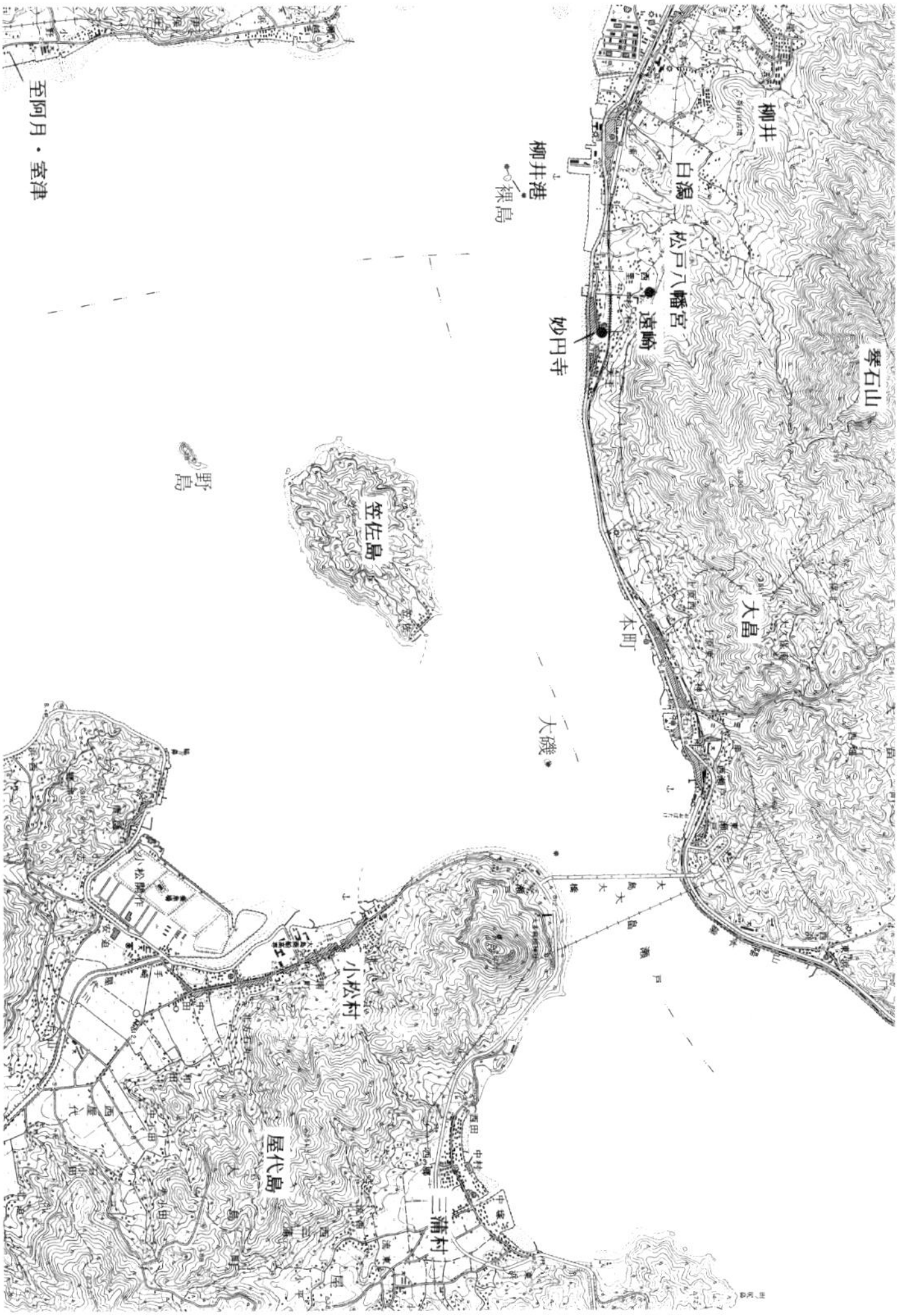

遠崎村周辺図（出典：国土地理院発行1：25000地形図）

の地勢による。
海岸線に点在する浦方一三七軒のうち漁人二一軒、舸子《かこ》一〇軒があり、漁業や船乗り稼業で生計を立てる人びとも結構沢山いたことが分かる。一五〇年余の歳月を経た今も大して変わらない、ごくありふれた瀬戸内の農漁村の風景である。

月性剣舞の立像
（山口県玖珂郡大島町遠崎）

村の生活について、前出の「風土注進案」は、農業第一の土地柄であるが、農閑期や手隙の夜なべ仕事に男は筵《むしろ》や縄、草履を作り、女は木綿を紡ぐことを副業としている。浦方では、男は漁業や船子、日雇いとして出稼ぎに行く者が多いが、女は木綿紡ぎの作業に精出しており、概して生活は質朴の風を守っていたという。

ところで、遠崎村は、本藩領の屋代島その他への連絡口だけでなく、萩藩の海への出口、九州や四国、また上方方面をめざす港町として機能した。「地下上申」や「風土注進案」を見ると、藩内各地への里程、たとえば萩城下へ陸地二七里半程、また赤間関《あかまがせき》へ陸地三三里程、海上四一里程だけでなく、遠く摂州兵庫へ海上八二里程、大坂へ海上一〇〇里程、陸路一一一里程など、遠方の目的地までの里程が詳しく示されている。なお、天保一二年時の遠崎村の船数は四三隻に上るが、うち浦方の廻船四隻（八〇石積一隻、五〇石積一隻、その他二隻）、地方《じかた》の五〇石積一隻、浦方の漁船三八隻であった。いずれも中小の船でしかないが、瀬戸内海を島伝いに航行する貨客船として不足はなく、京坂方面をめざす人びとにとって便利な交通手段として盛んに利用された。

月性の生まれた妙円寺は、現在海岸線を東西に走る国道一八八号線より二、三〇メートル山沿いに入った地にあるが、昔はこの幹線道路はなく、寺のすぐ前辺りまで海が迫っていた。山門前に立つと海が一面に広がる風景を彼は毎日見て大きくなったわけである。この海の向こうには、まだ見たことのない山川、町や村がある、いつの日かぜひ船に乗り、そうした地に出掛けてみたい、外なる未知の世界へはばたく日を夢見ながら、月性が多感な子供時代を過ごしたことは、おそらく間違いない。

妙円寺（玖珂郡大畠町遠崎）

浄土真宗寺院の子

今も昔も遠崎村には二つの寺院があるが、月性はその一つ、真宗本願寺派の妙円寺に生まれた。遠崎から一里ほど西方の岩国領柳井村にあった誓光寺の末寺であり、村内にあったもう一つの寺、浄土宗の長命寺と檀家を分け合っていた。妙円寺の真向いの海に浮かぶ、遠崎の波止場からすぐの笠佐島にも檀家があった。

寺の創められたのは慶長年中（一五九六〜一六一四）、本山よ

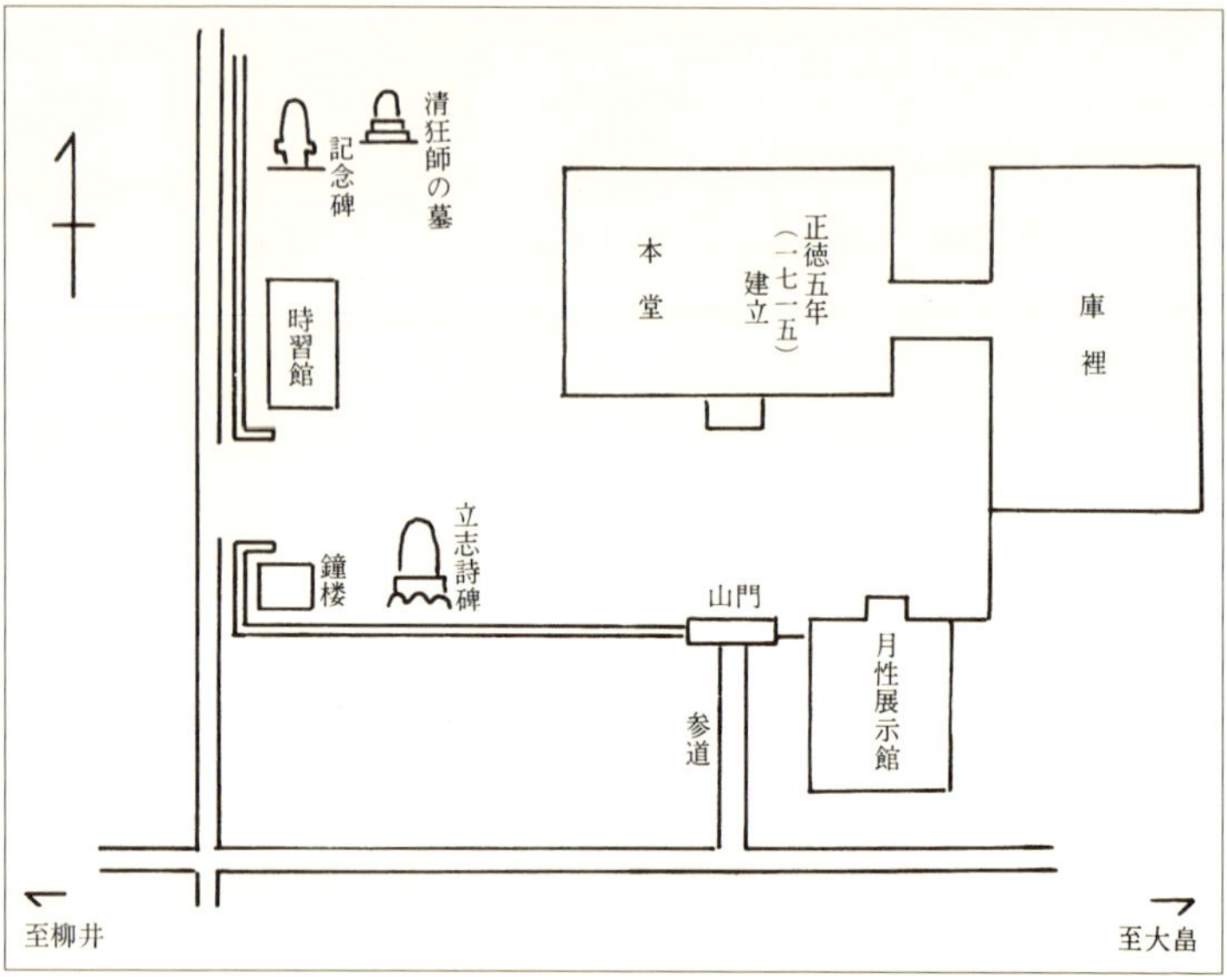

妙円寺境内図

り照光山妙円寺の寺号を与えられ、小早川家の家臣桂景信の次男で出家した浄真を開基とするというだけで、詳しいことは分からないが、寛政三（一七九一）年、月性の母尾の上が生まれたときは、第一世の浄真から数えて八世謙譲の時代である。月性の祖父となる人物である。この後、九世は、文政七（一八二四）年、母の弟、つまり叔父に当たる周邦《しゅうほう》が継いでおり、月性は祖父謙譲や叔父周邦の二人が住職を勤める妙円寺で大きくなった。

寺の堂宇は、正徳五（一七一五）年正月四日の棟札があり、第六世彊説のとき改築されたものである。他に地蔵堂や鐘楼があり、檀家のある笠佐島には、阿弥陀堂があった。なお、蓮如上人直筆の名号一幅を寺宝としている。

檀家数ははっきりしないが、月性が生まれた頃、遠崎村の総家数は三百余軒しかなく、しかも村内には浄土宗の長命寺もあったのだから、大した数ではなかろう。なお、百数十年を経た現在の妙円寺の檀家数は二百余軒ほどであるが、この間、人口の増減がさしてなく、往時のそれも似たような数であったと思われる。寺領として記録されたものはないが、寺の周辺に若干の山林や田畠を有していた。ただ、これも寺内の燃料や食糧を自給する程度のごくささやかなものであったらしい。いずれにせよ、極めて小さな田舎の寺であり、檀家から上るお布施や寄進に依存しながら何とか生計を保っていた。

2　不遇な家庭環境

妙円寺の家族構成

月性の祖父になる八世謙譲は、若い頃摂津霊松寺の義端について仏学を修め、学僧として知られた人物である。文政七（一八二四）年、七〇歳で隠居するまで、妙円寺の住職を勤め、天保八（一八三七）年一二月、八三歳で死んだ。田布施《たぶせ》村の安部孫右衛門《まごうえもん》の許から嫁いだ一五歳年下の妻オヨネとの間に五男・二女、七人の子宝に恵まれている。月性の母尾の上は、その第二子であり、兄篤祐《とくゆう》（周邦ともいう）がいたが、文化四（一八〇七）年頃死んだ。享年二〇歳というから、三歳年上になる。兄の死後、一番年長の子となった彼女の下には、五人の弟妹がいた。三歳年下の次男覚応《かくおう》は龍護《りゅうご》と号して、初め田布施村の円立寺に入り、のち柳井の誓光寺の養子になったが、故あって寺を去り、大坂島町の長光寺に入った。五歳年下の三男大敬《だいきょう》、道眼《どうげん》は萩浜崎

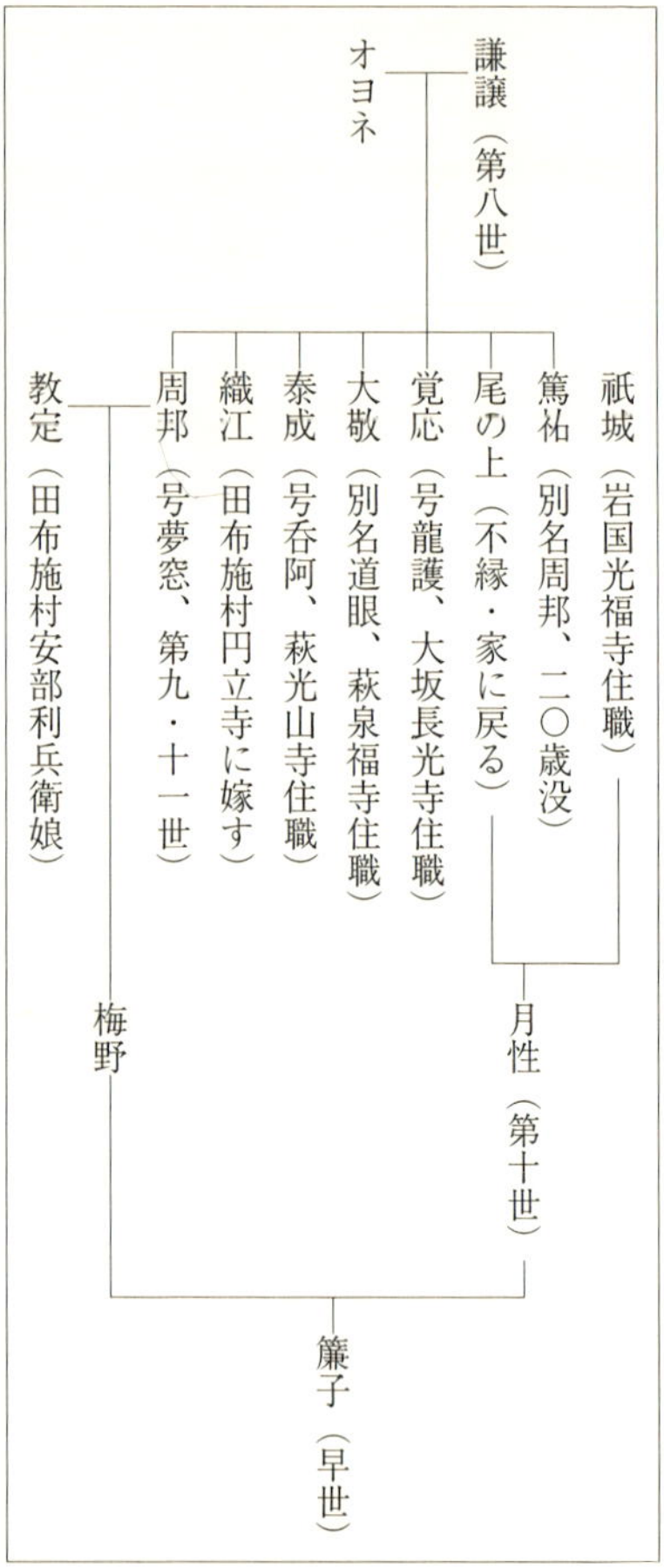

月性家系図

町の泉福寺の中継住職となり、また八歳年下の四男泰成《たいじょう》、呑阿は、萩玉江《たまえ》の光山寺へ養子として入った。次女織江《おりえ》は一〇歳年下であり、田布施村の円立寺に嫁いだが、弘化二（一八四五）年四五歳で死んだ。末弟の周邦は、文化二（一八〇五）年生まれだから、一四歳年下となる。

母尾の上は、長じて岩国領の玖珂郡愛宕《あたご》村（現・岩国市門前町）、光福寺の祇城に嫁いだが、月性を身籠もっていた頃、不縁になって実家の妙円寺に帰った。月性が産声を上げたのは、この妙円寺の一室であり、したがって彼は一度も父祇城に会ったことはない。つまり父無し子として母の手一つで育てられたのである。このとき母尾の上は二七歳、まだ妙円寺住職であった祖父謙譲が六三歳、祖母オヨネが四八歳、のち寺を継ぐことになる周邦が一三歳であった。八歳年下の弟泰成が一九歳、また妹織江が一七歳だから、まだ寺にいた可能性はあるが、他の弟たちはすでに立派に成人しており、寺を出ていたと思われる。月性が誕生した頃の妙円寺の人間関係であり、父こそいないが、祖父母と実母の他に叔父や叔母たちが何人か周囲にいる、比較的賑やかな家庭環境であったといって間違いない。

光福寺（山口県岩国市門前町）

暴れん坊の子供時代

幼い頃の月性は、「煙渓幼ニシテ頴異《えいい》ナリシカドモ書ヲ読ミ字を習フヲ好マズ」（「築上郡志人物編」『月性師事蹟資材二』）といわれるように、生来利発ではあったが、勉強には一向に関心がなく、もっぱら村の子供たちを集め、悪戯ばかりする典型的なガキ大将であったらしい。夏になると、寺の池に裸で飛び込んで、泳いでいる鯉を片端から捕まえ、池のふちに並べて飛び跳ねるのをみて喜ぶ始末であり、寺の子が殺生するとは何ごとかと祖父謙譲から大目玉を喰らったというから、尋常一様の腕白ぶりではない。

ある時、遊び仲間の佐多郎（秋元晩香）と村の何処からか煙硝をこっそりと持ち出し爆発させ、もう少しで大怪我をするところであったという。村中至るところに出没し、河原に遊びに行くと、楠公の合戦ごっこと称して、石を投げ合い村の子供の頭を瘤だらけにするなど、暴れん坊ぶりは半端ではなく、いつも門徒の親たちから苦情を持ち込まれていた。御仏に仕える寺の子が人様の子を傷つけるとは何ごとかと怒る家人に対し、月性は奴らはすぐに参ったという意気地なしであり、強くするためにわざと喧嘩を仕掛け鍛えているのだと嘯《うそぶ》いたというが、父親がいない複雑な家庭環境だけに、生来強情そのもの、いささかひねくれた性情であったのかもしれない。

最年長の姉ではあったが、実家に出戻り、しかも子連れの身で、何かと肩身の狭かった母尾の上は、そうした我が子を甘やかすことなく、むしろ厳しく躾けたようである。この頃のことを萩城下の友人土屋蕭海《しょうかい》が、「浮屠清狂伝」で「幼荒于学、母氏督課甚厳」(『維新の先覚月性の研究』四八七頁)と書いているが、母が亡くなったとき、月性自身も、優しい母親であったが、しばしば厳しい父親の役割もしてくれたと、その大きな存在を失った悲しみを述べている。

祖父謙譲はすでに六三歳の老齢であったが、まだ現役の住職であり、もともと学識経験ともに豊富な人であったから、幼い孫の月性を訓育するのに不足はなかった。叔父周邦は、一二歳違いの年齢差からみて、机を並べることはなかったようであるが、時に先生、時に遊び相手、実の兄のような役回りをしたことは想像に難くない。

3　叔父周邦の咸宜園遊学

なぜ咸宜園なのか

叔父周邦は文政五（一八二二）年、一八歳のとき、豊後日田《ひた》にある広瀬淡窓の咸宜園《かんぎえん》で学ぶため寺を出た。後に月性が豊前を代表する漢学塾の一つといわれた恒遠醒窓《つねとおせいそう》の蔵春園《ぞうしゅんえん》（梨花寮）に行くのは、この周邦の遊学が大きく関係している。しばらく咸宜園における彼の勉学状況を見てみよう。

咸宜園塾舎（大分県日田市淡窓）

広瀬淡窓の日記を見ると、周邦は文政五年三月二日、岡研介《けんかい》の紹介状を持って咸宜園に現われた。塾に付設された寄宿舎に住んだようである。研介は周防国玖珂《ママ》郡立ガ浜新市（現・熊毛郡平生町）の人、村医を沢山送り出していた岡一族の子である。文政二年から五年末頃まで在塾、五級上にランクされているが、遠崎村からさして離れておらず、同郷の誼《よしみ》で紹介者になったものと思われる。なお、この後、研介は長崎へ向かい、シーボルトの鳴滝塾に学んでいるが、やがて塾頭となり、高野長英とともにその秀才振りをうたわれた。

入塾して間もない三月二六日の月旦評には、周邦一級下とあり、当時七級上下、一四ランクあった等級表の最下位に名前を列ねている。ただ、その後の月旦評、すなわち毎月初めに行われた成績評価に名前がなく、あまり熱心な塾生ではなかったらしい。翌六年四月二五日の月旦評では、客席に転ずるとあり、早くも聴講生扱いとなっている。淡窓の日記に時おり彼の名前があるところから、しばらく咸宜園に在籍したことは間違いないが、文政七年一一月二七日付で除名となっており、これより前に日田を去っていたことが分かる。同年四月、父謙譲が七〇歳で隠居し、周邦二〇歳が第九世住職を継いだ時期と重なっており、遅くとも七年春頃には遠崎村に帰り、妙円寺の新住職になっていたのであろう。

文政八（一八二五）年七月三日の淡窓日記に、周邦が再来し、授業を受けたいと申し出た記事がある。勉学の念止み難い周邦が住職の仕事を一時棚上げしてやってきたのであろう。父謙譲が寺務を代行する約束で門徒その他を説得したことは、想像に難くない。七月二七日の月旦評で三級上にランクされたのは、塾を離れた一年近い期間の勉学の成果を反映したものと思われる。一〇月二七日の月旦評では四級下となっており、順調に勉強に取り組んでいたことが分かるが、その後の消息ははっきりしない。文政一一年一月二六日付で再度除名となっている。帰郷した時期は不明であるが、咸宜園では半年以上欠席し、音信不通になると除名、すなわち退学処分となるのが普通であったから、おそらく周邦も、これより前、前年末までに塾を去っていたことは間違いない。

再度の日田遊学

周邦は前後二回、通計四年余り咸宜園で学んでいるが、一体なぜ彼ははるばる九州日田の地まで遊学したのであろうか。江戸時代最大の私立学校として知られた咸宜園は、詩文を練り経書を教授する典型的な漢学塾であり、僧侶が学ぶ場として必ずしもふさわしくない感がしないでもない。ただ、周邦に限らず、もともと咸宜園には、僧侶本人、もしくは将来僧侶をめざす寺の子が多かった。井上義己の調査によれば、淡窓一代の入門者二九一五人中の三三・七％に当たる九八三人が僧侶の身分であり、平均的な漢学塾とは際立って異なる傾向を示している。

この比率は、淡窓以後も変わらず、咸宜園には、一貫して寺院の子弟が多かった。宗教学校ではないから仏典などのテキストは一切なく、すべて漢籍であるが、これは要するに、彼らが漢学的素養を積むために咸宜園の門を叩いたということであろう。よく知られているように、もと梵語の仏典はほとんど漢語訳されており、きちんとした漢学の学力のない者に、これを読んだり理解したりすることは到底できなかった。その証拠に、多くの人びとは、咸宜園で数年間学んだ後、改めてそれぞれの宗派の学塾をめざしている。

ところで、周邦は、咸宜園を出た後、そのまま故郷の寺へ戻っており、宗乗《しゅうじょう》の勉強のため改めて真宗本願寺派の学塾に入った形跡がなく、この説明に必ずしも符合しないが、あるいは日田滞在中にどこかの寺で仏典を学んでいたのかもしれない。数年間の在塾中、授業にあまり顔をみせない時期が結構あり、また客席入りし聴講生になった後も、しばらく日田にとどまっていた事実が、そうした推測を可能にしてくれる。

叔父周邦が豊後日田をめざして去ったとき、月性はまだ六歳であったが、二度目の遊学を終えて帰ってきたときはすでに一一歳になっていた。つまり今日の小学生ぐらいの時期、妙円寺でもっぱら祖父や母の手で育てられていたことになるが、周邦が寺に戻った後は、おそらく彼に親しく教えを乞うたのであろう。周邦がもたらした最新の知識や情報は、小さな田舎の寺でややもすれば鬱屈《うっくつ》した毎日を送っていた月性に、あまりにも新鮮であり、聞くものすべてが驚きの連続であったに違いない。いつの日か、自分もこの叔父と同じように遊学の志を立て、九州の地を訪ねてみたいと思ったのは、ごく自然の感情であろう。

村に暮らすこの時代の子供たちは、読み、書き、ソロバン的な基礎学力を身につけるため、近くの寺子屋に通ったが、寺内に祖父謙譲のような立派な先生のいる月性には、そうした必要はなく、一貫して家庭教育で済ませてきた。つまり寺子屋に出入りしたような形跡はない。周邦が寺に戻ってからは、さらに優秀な教師が加わったわけであり、一層ハイレベルの学力を習得することも可能になったが、本格的な勉強をしようと思えば、やはり他人の飯を食う、つまり他国の学塾で何年間か修業することが必要であった。祖父謙譲や叔父周邦の場合とまったく同じように、月性もまた、遊学の旅に出ることになったのである。

第二章　諸国修業の旅

1　豊前薬師寺村の恒遠塾をめざす

叔父周邦の関係からいけば、月性の遊学先は豊後日田、広瀬淡窓の咸宜園であるはずだが、なぜか彼は、隣国の豊前国上毛郡《こうげぐん》薬師寺村（現・福岡県豊前市字薬師寺）に恒遠醒窓が主宰する私塾、蔵春園をめざした。俗に恒遠塾と呼ばれたが、月性の詩稿に梨花寮とあるのは、塾内にあった寄宿舎の名称であり、近くに梨の大木があり、春になると美しい花を咲かせたところからきたものである。

なぜ蔵春園なのか

では、なぜ月性は咸宜園でなく蔵春園をめざしたのだろうか。生来病身の淡窓は、しばしば病に倒れ、睡眠時間を加えれば、生涯の三分の二をベッドの上で暮らしたというが、周邦が再来した文政八（一八二五）年暮に発病した淡窓は、とくに症状が重く、そのまま療養生活を続けた。翌年三月頃なんとか授業を再開することができたが、その後も病状は一進一退し、なかなか好転しなかった。勢い授業は塾中の上級生が代行することが多かったが、おそらくこの情報が、卒業生である周邦の耳に届いていたのであろう。はるばる豊後日田の地に遊学しても、淡窓先生の教えを乞うことができないのであれば、あまり意味がない。この情報を知った月性が、むしろ別の学塾へ行った方がよいのではないかと考えたとしても、さして不思議ではなかろう。

一方、恒遠醒窓や蔵春園に関する情報は、叔父周邦から直接聞いていたことは間違いない。というのは、咸宜園の時代、彼はしばらく恒遠醒窓と同窓であったからである。醒窓は、文政二（一八一九）年二月一九日に咸宜園に入門、八年夏頃まで足掛け七年在塾した。文政七年正月二七日の月旦評では、六級下にランクされている。まだ七級上が最上位の時代であり、六級もしくは七級の成績評価を得た塾生は、二百名近くいた塾生中の僅か二、三名を数えたにすぎない。その証拠に、醒窓は翌八年八月六日には咸宜園に沢山あった職階中のトップ、塾長に推されている。周邦は、途中若干の不在を挟みながら、文政五年三月から一〇年頃まで在塾したから、少なくとも数年間は、醒窓と机を並べたことになる。

周邦の紹介者となった岡研介は、醒窓より二カ月遅れて咸宜園に入門した文字通り同窓生であり、また生家が熊毛郡立ガ浜新市（現・平生町《ひらお》）で遠崎村と近かったから、その方面からもたらされた情報があったかもしれない。

恒遠塾の門人帳では、文政八年八月二七日入門の上毛郡狭間《はさま》村（現・豊前市）の楠原建平がもっとも早いが、これが正しければ、醒窓は咸宜園の塾長になって間もなく、塾を去り帰郷したことになる。従前の研究はいずれも文政七年開塾説をとっており、正確なところは分からないが、文政一一年までに、恒遠塾の入門者は計四〇名を数えている。うち二二名が僧侶、実に半ばを超えており、咸宜園と似たような理由で寺の子が次々にやって来たことが分かる。月性がわざわざこの塾を選んだ理由は、もう一つあったわけである。

ところで、九州豊前に旅立つ前、月性はどこかの学塾に出入りしたことはないのだろうか。文政一一年、一二歳のとき、長門国佐波《さば》郡上右田村（現・防府市）の本教館（学文堂）、大田梁平が教える右田毛利氏の郷校に学んだという説があるが、これを裏書きする史料が何もなく、ここでは取り上げない。翌一二年、一三歳のとき西本願寺で得度を受けたというのは、寺の子ならばかくべつ珍しいことでもないが、いずれにせよ、仏前で剃髪して出家たることをわざわざ誓ったのだから、それにふさわしい学識を積む、つまり一人前の僧侶としての修業を欠くわけにはいかなかったのである。

天保二（一八三一）年の春、肥前佐賀の学僧として知られた不及《ふぎゅう》が長州藩にやって来た。藩内各地の西本願寺系の寺で法話を行うためである。月性は田布施《たぶせ》村にあった叔母織江の円立寺で講筵を設けていた彼に会った。大坂島町の長光寺にいた叔父龍護の紹介で訪ねたというが、この機会に不及に弟子入りして宗乗を学ぼうとしたものである。二人は安芸門徒の学僧として知られた道命《どうみょう》の徳正寺（広島県佐伯郡能美島三育村）で机を並べた同窓である。龍護が妹の嫁入り先の寺へ友人の不及を送り込んだわけである。

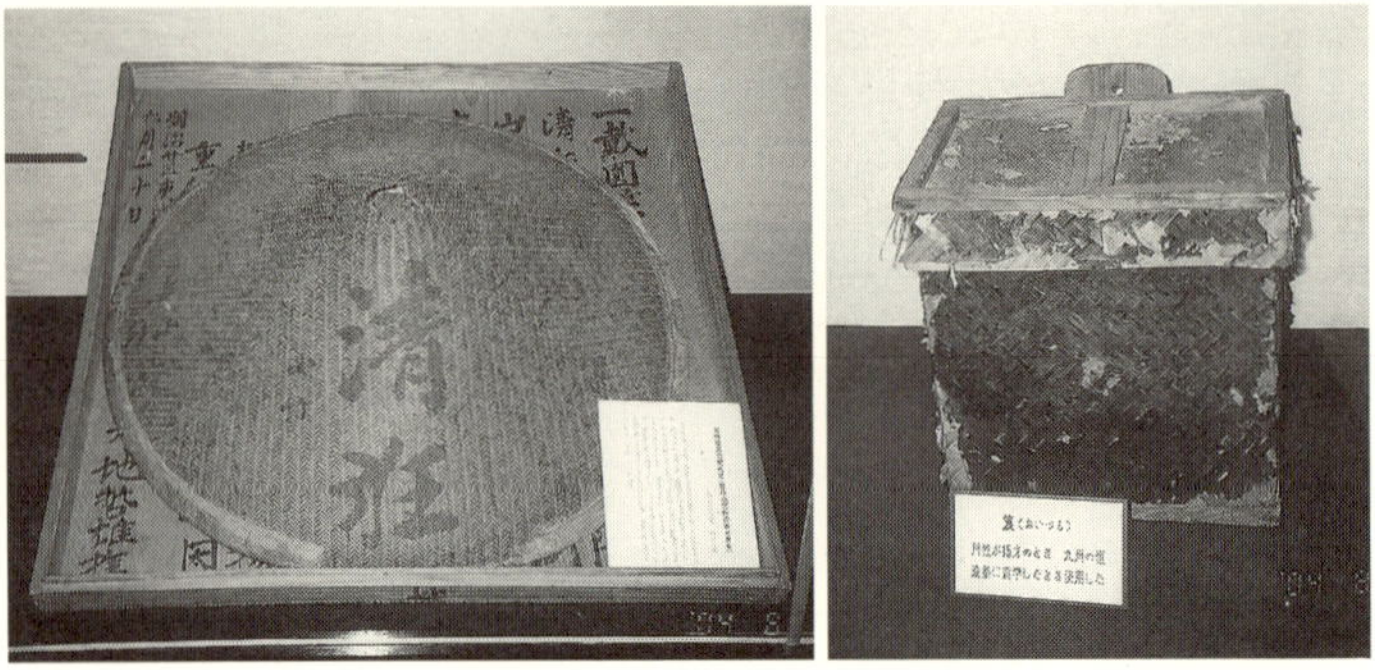

菅笠と笈（妙円寺蔵）

不及はまだ十代半ばの月性をみて、仏典を学ぶには早すぎる、まず漢学の学力をしっかりと身に付けるように勧めた。いったん月性を自坊の善定寺につれて帰り、そこから恒遠塾に送り込んだという説があるが、わざわざ九州の西、薬師寺村からもっとも遠い佐賀の地まで回り道する必要はなく、同行したとすれば、小倉辺りで別れたのであろう。

恒遠塾の門人帳は、文政一二年から天保二年までの三年間が失われて現存せず、月性が入門した正確な時期を知り得ない。それについては後で触れるとして、紹介者は一体誰か。不及の許から直接来たのであれば、彼の紹介ということになる。その場合、不及の門下に恒遠塾出身の僧侶が多かった関係で醒窓の人と為《な》りを知ったのかも分からない。ごく普通の紹介ルート、恒遠塾にいた同郷の先輩の伝手を辿るやり方も当然考えられる。時期的にもっとも近いのは、天保二年三月二〇日、長門国豊浦郡豊東村田部《たべ》（現・菊川町）の教念寺から来た釈李渓であるが、三年前まで遡ると、文政一一年二月七日、厚狭《あさ》郡出合《であい》村山野井（現・山陽町）の永福寺から来た釈浄天がいる。いずれも妙円寺と同じ真宗本願寺派の寺であり、その関係で紹介したと考えると辻褄《つじつま》が合う。数年間醒窓と机を並べた叔父周邦の紹介もむろんあり得るが、いずれも一つの可能性にすぎず、確かなところは分からない。

蔵春園の規模

　開塾当初の恒遠塾は自遠館と称する小さな塾舎を有するのみであり、その後、生徒が増えるに従って、次々に塾舎を建て増していった。最盛時の景観を伝える「蔵春園見取図」を見ると、門を入って正面に先生やその家族が住む居宅晴雪軒があり、右手に土蔵と物置、詩会や客の接待に使われた三階建の遠帆楼があった。左手には先生の書斎求渓舎と開塾当初からある自遠館が並び、後に二階建の寄宿舎夕陽楼があった。居宅の裏側には、東西二間半（四・五メートル）、南北一九間半（三五メートル）の大きな平屋建があり、その南側が講堂、北側は、中央に半間廊下がつき、左右各一部屋を寄宿舎にしていた。月性が住んだ梨花寮がこれである。塾生が増えたときは、近くの民家を借りて間に合わせたこともあるらしい。門を入ってすぐの場所にあった小さな建物は咬菜舎《こうさいしゃ》といい、貧乏な塾生たちの自炊場として使われた。塾生たちが手作りしたという土塀は、炊煙が先生の居宅を妨げることを防ぐためである。蔵春園では塾生全員が食堂に集まり、塾が提供する食事を摂っていたようであり、自炊はその費用を

蔵春園（福岡県豊前市薬師寺）

負担できない貧困者にのみ認められていた。ただ、その場合も、食事は皆と一緒に食堂で摂るのがきまりであった。

離れの書斎求渓舎の西の間を醒窓と呼んでいた。幼名和市、長じて頼母、字は子達、真卿といった先生の号醒窓は、ここから来たものである。咸宜園の旧師淡窓の号に倣ったことは想像に難くない。他に轟渓、櫟川、遠帆楼などの号があった。なお、現在われわれが見ることができるのは、居宅晴雪軒と書斎求渓舎の二つのみである。

醒窓とその子精斎の二代、約七〇年間続いた恒遠塾には、およそ三千人の入門者があったというが、門人帳の多くは散逸しており、その詳細を知ることはできない。戦前福岡県が収集した「恒遠塾遊学者」が残された唯一の記録であるといってよいが、これも途中数年間の脱落をしばしば繰り返しており、全体像を伝えるにはほど遠い。安政六（一八五九）年刊行の「遠帆楼同社詩鈔」の例言に、「醒窓先生弟子千有余人其能レ詩不レ少」（岡為造『豊前薬師寺村恒遠塾』七頁）とあり、その門人数の大きさがほぼ分かるが、前出の福岡県の調査では、醒窓一代、文政八（一八二五）年、二三歳の開塾から、文久元（一八六二）年五月、五九歳で死去するまでの三六年間に、三一七名の入門者を探し当てたにとどまる。むろん、この中に月性の名前はない。

天保二（一八三一）年一二月二九日付の日記で醒窓が、「今茲《ことし》在塾護歳者政吉（恒遠秋渚）、精斎（恒遠敬吉）、若水（長州潮音寺僧滋謙）、節斎、大峯、煙渓、西峰、雪嶺」（「築上郡志人物編」「資材」一）というように、越年する塾生八名の中に煙渓、すなわち月性の名前があり、それ以前に来塾していたことは間違いない。蔵春園から帰った頃の詩作に、「辛卯《しんぼう》之夏、予甫十五歳、游豊人恒真卿先生之門、中間二省親、一上京、往来五年、作詩凡一千余首、自謂足矣」（同前）とあるように、月性自身は天保二年夏、一五歳のとき真卿、すなわち醒窓先生の門に入ったと述べており、同年四月から六月の間に来たことになる。途中で二度遠崎村に帰り、また一度上京したらしい。塾を卒業し故郷に帰ったのは、天保六年の冬、一九歳のときというから、この年の暮まで若干の不在を挟みながら、五年近く在塾したことになる。

この間、月性は沢山の人びとの紹介者となっている。萩藩領の長門や周防各地から来た真宗本願寺派の寺の子の多くは彼の紹介と思われるが、門人帳に紹介者烟渓とあるのは、天保三年閏一一月一七日入門の長門国阿武郡萩の光山寺弟子恵深、天保五年四月四日入門の周防国大島郡三蒲村の龍泉寺天龍、同小松村の妙善寺憲嶺、同遠崎村の秋元佐多郎、同年五月一八日入門の遠崎村の妙円寺弟子天端らの五名である。

妙円寺で修業中の天端が月性を頼って来たのは、かくべつ不思議ではない。恒遠塾に近い狭間村岩屋堂（千手観音堂）に残された「防州遠崎妙円寺雪巌天保丙申（七年）五月初三日参詣」（同前）という壁書は、月性がすでに塾を去り、故郷の妙円寺で佐賀善定寺に行く準備をしている時期であり、別人と思われる。おそらくまだ在塾中の妙円寺弟子天端の別名であろう。恵深は光山寺住職の叔父泰成に依頼されたものらしい。龍泉寺と妙善寺は、いずれも妙円寺から見える屋代島にある真宗本願寺派の寺であり、早くから親しく交際があったから、その人脈と思われる。秋元は遠崎村庄屋の子、月性より一歳年下の竹馬の友という関係である。「清狂遺稿」巻上に収録された「寄懐秋晩香」と題する詩は、「天保癸巳《きし》師年十七歳寓于豊前梨花寮」と注記されたように、天保四年、月性一七歳のとき、ようやく姿を現わした親友の秋元佐多郎、ここでいう晩香（稲彦）の遊学を歓迎して作られたものである。佐多郎が一六歳のときである。なお、蔵春園の門人帳には、翌五年四月四日入門とある。

在塾中各地にしばしば旅行を試み、不在の多かった月性であるが、紹介状を書いたこの時期は、少なくとも塾中にいたことは間違いない。

蔵春園の組織と運営

日田咸宜園の優等生らしく、醒窓は自らがかつて経験した塾中の組織や職制をほとんどそのまま採用している。塾長（塾中一切の総括）の下に幹事（舎中一切の事務を処理）、外来監（通学生の勤惰を点検）、新来監（新入生の指導・監督）、礼法監（品行取締まり）、洒掃《せいそう》監（塾内の清掃）、蔵書監（図書の貸出・管理など）、撃柝《げきたく》監（拍子木を打ち夜回りをする）などを置き、その職務や塾中の生活ルールなどを説明する「告諭」や「臨時告諭」を定めたが、いずれも咸宜園の職階制や幾つかの「塾約」を若干簡略化しただけであり、その趣旨、内容ともほとんど変わらない。

もっとも、規則といっても、掃除は朝夕二度行い、反古《ほご》は必ず紙籠に入れ、外へ掃き捨てないようにせよ。無闇に他人の部屋に出入りするな。午後四時より一〇時までは読書や詩吟などを自由にしてよいが、その後は消灯して就寝せよ。病気のときは医者に診てもらい、安易に授業を休むことを許さない。外出や帰省のさいは必ず届け出、許可を得てからにせよなどという類いであり、かくべつ難しいことを強制しているわけではない。

等級制と授業方法

広瀬淡窓が考案し、工夫を重ねた等級制は蔵春園にもあった。等級は計一〇級に分け、各級ごとに上下を設けた。最下位の十級上下二ランクを客席と称し、年嵩《としかさ》の入学者や新入生は学力の有無にかかわらず、まず客席中の下、すなわち十級の下に編入された。九級と八級の上下四ランクを下会生、七級と六級の上下四ランクを中会生、五級から一級までの上下一〇ランクを上会生とした。進級は毎日の授業における得点と各種の試験の成績を合わせた点数で決まり、毎月の月旦評で発表された。

授業方法には、素読、輪読、講義、会読、独見会、討論会、作文作詩などがあったが、これをいかに活用するかは、等級の上下によって自ずから区別があった。すなわち下会生は、「孝経」から始めて四書五経の素読を行い、今日のいわば自学自習に当たる独見会では、「国史略」「皇朝史略」「日本外史」「日本政記」「十八史略」「元明史略」「蒙求《もうぎゅう》」などを用いた。中会生は、「孝経」や四書（大学、中庸、論語、孟子）、諸子（老子・荘子・墨子・荀子・孫子・呉子）の講義を聞き、独見会では「史記」「春

蔵春園の等級制

1	上	上会生	講義・独見会
	下		
2	上		
	下		
3	上		
	下		
4	上		
	下		
5	上		
	下		
6	上	中会生	講義・独見会
	下		
7	上		
	下		
8	上	下会生	素読・独見会
	下		
9	上		
	下		
10	上	客席	――
	下		

『豊前薬師寺村恒遠塾』により作成。

秋外伝」（国語）「戦国策」「韓非子」「漢書」「八家文」「文章軌範」などを用いた。上会生は、五経（易経、詩経、書経、春秋、礼記）の講義を聞き、独見会では、「楚辞」「文選《もんぜん》」「春秋三伝」「通鑑綱目」などを用いた。輪読や会読、討論会、作文作詩等は等級が上がるにともない、適宜採用されたものであり、素読課程の下会生にはなかった。

咸宜園のいわゆる三奪法、すなわち年齢、学歴、身分や家柄の一切を無視し、塾内の成績で尊卑・序列を決めていくやり方は蔵春園にもあり、たとえば新入生はその学力と関係なく、まず客席の下に編入され、所定の成績を収めると、客席上、さらに九級下から上へと、通計二〇等級を順次昇っていくことになるが、これは同時期の咸宜園が、客席と無級に八級上下をプラスし、通計一八等級制を実施していたのとほぼ変わらない。

等級制の改良に熱心な咸宜園では、やがて無級に九級上下をプラスした一九等級制を始め、さらにはこれに消権《しょうごん》の制度を導入し、成績不足の場合、権を付しながら仮進級を認める、つまり各級上下に権の字を付した新しいランクを設けた。権々一級下というように、権の字が二つも三つも付くと、それだけ等級の数が多くなり、総計何十という複雑な等級制へ変化していったが、恒遠塾でそうした試みをした形跡はない。

塾生としての月性

恒遠塾での月性の動静については多くを知り得ないが、断片的に伝えられたエピソードには人を驚かすような話が少なくない。真夏の暑い夜に涼を求めると称し、寄宿舎の楼上に縄を張って蚊帳《かや》を吊り、夜半まで読書して倦《う》むところがなかったというのは、勉強熱心というより、いささか傍若無人の感がある。「斗酒なお辞さず」は月性の代名詞のようなものであったが、まだ十代の塾生の頃も結構飲み歩いたらしく、彼自身はむろん、その周辺にいた友人たちの詩作の中にも酒に関する事柄が少なくない。

机を並べた醒窓の甥、恒遠蕉窓の「暮冬送㆔月性上人帰㆓周陽㆒」と題する詩に、「高韻痛飲詩百篇、同学の盟《ちかい》は河の如しと雖《いえども》、如何《いかん》せん一別の愁は淵に似て深きを。別れんとして踟躕《ちちゅう》別るるに忍びず、且《か》つ樽酒をもたらして江辺に到る。送る者は此より皆帰り去る。孤雁一声江月円《まる》し」（前出『豊前薬師寺村恒遠塾』五七頁。以下同）とあるのは、遠崎村に帰る月性を囲んで送別の宴を張ったときの情景である。蔵春園に在学中、月性は二度帰省したが、大勢の塾生たちが別れを惜しんでわざわざ中川の畔まで送っているところから、おそらくこの詩は、天保六（一八三五）年冬、足掛け五年の勉学を終えて去る時のものであろう。「落日寒煙大里の駅、暮雪凍雲小倉の船」の一節があり、陸路大里（現・北九州市門司区）まで出て、ここから海路、船で室津まで帰ったらしい。

塾中での飲酒は、餔日《ほじつ》、すなわち休日となる五日、一五日、二五日の三日しかできないのが定めであったが、一向に無頓着の月性らは、しばしば郊外に場所を求めて出掛け、盛んに気勢を挙げている。あるとき寮生数人と塾の東方牛王山に遊び、酒宴を張って互いに盛り上がったことがあるが、大酔した月性は、次々に衣を脱ぎ、遂に越中褌一つになり調理用の鍋と衣類を身体の前後に担ぎ、大声で詩を朗々と吟じながら村内を闊歩し、塾へ帰ったという。「彼ノ磊落《らいらく》不羈《ふき》ニシテ天真爛漫ナル凡《およ》ソ斯《かく》ノ如ク敢テ辺幅ヲ修飾セズ、尋常僧侶ノ柔和忍辱《にんにく》容貌ヲ刷《ぬぐ》フガ如キコトナク、ソノ再ヒ寮ニ入ルヤ破衲《はのう》弊履《へいり》頭髪蝟毛《いもう》ノ如シ」（前出「築上郡志人物編」）とは、日頃から身なりにまったく無頓着で、いつも垢にまみれた古い破れ衣をまとい、髪はぼうぼう、ハリネズミのような頭をして平然としていたという、大胆不敵なその風貌を伝えて余りある。

　僧侶とは似ても似つかない八方破れ的な月性の存在は、寺の子が沢山いる恒遠塾のことだから、大いに目立ったに違いない。ある日、見かねた師の醒窓が剃刀《かみそり》の巧みな僧侶をわざわざ連れてきて、月性に剃髪を迫ったことがあるが、当の月性は剃髪でなく、ただ髪を切る、頭を刈るのだと言い張ってしぶしぶ従ったというが、この辺りは僧侶らしくせよという先生に精一杯抵抗してみせたものであろう。僧侶ではあるが、僧侶らしくしたくない、姿格好だけでなく、出処進退のすべてにそうした生き方を、彼は早くからよしとしていたふしがある。

　世間の常識など一向に気にとめない、暴れ者のように見える月性だが、勉強に飽きると、外へ出て近所の子供たちと遊び戯れる意外な一面もあった。薬師寺の跡にあった東光庵では、主僧の無声が寺子屋を営み、十数人の子供たちに手習いを教えていたが、月性はしばしばここに姿を見せ、子供たちと鬼ごっこに興じたという。蔵春園を去り故郷へ帰るとき、よく遊んだ女の子の家をわざわざ訪ねて別れを告げているから、中途半端な付き合いではなく、よほど親しくなっていたのであろう。

　はるばる九州の地まで笈を負うてきた最大の目的である漢学の勉強はむろんであるが、詩作に関心のあった彼はそうした方面の勉強にも意欲的に取り組んでいる。「清狂遺稿」で月性自身が在塾五年間に一千余首の詩を作ったというのは確証がないが、その詩作の多さからみて、当たらずといえども遠からずであろう。蔵春園では塾生たちの詩吟が盛んで、何かことあるごとに試みられたが、その独特の発声や節回しは、蔵春園調と呼ばれた。林道一《どういち》の描いた「僧月性剣舞の図」に見られるように、宴酣《たけなわ》になると、いつも月性は放吟剣舞したというが、その吟詠口調は、まぎれもなくこの蔵春園調である。

薬師寺村やその周辺の名所旧跡巡りはむろん、一泊程度の小旅行は度々試みたらしく、恒遠蕉窓の「九月三日与二月性上人一遊二中津一途中作」（前出『豊前薬師寺村恒遠塾』五七頁）と題する詩を見ると、仲のよかった二人が、あちこち見物しながら、夕方遅く中津の大江城下に辿り着いた様子がうかがえる。

東陽円月と机を並べる

塾中で出会った人びとの中で、月性がもっとも大きな影響を受けたと思われるのは、天保二年、一四歳のとき豊後国宇佐郡水崎村（現・豊後高田市水崎）からやって来た東《とう》陽円月《ようえんげつ》である。在塾五年、二〇歳のとき都講（塾長）になっている。入門年や年齢、また在塾期間などがほぼ重なっており、月性と親交があったことは間違いない。円月が生まれ、やがて住職となった真宗本願寺派西光寺の「明細帳」に、「釈清狂道人ト刎頸《ふんけい》ノ友タリシ」（児玉識論文、『維新の先覚月性の研究』四九頁）とあるのが、そのことを説明してくれる。恒遠塾を出てから豊前の覚照や月珠《げっしゅ》について宗乗を学んだ円月は、やがて本山の学林へ進み、しだいに宗学者として頭角を現わす。

一切の既成権威を退け、些末《さまつ》な論議を排し、徹底的に祖典重視の立場をとる豊前学派のリーダーとしての円月のその後の活躍は、余りにも有名であるが、児玉識がいうように、月性がかつてこの人物と数年間机を並べた事実はやはり無視できないだろう。僧侶らしい僧侶たることに満足せず、萩城下からやがて京洛の政治的世界へ積極的に出ていこうとした月性と、地方に住む一介の僧侶として地道な布教活動に取り組む一方で、さまざまな社会活動を通じて地域貢献に熱心であった円月とは、むしろ対照的ですらあるが、にもかかわらず、現状打破をめざして常に前へ前へ突き進む行動力は、両者に共通するものである。真宗僧としていかに生きるべきかを問うならば、教学の解釈や本山を頂点とする教団のあり方に二人とも無関心ではいられない。キリスト教を先兵にした欧米列強のアジア諸国への侵略に、ほとんど無策、なすすべもない現体制への不満も、当然彼らの話題になったはずである。

恒遠醒窓の教訓

ところで、醒窓先生と月性は、どのような師弟関係にあったのだろうか。同じ頃塾で机を並べた醒窓のもう一人の甥、恒遠香農の文に、「煙渓師、放縦不羈《ふき》之人、而《しかして》醒窓翁、温厚不苟《ふこう》之人」（前出『豊前薬師寺村恒遠塾』一二二頁。以下同）とあるように、何事にも自由奔放な月性と温厚で思慮深い醒窓とでは、まるで正反対の性格であったが、塾中で師弟がもめたようなことは一切なく、本当の父子のような親愛の情で結ばれていたらしい。すぐ続けて、「其誼之厚、師弟而兼㆓父子之親㆒、抑《そもそも》如何而然乎、是所謂教㆓育子弟㆒、優柔善誘、不㆓必督促㆒、以㆓躬行㆒而風化者則是乎」というように、醒窓は弟子月性が間違いを犯しても、これを厳しく責め立て、矯正を迫るといったやり方でなく、いつも優しく穏やかに諭し、先生自らが模範を示して自然に正しい道を歩むようにした。

実の姉が寺に嫁し、また自身は二度も寺から嫁を迎えたように、仏教、とくに真宗系の寺院と深い関係を有していた醒窓だけに、儒家にありがちな問答無用の排仏論的な主張はない。故郷へ帰る月性に彼は送別の文を贈っているが、そこで彼は、こう主張する。

古来、仏教は持戒をいい面壁枯坐をもっぱらにし、内では父子兄弟の親《しん》なく、外では君臣、長幼の序なく、世俗倫理を無視する傾向が強いが、浄土真宗の祖親鸞が出てから、持戒にこだわらず、煩悩をもちながら涅槃《ねはん》に達することができるといい、父子兄弟の親、君臣、長幼の序の大切さを強調するようになった。ところが、今の真宗の徒は、この教えを著しく曲解して祖の教えは戒律を設けず、ただ信心をもって本《もと》となす。人の悪を為すは仕方のないことであると居直り、殺生、偸盗《ちゅうとう》、邪淫、妄《ぼう》語《ご》をほしいままにしている。いわゆる信心などかけらもない。もともと恒遠塾でわれわれが学んだ孔子の教えと親鸞、すなわち真宗の教えは何ら矛盾するものではない。それゆえ、孔子の教えに従って生きれば、親鸞の教えにも違うことはない。「勉めよや煙渓、道豈《あ》に二あらんや、子の学ぶ所の先王孔子の道は即ち浮屠《ふと》氏（仏陀）の道なり」（「醒窓文集」同前書、一二三頁）という結論が、導き出される所以でもある。

恒遠塾に大勢いた僧侶、とくに真宗系の寺から来た塾生たちに対する醒窓の姿勢でもあるが、これはとりもなおさず、彼が出世間的な仏教のうち、真宗のみを現世的な宗教であり、日常卑近の生活に役に立つ実用的な教えと考えていたことを示すものであろう。ただ、今は僧俗の別なく宗祖親鸞の教えから余りにかけ離れた人びとが多い、その現状を痛烈に批判しながら、月性への送別の辞としたのである。

2　不及の精居寮へ

宗乗を学ぶ

天保六（一八三五）年冬、恒遠塾を去り、故郷に帰った月性は、京都で新年を迎えており、席の暖まる暇もなく上洛したことが分かる。三月某日、洗心亭席上で中島棕隠《そういん》に詩を賦して贈ったというから、しばらく滞在していたようである。三月二六日、広島に現れた月性は、坂井虎山（百太郎）に初めて会い、束脩《そくしゅう》の礼、すなわち入学金を納めている。広島藩儒で後に幕府講学所教授に挙げられた虎山は、頼山陽をして「文中の傑」と嘆ぜしめた優れた学者であり、広島城下、今の南区的場《まとば》町にあった自宅の塾舎、百千堂は諸国からその盛名を慕って来る遊学者で溢れたというが、月性もその一人であろう。

虎山の許にどれくらい留まっていたのかはっきりしないが、いったん遠崎村に帰り、天保七年秋、佐賀善定寺をめざして発った。九州遊学を終えた頃作った詩に、「乙未之冬帰自豊越、明年丙辰之秋、年二十歳、再遊肥、学吾仏蔡華師者亦三年」（前出「築上郡志人物編」）とあるのが、これを裏書きしてくれる。乙未《いつび》、すなわち天保六年冬に薬師寺村から帰り、丙辰《へいしん》、すなわち翌七年、二〇歳の秋に肥前遊学に出発し、仏学を蔡華《さいか》、すなわち不及《ふぎゅう》について三年間学んだというのである。もっとも、真っすぐ佐賀城下へ向かったのではなく、わざわざ途中、幾つかの学塾に寄り道している。

広瀬淡窓の日記を見ると、天保七年一一月二四日、月性は豊後日田の咸宜園に現われた。「周防僧烟渓来見。周邦甥也」（『増補淡窓全集』下巻、六二三～四頁。以下同）というから、叔父周邦の紹介状を持って現われたことが分かる。二五日、「僧烟渓入塾」、二六日、「現在塾生凡三十七人。加二俊吾、烟渓一、除二元春一」とあり、授業に出ているが、月旦評には名前がなく、咸宜園のいわゆる客席生、つまり聴講生扱いであったらしい。現に晦日、「僧烟渓辞去」というように、計七日間の滞在で去った。咸宜園には、一年半後の天保九年四月二七日にもう一度姿を見せている。ただ、この時は、「釈烟渓（周邦姪《ママ》）来訪」（同前書、六七〇頁）とあるのみで、授業に参加したのかどうかははっきりしない。まだ精居寮で勉学中の身であり、近辺へ旅行の途中、儀礼的に立ち寄ったものであろう。

天保七年一一月晦日《みそか》、咸宜園を発った月性は、豊前薬師寺村へ向かった。周防遠崎村から佐賀城下をめざすとすれば、豊前を経て豊後へ行くのが順序であるが、そうしなかったのは、おそらく船便で海路別府湾に入り、鶴崎辺りに上陸、そこから永山布政所道、今の国道二一〇号を日田へ向かったためであろう。日田から薬師寺村へは、日田街道、今の国道二一二号を中津へ出て東上することになる。

恒遠塾に残された資料によれば、天保七年一二月二日、肥前に赴く月性を見送るため塾生数十人が黒土村（現・豊前市久路土）に至り、惜別の念に堪えず、皆涙を流したというが、これが本当ならば、咸宜園から来た月性は、約二〇日間蔵春園にいたことになる。

精居寮に入る

佐賀行きはむろん、不及がその住持善定寺内に営む精居寮に入るためである。五年前、田布施村の円立寺で初めて会ったさい、将来必ず不及について学ぶことを約していたことはおそらく間違いない。漢学の素養をしっかりと身につけた月性は、すでに二〇歳の大人

善定寺（佐賀市精町）

になっており、宗乗を学ぶのにまったく不足はなかった。

不及は、天明五（一七八五）年、肥前に生まれた。字は探情、号を蔡華《さいか》という。初め仰遣、のち安芸の道命《どうみょう》や道振《どうしん》について学んだ。とくに傾倒した師道振は、西本願寺を揺るがした大事件、三業惑乱《さんごうわくらん》のさい、本山教権に迫った地方学派の雄として、安芸門徒を率いた大瀛《だいえい》を輔《たす》けた学僧として知られる。芸州豊田郡本郷村寂静寺の住職であり、この道振の元で数年間学んだ不及は故郷に帰り、佐賀善定寺の第八世住職となった。早くに本山学林の得業《とくぎょう》に補せられていたが、天保七年には、鑑事に挙げられた。本山では、彼の優れた学識を生かすため、その学階をさらに進めようとしたが、これを必ずしも喜ばず、固辞して佐賀に戻り、精居寮を営み後進に宗乗を教えていたものである。門人二百人と称するのは、弘化三（一八四六）年七月、六二歳で没するまで、約一〇年間の来学者の総数であろう。

真宗本願寺派の善定寺は、旧佐賀城本丸の西側すぐの精《しらげ》町に現存する。精居寮はこの寺内にあった。月性が来たのは、本山の誘いを断った不及が、自坊に帰って学寮を創め、「四来ノ徒ノ為ニ講授ニ従ヒ道暇筆硯《ひっけん》ニ親ム」（「僧不及事略」「資材」一）と言われた頃であり、同門に佐賀藩勤王派の先駆となった願正寺役僧の離蓋《りがい》らがいた。後年、彼が萩城下にしばしば現れたのは、精居寮時代の月性との交友関係からと思われる。

三年間に及ぶ精居寮における月性の動静については、若干の詩作の外ほとんど何も知り得ない。「外湖中秋次不及老師韻」と題する詩に、「昨は看る豊山の月、今は逢ふ大嶋の秋。他郷還た故国、草々として一年周《めぐ》る。竹影微風に動き、桂香涼露浮ぶ。明年斯《この》夜の賞、識らず亦何《またいず》れの楼ぞ」（「清狂遺稿」巻上）とあるのは、入門した頃のことらしいが、その後の詩作を見ると、この間、彼は実に多くの人びとと知り合い、また単なる名所旧跡だけでなく、さまざまな場所へ出掛けて見聞を広めている。月性の寄宿する善定寺が、佐賀城のすぐ傍という立地条件もあるが、藩校弘道館の儒官やお城勤めをするサムライたちと交流を深めており、とくに弘道館教授として文名の高かった草場佩川《くさばはいせん》やその子船山、武富圯南《たけとみひなん》らと盛んに往来し、詩文を論じた。「清狂遺稿」の「奉呈弘道館諸先生」や「将発佐賀留別杞《ママ》南武富君」などの詩作は、そうした生活の中から生まれたものである。「賀珮《ママ》川先生卜居」は、小城《おぎ》郡多久村から転居して来た佩川の家が、善定寺の向かい側であることを喜び、文筵に相会するのは果たしていつ

僧不及墓（善定寺境内）

か、その日を待ち望んだものである。

精居寮時代にも、天衣無縫の月性の性格は一向に変わらなかったらしく、にわかに信じ難いような話が伝えられている。歴代の佐賀藩主は、肥前の嵐山と呼ばれた名勝、城外川上峡の川野茶屋畔のしだれ桜をことのほか愛し、この枝を折った者は斬刑に処すとしていた。これをかねて不条理に思った月性は、ある日酔いに任せて一枝を折り、奉行所へ引き立てられていったが、人の命と桜の枝の軽重を主張して一歩も譲らず、ようやく藩主の温情で一命を取り留めることができたという。話半分としても乱暴にすぎる、いつどこにあっても信念を曲げず、ひたすら前へ突き進んだ月性らしいエピソードである。

長崎に遊ぶ

佐賀城下やその周辺を出歩くだけでなく、月性はしばしば城外の各地へ小旅行を試みている。比較的近い長崎や平戸へは何度も出掛けたようであるが、最新の海外情報を得るためであろう。「将遊崎前一夕精善館諸君見餞賦此以謝」（「清狂遺稿」巻上。以下同）と題する詩は、長崎へ発つ前、友人たちが一夕集まって送別の宴を催したさいのものである。秋の夜長を酒を酌み交わしながら、未明まで別れを惜しんだとあり、天保九年の晩秋のことらしい。精善館は、善定寺精居寮の雅称と思われる。

長崎では、見るもの聞くものすべてが珍しく、驚きの連続であったこともあり、そうした思いを沢山の詩に託している。たとえば「長崎雑詠」に、「珍異の船来山も如《し》かず、燦然《さんぜん》目を奪う賈人《かじん》の居」とあるように、長崎市内に軒を列ねる商店の繁盛ぶりに目を見張っているが、すぐ続けて「珊瑚翡翠《さんごひすい》は吾が好みに非ず、唯《ただ》問う平生未見の書」というように、彼の狙いは、決して高価な装飾品などでなく、他所では手に入らない珍しい書物を探すことであった。市中をあちこち見物する傍ら、大勢の人を訪ねたり、結構忙しい毎日を過ごしているが、この間、酒亭や遊所にも出入りしたらしい。「少年游冶《ゆうや》風流を競ひ、酔を円《ママ》山旧酒楼に買ふ」で始まる詩は、丸山遊廓花月楼で書いた作品であり、夜晩くまで飲みかつ歌い興じた翌朝、酔眼朦朧《もうろう》となりながら、隣に寝ている妓女の傍らで呉謡（故郷を恋い慕う歌）を按じ月琴《げっきん》を弾いたというから、遊客となって一夜の歓を尽くしたのであろう。寺の子、それもまだ若い修業中の身にしてはいささか大胆な振舞いであり、茶屋遊びする金の出所も不思議であるが、長崎で出会った知人の誰かに誘われたのかもしれない。

　海外への唯一の窓口であった長崎では、オランダ船が定期的に出入りし、月性が来た頃も何隻かが湾内に停泊していたが、月性はそうした船の上から時おり「洋製蒸餅」、すなわちパンが投げられ、周辺に群がる日本人たちがこれを争って拾うのを苦々しく眺めている。「匍匐《ほふく》して船頭賊夷を拝す。大息す神州元気餒《な》えたるを。満船甘んじて犬羊の遺を受く」とは、そのあまりに情けない屈辱的な光景に怒ったものであろう。

　長崎で月性をもっとも驚かせたのは、異国渡りの文物ではなく、海路何万里の波濤をものともせず、はるばる東洋の果てまで航海して来たオランダ船の偉容であり、何度も港へ出掛け、水面より出ること百尺（約三三メートル）、その家より高く聳《そび》える鉄城に沢山の巨砲を備えた要害堅固の守りを悉《つぶ》さに見ている。

オランダ船を見るだけで満足しなかった彼は、何とか伝手《つて》を辿り乗船に成功したようである。一二年後長崎に現われた吉田松陰がそうであったように、船内の見学以上はできなかったらしいが、度々目《ま》の辺りにした洋上を行くオランダ船の雄姿には、改めて感嘆の声を発している。「観蘭船度《わた》る南洋」と題する詩に、「神崎鋒嶋伊王の間、五十の里程一転瞬、巨砲忽《たちま》ち発す数声の雷、或は驚く一時地軸摧《くだ》くかと。両舷の砲口余烟《よいん》湧き、一色忽ち風帆を埋め来る」とは、今まさに長崎湾口を出たオランダ船が、地軸を砕くかとばかり巨大な砲声を轟かせながら、満帆に一杯の風を孕《はら》み遠く外洋をめざして疾走する壮大な情景を詠んだものである。

鬼界ケ島（硫黄島）

好奇心旺盛な月性のことだから、この海の向こうには一体何があるのか、実際に船に乗り、行ってみたいと思ったのは、かくべつ不思議ではない。「平門舟中」と題する詩は、肥前平戸から船に乗り、鯨が潮を吹く沖合遠くまで来ると、鷗《かもめ》が飛ぶ彼方に対馬の山々が見えたと述べており、単なる旅人の船遊びの類いではない。

長崎滞在中、便船を得て遠く鬼界《きかい》ケ島まで足を延ばしている。鬼界ケ島は現在の硫黄島（鹿児島郡三島村）のことで、枕崎市の南約五〇キロの東シナ海上にある。古くから流人《るにん》の島として知られており、平家落人の旧跡や流人僧俊寛の墓などがある。江戸時代は薩摩藩領に属し、簡単に出入りできたとも思えないが、僧侶の身分を利用したのか、これに類する何らかの手立てを考えたのであろう。島には数日間しかいなかったと思われるが、「俊寛僧都墓下作」や「鬼界島夜泊」などの詩作を残している。その一つ、「一身千里遠し。孤島十年留まる。遷謫《せんたく》の人何《いず》くにかある。懐古の秋《とき》に禁《た》へず」は、墓前に跪き、遠い都に思いを馳せ、無念の涙に袂を絞った故人を偲びながら詠んだものであろう。

帰郷、再起を期して閑居する

長崎から佐賀へ帰った時期は必ずしもはっきりしないが、少なくとも翌年春には、精居寮にいた。長崎行は天保九年秋でなく、一〇年春という説もあるが、これは長崎での滞在が意外に長引いたことを示すものかもしれない。それはともかく、精居寮での勉学が三年目を迎えた天保一〇年六月上旬、佐賀を去り帰国した。月性、二三歳のときである。

蔵春園の五年弱と精居寮での二年半を合わせれば、実に八年近い歳月が経っており、遊学年数に不足はないが、月性自身は必ずしもそうは考えなかった。まだ何か遣り残したことが沢山ある、釈然としない気持ちであったようだが、しばらくは妙円寺にとどまり、大人しくしていた。一家の主人である叔父周邦への遠慮がなかったわけではなかろう。

まだ住職でもない月性には、寺での仕事はさほどなく、自由な時間は一杯あったが、彼はこれを遊学時代に書き貯めた詩文の整理に当てている。詩作だけでも千余首あったというから、これを一つひとつ増補、また訂正しようとすれば、膨大な量の仕事になったことは間違いない。天保一一年一〇月、詩作七十首を選び、一巻の本をつくり、これを各地の師友へ贈り批評を乞うている。

坂井虎山墓（広島市中区小町本照寺）

諸方の塾に出入りする

九州遊学から帰って一年後の天保一二（一八四一）年、二五歳の正月、広島の坂井虎山を訪ねている。すぐに帰郷したらしいが、三月には厳島《いつくしま》（宮島）を経て再度広島に入った。坂井虎山に呈した長詩、「臥虎山歌贈阪《ママ》井先生」や「厳島」と題する詩は、このとき詠んだものである。とくに厳島は、長州藩の祖毛利元就《もとなり》が陶晴賢《すえはるたか》を奇襲し、大勝利を収めた伝説の地であり、これを題材にした「嵳《さ》峩《が》たり千畳閣」で始まる詩を作り、虎山先生の「語々実況」、まるで眼前の景色を見るかのようだという評を得ている。

「帰帆箭《や》よりも疾《はや》し」というから、間もなく広島から舟で帰ったことが分かるが、遠崎村へ直行せず、わざわざ室津に上陸した。おそらく周辺の友人たちを訪ねながら、陸路帰ったのであろう。この年の夏には、萩城下に出ている。光山寺と泉福寺に二人の叔父がいたから、滞在先には困らない。

天保一三年の春、月性は豊前薬師寺村をめざした。旧師恒遠醒窓が肥前松浦侯に招かれ唐津へ向かったためである。このとき、門下の高弟七、八名が醒窓先生に追随しており、手薄になった塾の授業を担当する教師が必要になったが、その代講を月性が依頼されたものである。帰郷以来、必ずしも寺の生活に満足せず、悶々としていただけに、この話は渡りに舟であったようだ。「梨花寮寓居賦呈醒窓恒遠先生」は、その首途《かどで》を祝して書かれたものである。恒遠塾の資料によれば、嘉永二（一八四九）年、醒窓が再度平戸藩に招かれたさいも、月性が代講を勤めたとあるが、すでに私塾時習館を創《はじ》め、多忙を極めていた月性にそうした余裕はなく、またこの時期、九州へ向かった事実もない。何かの誤りらしく、月性に就いて学んだ七十余人というのも、おそらく天保一三年春の代講時の生徒たちであろう。「桃梨門に満ちて春色深し。郷校に育英して青衿《せいきん》足る」とは、俊秀の門下生たちが溢れる蔵春園の盛況ぶりを詠んだものである。

蔵春園で教えた期間は一、二カ月ほどであったと思われるが、この後、月性は佐賀へ行き、そこから東上、広島でしばらく滞在してから、遠崎村に帰った。九月一三日、祖母オヨネが七三歳で没したときには寺におり、家に戻ったのは、おそらく夏頃であろう。

天保一四年二月一二日、広島行きを告げて月性は家を出た。「自洞口《とのこ》赴広嶋舟中即時」と題する詩を見ると、夜船に乗り、明け方に広島に着いている。乗客でこみあい、一晩中まんじりともせず過ごしたという。洞口は現・安芸郡音戸町の渡子《とのこ》を指すらしい。今は早瀬大橋が架かる早瀬ノ瀬戸を抜け、能美島を左手に望む航路を来たものである。

上陸後真っすぐ東照宮をめざしている。全国各地にあった徳川家の祖家康を祀る神社であり、後の討幕論者月性のイメージにはそぐわないが、この時点では何の抵抗もなく、神前に頭を垂れている。ごく一般的な神社仏閣に参詣する類いであろう。早暁着岸したため、時間潰しの意味があったのかもしれない。なお、月性の詣でた東照宮は、ＪＲ広島駅新幹線乗り口の北側に広がる二葉の里に現存する。

広島行きの直接の目的であったと思われるが、ここから南へ徒歩十数分ほどの的場町にあった坂井虎山の百千堂を訪ねた。書き貯めた詩文を呈して先生の批評を乞うためである。二月一四日の夜、虎山は自宅に浜野章吉、木原慎斎、堀小一らを招いて飲んだが、この席に月性も列なっている。ただ、この後、いつまで広島にいたのかは明らかでない。

いったん遠崎村に帰ったと思われるが、六月には萩城下に現われた。住吉祭の催された二八日には、萩藩士の北条小淞《しょうしょう》(瀬兵衛)や周布痩梅《すふそうばい》(政之助)らと河口に舟を浮べて納涼の宴を楽しんでいるが、やがて始まる東上の旅へ出る直前であり、友人たちに立志の想いをあれこれと語ったことは、おそらく間違いない。

第三章　立志の旅

1　男児志を立てて郷関を出づ

なぜ、あえて晩学を選んだのか

天保一四（一八四三）年八月、月性は人口に膾炙《かいしゃ》した立志出関の詩、「将東游題壁」と題する二首を残して家を出た。すでに二七歳になっており、今さら遊学する年齢でもないが、何が彼をそうさせたのであろうか。八年近くを要した九州遊学で、小さな真宗寺の後継として十分すぎるぐらい学識を積んでいたはずの月性が、なぜ改めて勉強しなければならないのか。彼を一念発起させた、本当の理由は何であろうか。

「二十七年雲水の身。又師友を尋ねて三津《さんしん》に向ふ。児烏の反哺《はんぽ》応《まさ》に日無かるべし。別るるに忍びんや、北堂垂白《ほくどうすいはく》の親《しん》」（「清狂遺稿」巻上、以下同）とは、日頃強気な月性らしくもない、いかにも情緒的な反応である。一五歳のときから今まで、席の暖まる暇もないほど東奔西走して来たわが身を振り返ると、何一つ親孝行らしきことをしていない。そうであるのに、今また年老いた白髪頭の母を残して家を出るのはまことに辛く、申し訳ない気持ちで一杯であるというのだが、考えようによっては、いささか無責任であり、しかも弁解がましいところがある。

長年の遊学を終えてようやく腰を落ち着けたばかり、その上、もう二七歳にもなっている立派に大人の月性が、もう一度勉強させて欲しいと言っても、認められるような状況ではなかったに違いない。おそらく家族には、上方見物のような理由を言い立て、ともかくも出発したが、月性本人は内心深く期するところがあったのであろう。そう考えると、もう一つの詩、「男児志を立てて郷関を出づ。学若《も》し成る無くんば復た還らず。骨を埋むる何ぞ期せんや墳墓の地、人間《じんかん》到る処青山有り」に見える、青年客気そのままの単純明快な意思表示が、極めて分かりやすくなる。学問を成就し、世間に認められる一かどの人物にならなければ、二度と再び故郷の土を踏まないというのは、ほとんど家を捨て、親とも縁を切って初志貫徹しようというのだが、見方を換えれば、誰にも相談せず、勝手に家を出た、つまり家出に近い旅立ちであったと考えることもできよう。

上坂後しばらくして大和の長谷寺から叔父周邦に宛てて書いた手紙が、このことを裏書きしてくれる。仏教の現状は、信仰帰依するものが村翁野媼《やおう》のみで、士大夫《したいふ》以上には及んでおらず、むしろ頗《すこぶ》るわが宗風を排斥するものが多い。これはなぜなのか。僧侶が不学無識で対等に話すことができないからである。士大夫と交際がなければ、わが宗旨を彼らに説くことはできない。今の士大夫は、仏教の何たるかを知らず、皮相の見解でこれを排斥している。もし自分がもっと漢籍の勉強に取り組むことを許されれば、業成りて後、広く世の文士学者に交わり、士大夫の上位の人びとに向かい、仏教の功益あることを知らしめ、上流社会に弘教伝法の道を積極的に拓きたい。ぜひとも、この希望を叶えさせて欲しい。

この手紙を見るかぎり、月性は宗学の大家になるために東上した、すぐれた僧侶になるために勉強したいという。漢籍云々は、それが目的でなく、あくまで士大夫と対等に交際するための学力であり、いわば布教の手段でしかないが、本当にそうであったかどうかは疑わしい。

長谷寺（奈良県桜井市初瀬）

なぜなら、月性が没したとき、妙円寺過去帳に周邦が、幼時より月性の教育には随分心を尽くし、詩文は豊前の恒遠塾、宗乗は肥前の不及師に入門させ、上方で高野山や長谷寺で勉学させようとしたが、自分の好きな方向へ外れてしまい、大坂に滞在して儒者と交際したため、「邦ガ望ミトハ出来損シテ大儒武士等ニ交ルモノニナリタリ」と記したように、家族の側は長谷寺からの手紙を額面どおりに受け取り、あくまで上方の大寺で修業を積み、立派な僧侶になって帰って来ることを期待していたからである。出来損じの人間になってしまったというのは、月性が家族の期待を立派に裏切ったということであろう。いずれにせよ、周邦の側からいえば、今回の東遊で漢学塾に出入りして詩文を学ぶなど、論外の出来事であったわけである。

叔父龍護の許へ

東上した月性が真っ先に訪ねたのは、大坂島町の長光寺にいた叔父龍護《りゅうご》である。寛政六（一七九四）年生まれだから、このとき五〇歳、月性より二三歳年長の分別盛りである。名は覚応《かくおう》、字は子感、龍山または周山龍護と号し、観月臥松楼《かんげつがしょうろう》主人の別号もあった。初め叔母織江が嫁いだ田布施村の円立寺に入り、僧侶として修業を積んでいたが、門徒と必ずしも合わず、寺を出た。一時、妙円寺の本寺である柳井村の誓光寺で養われていたことがあるが、これも長続きせず、上坂して長光寺に入り、第九代覚順の養子となった。月性の母尾の上より三歳年下、妙円寺の長男であるが、なぜか寺を継がず、早くから家を出ていたものである。四男周邦より一一歳年長の兄である。

この龍護が、筑前福岡の亀井南溟《なんめい》門で漢学を学び、豊前長久寺の道隠に宗学を学び、やがて本願寺の学林に進んだのは、ごく一般的な修学コースである。学階は勧学に次ぐ司教にまで挙げられており、本山学林を代表する学僧の一人であった。天保五（一八三四）年六月、本願寺の命で募金活動のため肥後に出張したとき、いくら声を励まし説得を試みても、門主の意を理解しようとしない衆僧の前で、怒り心頭に発した龍護はいきなり小刀を取り出し、左手の無名指、すなわち薬指を切り落としたという激情家である。満堂に殺気が漲《みなぎ》り、鮮血淋漓《りんり》となりながら迫る龍護の気迫に圧《お》された人びとは、一斉に頭を下げ、門主の命に従うことを誓ったという。その資性は剛直闊達《かったつ》といわれたのも、宜《むべ》なる

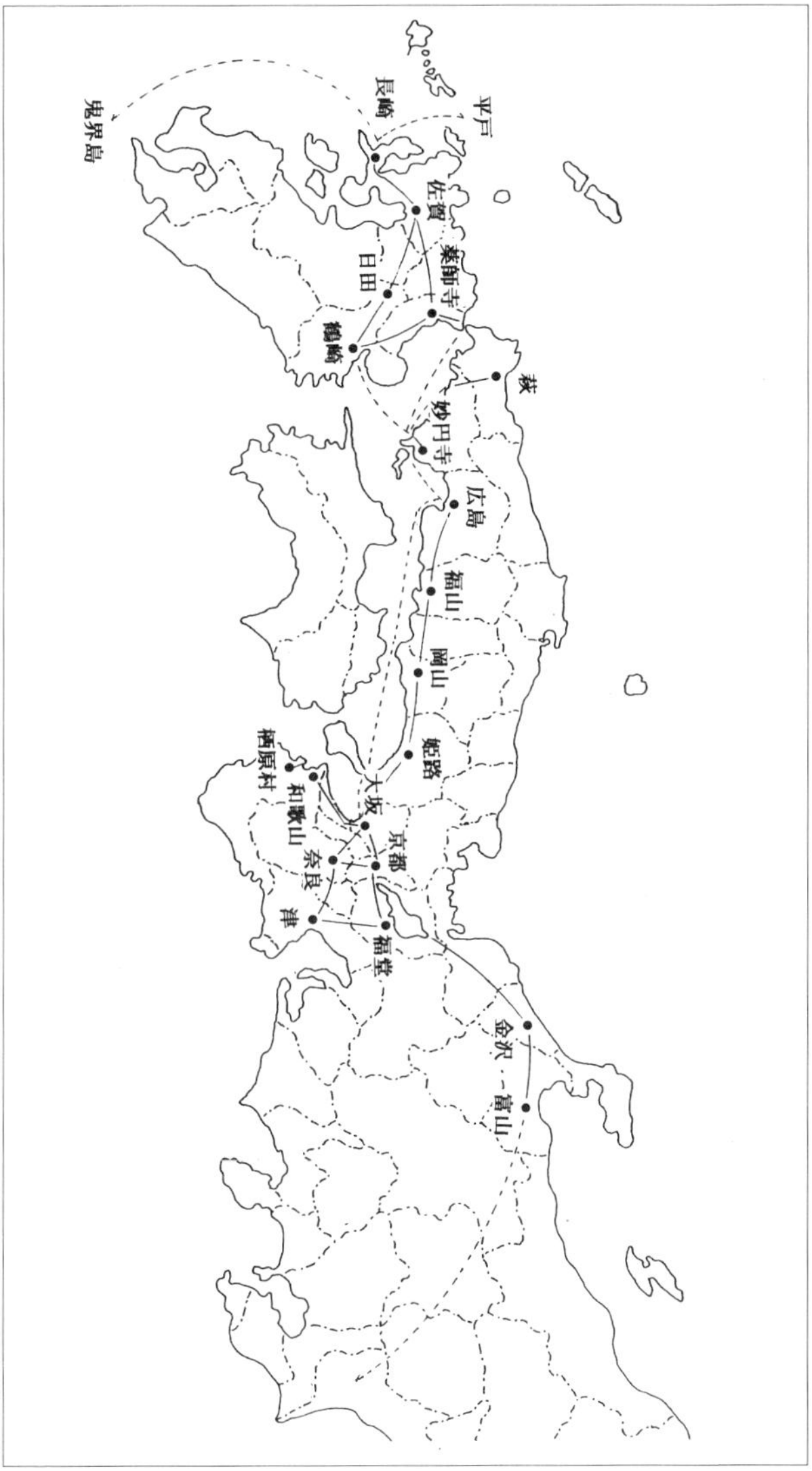

月性諸国遊歴の足跡

八軒家浜の跡（大阪市中央区京橋二丁目）

かなである。なお、月性の「次龍護師切指詩韻三首」は、この事件を題材にしたものである。

宗学者としては、「護法扶宗論」の著者として知られている。真宗は他宗のように国家鎮護の祈禱こそしないが、国体の尊厳は認める、つまり立派な護国思想を有しており、神道そしてまた儒教とも矛盾対立しないというのは、当時仏教界を悩ましていた排仏論への回答であり、月性がこれを早くから読んでいたことは、おそらく間違いない。

教学だけでなく、詩文や書画にも優れていた龍護は、京坂方面の学者や文人との交際が多く、篠崎小竹《しのざきしょうちく》や後藤松陰《ごとうしょういん》、広瀬《ひろせ》旭荘《きょくそう》、奥野小山《おくのしょうざん》らとはとくに親しかった。本山関係では、僧月珠《げっしゅ》や超然《ちょうねん》とよく、また東本願寺の雲華院大含《だいがん》とも交際があった。

ところで、龍護が住む長光寺は、島町、今の大阪市中央区にあった。八軒家浜の船着場のあった京橋二丁目からすぐの場所である。今は周辺すべてが埋め立てられ、一面ビル街となっており、船着場のイメージはないが、長光寺の斜め前方に見える北大江公園の数十段の石段や石垣は、八軒家浜へ続く旧道が僅かに残されたものである。月性が来た頃は、海路故郷へ帰るときは、この八軒家浜から船に乗り、土佐堀川、安治《あじ》川と下り、天保山河口から大阪湾へ出た。大坂と京都を結ぶ淀川経由の定期船もここから出た。要するに、交通至便の場所であり、いつも大勢の人びとが出入りしていた。

先の大戦ですべてを灰にした長光寺にかつての面影は何もないが、月性が来た頃は四階建の庫裡《くり》を有する大きな寺であった。一階が客殿、二階が寝殿造、三階が茶室、四階が望楼となっていたが、月性は三階の茶室を与えられている。四畳半の小さな部屋であるが、大坂城を真向かいに見ることができたという。

難波橋南岸（河吉跡）を望む

叔父龍護の紹介と思われるが、上坂後すぐ月性は篠崎小竹の梅花社に束脩《そくしゅう》の礼を呈している。梅花社は尼崎町二丁目、現・中央区今橋五丁目にあった。島町から来ると、二キロ近く歩かなくてはならないが、長光寺にいたのは、上坂後三カ月間のみであり、やがて浪華橋（難波橋）南岸、現・中央区北浜二丁目の河吉、実は書店の河内屋吉兵衛方へ転居した。のち月性が編者となる「今世名家文鈔」の版元であるが、この時点ではまだ面識がない。おそらく篠崎小竹の紹介であろう。梅花社まで半ばの距離であり、通学には随分便利になった。厳冬某日というから、年の瀬も押し詰まった頃であろう。

超然の知遇を得る

叔父龍護の幅広い交友関係のおかげで、上坂後すぐ月性は大勢の知名士と会うことができたが、そうした人びとの中で、なかんずく大きな影響を受けたのは、僧超然である。天保一五年五月上旬、叔父龍護に伴われ上京した月性は、初めて超然と会った。本山家臣団の中で早くから勤王思想を唱えた松井中務《ちゅうむ》と親しく、また門主広如《こうにょ》上人に近く、しばしば献策する機会を持っていただけに、彼と知り合ったことは、その後の月性の活躍に大きな意味を持つことになる。しばらくその経歴を見てみよう。

超然は、寛政四（一七九二）年、近江国犬上《いぬかみ》郡高宮村（現・彦根市）の円照寺の第二子として生まれた。名は若英、字は不群、虞淵《ぐえん》と号した。早くに神崎郡栗見村福堂の覚成寺《かくじょうじ》に入り、ここで大きくなった。本山学林に学んだ以外には、誰を師にしたのか分からないが、「天性岐《き》嶷《ぎょく》好ンデ史籍ヲ読ミ意ヲ詩歌ニ留ム」（「僧超然事略」『月性師事蹟資材』二）といわれたように、宗学だけでなく、国学や和歌、詩文、さまざまな方面に優れた才能を見せている。三業惑乱《さんごうわくらん》の経緯を集めた「反正紀略」一三巻の著者、また広如上人の命で始めた「真宗法要典拠」一八巻の校補者としても知られた。排耶論《はいやろん》に関する著述も多く、その一つ、「護法小品」は、「瑞穂《みずほ》国は三道鼎立《ていりつ》各々正法をなす」（村上磐太郎論文、『維新の先覚月性の研究』二〇二頁、以下同）、儒・仏・神の三道は互いに相補って皇国の道を形づくっているという観点から、護法護国を説いた。

ではなぜ、キリスト教は排撃されるのか。キリスト教は宗教であるから仏教と両立することができず、しかも侵略の先兵、道具となる邪教であり、断固排撃しなければならないという。龍護の「護法扶宗論」と共に、月性の「仏法護国論」の先駆となった書であるが、後に坂井虎山が、「其の起念護国にあらずして護法に在り、大抵の釈氏の護法の甚しき、君父を棄てて顧みざるに至る。豈《あに》本末倒置に非ずや」と評したように、その趣旨はもっぱら排仏論への反論、つまり護法にあり、主従関係については何もいわず、本末転倒なところがあった。要するに、護国論としては、なお不徹底な主張であったことは否めない。

覚成寺（滋賀県神崎郡能登川町福堂）

それはともかく、西本願寺当代を代表する学僧超然の知遇を得たことで、月性の交友関係は一挙に広がった。「周防妙円寺ノ月性初メテ宗主ニ謁見シテ志ヲ陳ズルニ至リシモノ実ニ超然ノ斡旋ニ依ルト云フ」（前出「僧超然事略」）といわれるように、第二〇世門主広如《こうにょ》上人が何一つ職階もなく、したがって本山中枢にはまったく無名のまだ若い月性を登用したのは、この超然の推薦によるものである。

初対面の印象を、「人と為り倜儻《てきとう》質直にして才敏、酷《はなは》だ文を好む。夙《つと》に鉅儒碩師《くじゅせきし》の間を周旋す。而《しか》してその志尚《な》を察するに略々《ほぼ》余と合す。因りて忘念の交りを結ぶ」（前出村上論文、二〇三頁）というように、超然はこの独立不羈《ふき》、真っすぐに前を見つめ、才気溢れんばかりの若者を頗る愛した。早くから著名な学者や文人と交際があったことも、排仏論への反論に熱心であった超然に好都合であり、意気投合した二人は、以後極めて親密な間柄となる。この年の秋、再度上洛、超然と会ったときは、彼に伴われて麻田公岳《あさだこうがく》宅や石川丈山《じょうざん》の旧草堂、北山詩仙堂を訪ね、料亭鴨干で飲むなどしている。「陪淡海虞淵師游詩仙堂」（『清狂遺稿』巻上）は、このときの感懐を述べた詩作である。

翌年二月、福堂の覚成寺に超然を訪ねた月性は、一一日、洗心堂において、超然とともに逮夜《たいや》法談、すなわち法会《ほうえ》の前夜の説教を行っている。翌日、伊勢の斎藤拙堂の許へ出掛け、帰路、再び福堂に現われた月性は、二六日、超然と一緒に上洛、途中安土《あずち》山に登り、守山《もりやま》に一泊するなどした。いったん大坂に戻るが、二九日には早くも入京、三月七日頃まで行動を共にした。この間、嵯峨や太秦《うずまさ》で飲み、嵐山で遊び、また原田盛伯、雲華院大含、麻田公岳、成田千尋、宮沢評梁らに会っている。詩文を論ずるのが主たる目的であったが、時事問題を議することもしばしばあったらしい。

九月下旬にも上京、洛中にいた超然に会い、翌月三日頃まで一緒であった。超然が行くところ、ほとんど何時も月性の姿があったが、偶然の出会いなどではなく、おそらく超然が上洛する度に、連絡を受けた月性が大坂から駆け付けたものであろう。二人の交遊は月性が帰国する弘化四（一八四七）年の春まで、ほとんどこのような形で継続した。月性は超然を老師と呼んで終生師事したが、一方超然は、詩人としての月性の才能を早くから認め、常にその詩を周囲に推奨して止まなかったという。

2　篠崎小竹の梅花社に学ぶ

大坂最大の漢学塾

篠崎《しのざき》小竹《しょうちく》、名は弼。字は承弼、通称長左衛門、小竹と号した。畏堂、些斎、丁橋、南豊、梅花書屋などの号もある。天明元（一七八一）年、大坂の町医加藤周貞の子として生まれ、九歳で梅花社に学んだが、その天賦の才能を師から愛され、一三歳のとき養嗣子となった。もと篠崎三島《さんとう》が開いた私塾、やがて梅花社は、初め土佐堀白子町（筑前橋南詰西へ一丁辺り）にあった。七、八歳のときすでに「絵本太閤記」を全部諳《そら》じていたという秀才小竹は、当然のことながら、梅花社の後継たるにふさわしい勉学に励み、早くから学者として世に出たが、養父三島の奉ずる徂徠学に必ずしも飽き足らず、寛政一一（一七九九）年、一九歳のとき、江戸へ出て尾藤二洲《びとうにしゅう》に学んでいる。文化五（一八〇八）年、二八歳のときは、家出同然に江戸へ出た。幕府昌平黌の儒官古賀精里《せいり》に就いて朱子学を学ぶためであるが、間もなく帰坂、父の跡を継いで梅花社の経営に専念した。

篠崎小竹画像
（三坂圭治『維新の先覚月性の研究』所収）

七一年の生涯のうち、多くの優れた詩文を残したが、経学の書は一冊も著さなかったように、小竹は儒学者としてとくに目立った業績はなく、むしろ教授方法に巧みで、また学塾を経営する才に恵まれていたと言ってもよい。中島棕隠《そういん》の狂歌に、「書は貫名、詩は山陽に、金は弼、猪飼《いがい》経書に、粋は文吉」（木崎愛吉『篠崎小竹』六八頁）とあるのは、書の達人は貫名海屋《ぬきなかいおく》、詩は頼山陽、金儲けは小竹、経書は猪飼敬所、粋は棕隠本人だというのである。学者のくせに、銭勘定がうまく銅臭の異名を奉られた小竹を多分に揶揄《やゆ》したものだが、頼山陽が、「詩文は吾小竹に勝り、小竹の吾に勝るものは書なり」（同前書、六七頁）といい、また「浪花諸芸玉づくし」の書家の部に、篠崎小竹と並河寒泉《なみかわかんせん》が挙げられたように、能書家小竹の名はつとに有名であり、書を求めるものが門前市をなした。とうぜん沢山の潤筆料が集まったが、小竹自身は、「詩文及び字を売るは、恒産なきを以て、衣食をここに謀るのみ」（同前書、六〇頁）、財産のない境遇で詩文を売って生活するのは止むを得ないというように、これをさほど気にした様子はない。

門人数の増加によるものと思われるが、梅花社は、文化一三年冬、西横堀斎藤町（西区江戸堀上通一丁目）へ移り、天保二年夏には、尼崎町二丁目（中央区今橋五丁目）へ転じた。月性が入門したのは、したがって尼崎町の塾舎である。その場所は、三田純市の言う「今橋通りの御堂筋を西へ入ったところ」（『御堂筋ものがたり』一一七頁）、阪神高速が走る土佐堀出口の辺りらしい。なお、嘉永元年の春、堂島川大江橋北詰東近くの二階家を借り五小楼と称する隠居所としたが、月性がここに出入りした形跡はない。

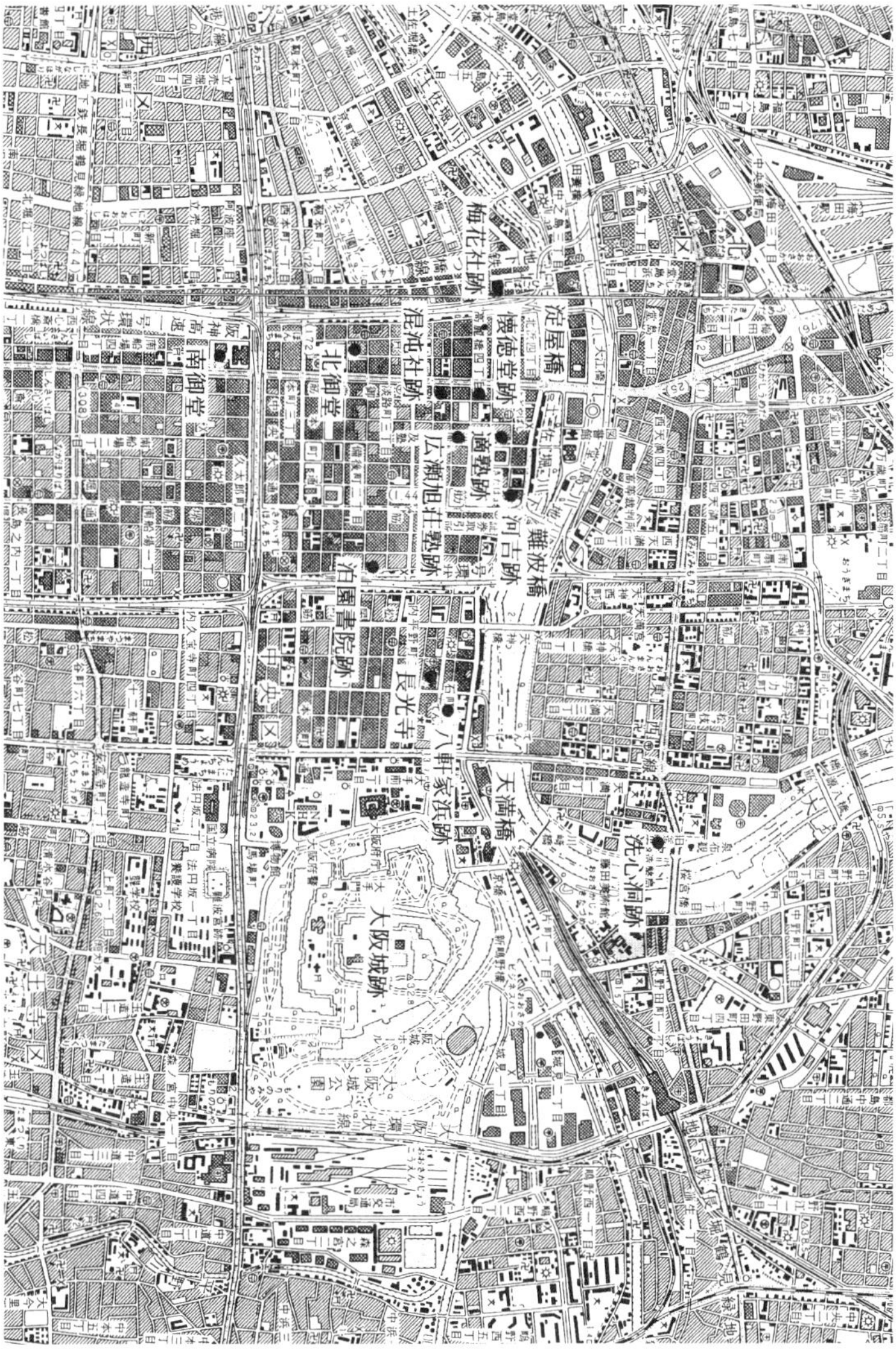

梅花社周辺図（出典：国土地理院発行1：25000地形図）

小竹が塾主となり、拡大の一途を辿った梅花社は、月性が来た天保末年にはすでに大坂を代表する最大規模の漢学塾であった。大坂町人はもとより、上方に遊学する諸藩の子弟で、梅花社に笈を解く者が頗る多く、また大坂を通過する諸名士は必ず来訪するなど、その名声は極めて高く、一代の門人千五百余名を数えたというが、これを裏書きするように、文化一一（一八一四）年から嘉永元（一八四八）年に至る三四年間の門人帳には、計一四八八名が記名している。毎年、少なくとも四、五〇名の入門者があったことは間違いない。月性が学んだ頃は、少なくとも百人前後の門人を擁していたはずである。

因《ちな》みに「麗沢簿《れいたくぼ》」、すなわち門人帳に記された天保一四（一八四三）年度の入門者は四三名であるが、月性の入門と前後して佐賀藩儒草場佩川《はいせん》の子立太郎（船山）、京都の蘭医小石元瑞《げんずい》の子中蔵、高槻藩士の市村行蔵（謙一郎、水香）、頼山陽の第三子三樹三郎《みきさぶろう》（達堂）らが来た。いずれも終生の友となる人びとである。

都講となる

塾中でどのような授業が行われたのか、カリキュラム等については何も分からないが、間もなく彼は梅花社の都講、つまり塾頭に挙げられている。入塾時すでに二七歳になっており、幾つかの学塾で研鑽を積んできた経歴が評価されたのはむろんだが、なかんずく詩文の実力が、塾中で際立っていたためであろう。天保七（一八三六）年冬、まだ僅か二〇歳の月性は、豊前恒遠塾から佐賀善定寺へ赴く途中、日田咸宜園を訪ね、数日間授業に出席したことがあるが、その詩作を見た広瀬淡窓は、月性のごときは三舎を避く、恐れ憚って誰も近付かないの譬《たと》えどおり、比べようもない素晴らしい才能の持ち主である。長生きしたおかげで、自分の孫弟子の中からこれほどの人物が出たことを知り、喜ばしいかぎりであると絶賛したが、詩人として名声赫々《かくかく》たる淡窓をして、ここまで云わしめたのは、咸宜園広しといえども、そう多くはいないだろう。梅花社でも、すぐにその詩才を認められ、都講として遇されたものと見える。

都講は塾主に次ぐ地位であり、小竹先生が不在のときには、師範代として塾生に教授したが、先生に随従し諸方へ出掛けることも多かった。「既望之夜、小竹先生泛舟与松陰訥堂両公遊桜祠余亦与之」と題する詩は、八月一六日の夜、小竹先生やその娘婿後藤松陰、養子篠崎訥堂（竹陰）らと淀川の東岸、桜宮の辺りを舟遊びをした情景を詠んだものである。「月は天に中して夜已《すで》に央《なか》ばなり。嗚《あ》呼《あ》眼前の行楽看《み》る〳〵将《まさ》に尽きんとす。一酔して万感を忘るるに如《し》かず。盞《さん》を洗い交《こもご》も酌んで豪興を発す。舷頭起舞し酔歌長し」（「清狂遺稿」巻上）とあるように、夜半晩くまで月光を浴びて互いに胸襟を開いて思いのたけを語り、大いに飲みかつ歌に興じて一場の歓を尽くしており、師弟の付き合いというより、もはや対等の友人関係といっても過言ではない。

弘化三（一八四六）年の秋、小竹先生に従って堺方面に南遊したことがある。生涯仕官せずを持論とした小竹であるが、時おり賓師として諸方に招かれ教えることには抵抗がなく、現に徳島藩淡路洲本の支配役稲田家には、早くから出張講義を行っており、ほとんど客員教授的な扱いを受けている。代々の大坂城代にも聘《へい》され講筵を設けたが、とくに上州安中の藩主板倉節山にはとりわけ信任が厚かったという。

滞在日数等ははっきりしないが、三臓円《さんぞうえん》（気根を強くする民間薬）の製造元として知られた堺の薬店、吉野某の家や安松村（現泉佐野市）の根来喜右衛門《ねごろきうえもん》宅にしばらく逗留しており、行く先々で講筵を設け、得意の潤筆や詩文の添削などを行ったことはおそらく間違いない。

大坂最大の漢学塾を主宰した小竹は、交友範囲が極めて広くかつ多彩であったが、梅花社都講の地位にあった月性も、当然のことながら、その恩恵を受けている。月性が交際した広瀬元恭《もとやす》、野田笛浦《てきほ》、宮原節庵、森田節斎、広瀬旭荘、雲華院大含《だいがん》、梁川星巌《やながわせいがん》、その妻紅蘭、斎藤拙堂、江木鰐水《がくすい》、池内大学らは、いずれも京洛を中心に活躍していた有名人であるが、早くから梅花社に出入りして小竹と親交があった。野田笛浦や江木鰐水のような旧門人、つまり月性の先輩に当たる人物もいる。

3　北陸路の旅

宗祖聖跡の巡礼

弘化元（一八四四）年の夏、月性は二、三の友人たちと北陸方面へ数カ月に及ぶ旅行を試みている。出発は六月頃としか分からないが、七月九日から月末京都へ帰るまでは、「東北遊日記」と題する旅日記が残されており、その行程の大略を知ることができる。ただ、この日記は、「七月九日於中越富山客中続記」と頭書されているように、旅の途中から書き継いだものである。つまり、前半分が失われており、何時大坂を出発し、また何処まで辿り着いたのか、肝心のところが不明のままである。

歩いた道筋や訪ねた場所から見て、旅の目的はおそらく、早くから浄土真宗関係者の間に行われていた、宗祖親鸞や中興の祖蓮如の布教の跡を辿る、いわば聖跡巡拝であったと思われる。叔父周邦が嘉永四（一八五一）年三月五日、北国聖跡巡拝と称して遠崎村を出発、一一月三日に帰国したのと、同じタイプであろう。その足跡のあらましは、「過去帳」嘉永四年辛亥《しんがい》の項に、「当主三月五日出立シ、広島船ニテ大坂ニ至リ、浄念寺洗養公ノ旭荘ノ塾ニ居ラレシヲ誘ヒテ吉野長谷南都ナド一見シテ、廿三日大雨ニヌレテ大坂へ帰リ、廿六日ニ霊岸ト同ジクカワゴ背負テ陸ニテ上京シ、廿九日京都ヲ出テ北国関東ヲ巡拝シテ、十月廿三日ニ京都ヘカヘリ上リ、廿四日ノ夜船ニテ大坂ヘ下リ、廿九日川ヲウケ順風ニテ翌朔日ノ夜音戸ヘカヘリ、霜月二日広島ヘツキ、三日ノ夜帰寺シケルナリ」などとある。浄念寺洗養公とは、早くから交際のあった大島郡外入《とのにゅう》村の寺の子らしい。この頃、大坂北浜にあった広瀬旭荘の塾に遊学していた彼を訪ね、道案内を頼んだものと思われる。三月二九日に京都を出発、一〇月二三日に帰着しており、巡拝の旅のみで約七カ月、前後の船旅や見物を合わせれば、さらに三三日が加わり、実に八カ月に及ぶ大旅行であった。

たまたまこの年の夏、病床に伏した月性は、「臥病中残暑甚酷有懐夢窓（周邦）老師」と題する詩を詠んで、遠く異国の地にある叔父周邦に思いを致したが、その中に、「嘗《かつ》て春霞と共に帝都をいで、宗祖の遺跡遍く参詣す。茅鞋《ぼうあい》血を踏む越山の雲、衲衣《のうい》涙を拭う配所の月。程を計るに応《まさ》に奥野の間に在るべし。知らず何の状にて残暑を凌ぐや。我れ草堂を守って故山に留る（中略）、唯《ただ》祝《いの》る健行疾病無く、秋風吹いて白河関に入らんことを」（「清狂遺稿」巻下）などとあり、宗祖親鸞が配流された越後の国府を経て、赦免後、東国布教の拠点となった常陸国下妻《しもづま》小島《おじま》や稲田《いなだ》の地を訪ねたことが分かる。残暑の今は、奥羽と野州の間まで辿り着き、秋風が立つ頃には、白河の関へ向かうはずだというのが正しければ、常陸から奥州街道を北へ進んだことになるが、聖跡巡拝の道から外れており、本当にこの道を歩んだのかどうかは分からない。仮にそうだとすれば、古くから歌に詠まれた奥羽三関の一つを見たかったのであろうか。流人となった親鸞上人は、京都から十数里の小浜《おばま》港へ出て、ここから直江津《なおえつ》まで海路で来たというから、周邦も同じルートを辿ったのかも分からない。

日記の前半分が失われて存在しないため、正確なことは言えないが、周邦が歩いた聖跡巡拝の場所から見て、月性らもまた、越後や常陸方面へ足を踏み入れたことは、おそらく間違いない。土屋蕭海「浮屠清狂伝」は、その活動範囲を京畿の間だけでなく、北は越、東は遠く常毛の地に及んだと述べているが、月性が越後を経て常陸や野州方面に姿を現わしたとすれば、今回の北陸の旅以外には考えられない。

東北遊日記を辿る

ところで、富山城下で書き起こした月性の旅日記は、どのような内容のものか。しばらく日記に即して、京都までの行程を辿ってみよう。

北陸行は一人旅ではなく、曇公、清助、治助などと呼ばれる同行者がいたが、何者であるのかはっきりしない。曇公については、名前もそれらしいが、頭を剃る云々の記事が随所に見られ、僧侶であったことは間違いない。三人とも梅花社の同窓生か、もしくは京都や大坂で知り合った人たちであろう。

富山には、この後、七月一七日まで九日間滞在したが、理由は曇公が病気になったためである。藩医某の家に出掛けて診察を乞い、薬を処方して貰ったという記事が、一日も欠かさず出てくるから、風邪引き程度の病気ではない。病状を尋ねる曇公に、医師は決して軽いものではなく、薬をきちんと服《の》み、大事に養生するように告げているが、腹痛を訴え、またこの間、食事はほとんど粥で済ませており、旅のどこかで食当たりにでも罹ったのだろうか。曇公の症状は、一三日頃、一時大いによくなり、昼飯に出された鱸《すずき》の膾《なます》を食べたり、夜には、月性のお相伴をして酒を少し飲んだりしたが、これが悪かったのか、またまた症状をぶり返し、数日間寝込んでいる。一七日には、やっと回復したと見え、頭を綺麗に剃り、風呂に入って身仕度を整え、医家に薬代を包んで挨拶へ、出掛けている。もっとも、全快とまではいかなかったらしく、支払いを済ませ、暇乞いをしたその日の夜、また腹具合が悪くなり、月性が薬を取りに医師の許へ出掛けている。

曇公が療養生活に専念している間、月性は一体何をしていたのであろうか。曇公と一緒に医家に行ったり、代わりに煎じ薬を貰ってきたり、結構忙しい毎日を過ごしているが、その間、城下のあちこちに出掛け、いろんな人と会い、見物もしている。書店で書画帳、日本や諸外国の輿地図《よちず》を見たり、紙や筆を買い、氷や菓子、果物、あるいは曇公のために褌《ふんどし》を求めるなど雑用も済ませ、傍ら諸方の友人や故郷への手紙も沢山書いている。宿を借りたのは大きな商家らしく、初め本宅にいたが、間もなく別宅へ移っている。曇公の病気が長引いたためらしい。僧侶であるから朝夕の勤行《ごんぎょう》は欠かさず、毎日きちんと本宅へ出掛けて読経《どきょう》を行っているが、曇公の方は、医者へ行く以外は、ひたすら病床にあった。月性は、「荘子」を携行していたらしく、日中暇なときは、これを読んでいる。

　出発前日の七月一七日、月性は城下の諸寺に詣でた。日記を見ると、まず勝興寺《しょうこうじ》の門を叩き、次いで五番街の願海寺に行き、寺町に入って歴代藩主の菩提寺である金剛禅院、京都常楽寺の末寺持専寺《じせんじ》、本寿寺を次々に訪ね、さらに下木街の極成寺《ごくしょうじ》に歩を進め、その後、神通川へ出て冷たい流れに疲れた足を浸した。越後へ配流される途中の親鸞に出会い教化されたという越中三坊主、願海寺、持専寺、極性寺との関係を辿ったことは、想像に難くない。また勝興寺は、親鸞の配所という越後国府の跡地に建てられた真宗本願寺派の古刹《こさつ》、高岡の勝興寺（現・高岡市伏木古国府町）の末寺であり、その由緒を探るためであろう。

極性寺（富山市安田町）

堤町通り二丁目にある正興寺がそれらしい。親鸞の弟子真性が開基した願海寺は、川一つ隔てた清水町三丁目にあるが、月性の頃は五番町に属した。ここから北西の方角すぐに梅沢町であるが、江戸時代には寺町と称した。廃仏棄釈のとき町名を変えたものであり、本寿寺があるが、持専寺は今はない。金剛禅院は、富山藩主前田家の菩提寺である曹洞宗の光厳寺《こうごんじ》を誤記したものらしく、五番町にある。

　月性のいう極成寺は国道四一号北側の柳町に現存するが、この後すぐ神通川《じんつう》へ出ているところから見て、彼が詣でたのは、県総合庁舎に近い安田町の極性寺であろう。境内に宗祖聖人旧跡の大きな石碑が立つ北陸巡礼のコースである。神通川まで数百メートルの距離であり、ここから河原に出たと思われる。

寺巡りで疲れて帰ったこの夜、宿の主人が送別の宴を設けてくれたが、日記に「主人勧別杯僧来共酌余大尽酔」とあるから、近くの寺から招かれた来た僧侶らと酒を酌み交わし、大いに酔いかつ盛り上がったようである。

舟橋跡（富山市舟橋南町）

七月一八日、七鼓半、朝五時に起きた一行は、大勢の家人に見送られながら宿を出た。曇公は駕籠に乗っているが、病後間もない身体を案じたためであろう。神通川の舟橋を通っており、現在の舟橋南町、神通川舟橋跡の常夜燈の辺りから川を渡ったらしい。神通川右岸で舟橋を照らし、人馬の往来を助けたものであるが、今は市街化された松川沿いの小さな橋の袂にある。おそらく国道四一号を富山大橋の方角に出たものであろう。北陸道に入り、追分村、小杉、大門駅と歩いて高岡駅に入り、松沢屋という旅宿に泊まった。

七月一九日、月の光で明かりが不要なぐらいというから、よほど早暁宿を出たのであろう。千保《せんぼ》川と祖父《そふ》川に架かる二つの

篠生寺（石川県加賀市動橋町）

橋を通り、和田村、立野村と歩いた。今の国道八号とほぼ同じ行程である。小矢部《おやべ》川に架かる大橋を渡ると石動《いするぎ》駅である。まだ四鼓、一〇時頃であったが、早立ちで空腹を覚えたので、ここで昼食を摂っている。木曾義仲が戦勝祈願をしたという埴生《はにゅう》の八幡社を見ながら、源平古戦場で有名な倶利伽羅《くりから》峠へ向かった。国道八号の南側の山中を通る「北陸道倶利伽羅いにしえの街道」が往時のルートであるが、急峻の山坂が続く難路であり、あちこちの茶店で休みながらようやく峠越えをした。竹橋村を経て津端《つばた》駅に入り油屋八左衛門家に投宿している。

七月二〇日、鶏鳴とともに起床した一行は、月明昼のような道を二里ばかり歩いたところで夜が明けたというから、相変わらずの早立ちである。金沢城下で一休みした後、浅野川橋や佐井川（犀川）橋を渡っているが、この後、西瓜を食べた茶店に杖を忘れ取りに帰る騒動を起こしている。布市《ぬのいち》村、松任《まっとう》駅、柏野《かしわの》駅と歩き、新保《しんぽ》村の某家に泊まった。

七月二一日、宿を出るとすぐ手取《てどり》川であったが、水が枯れてほとんどなく、裾をからげ徒歩で渡った。青村（粟生《あお》）、寺井村、大石橋と歩き、小松駅で昼食を摂った。今井村（今江町）、櫛村（串町）と進んだが、月津村の辺りで帰馬を雇い、騎乗する。動橋《いぶりばし》駅では蓮如へ捧げた粽《ちまき》の篠から根葉が生じたという由緒で知られる篠生寺《じょうしょうじ》に詣でる。ＪＲ動橋駅の南側を並行する国道から少し入った場所にある。蓮如上人御尊像の大きな立像が、北国巡礼の参詣者たちを迎えてくれる。大聖寺《だいしょうじ》郊外の菅神廟前で馬を降り、茶店で休む。ここから間道を通って吉崎へ向かう。病気全快と称する曇公は、この辺りから徒歩が多くなったが、その後も時々駕籠を利用しており、まだ本調子ではなかったようである。菅神廟は、加賀市三ツ町の国道三〇五号沿いにある菅原神社のことらしい。ここから大聖寺川へ出て舟に乗り、塩谷浦、今の塩屋町まで来たのであろう。吉崎に着いたときはすでに日が暮れており、宿を探すのに一苦労しているが、ようやく綿屋某に泊まった。

吉崎別院（福井県坂井郡金津町吉崎）

　七月二二日、吉崎は蓮如上人が北陸布教の拠点にした聖地であり、各地から来る真宗門徒の参拝者が絶えなかった。左右に並ぶ東西両御堂の鐘の音で起きた月性らは、服装を整え西御堂に詣で朝の勤行を行っている。この後、同行した清助らと一緒に「古堂墟」を訪ねた。文明三（一四七一）年、蓮如が創めた道場吉崎御坊は、東西両本願寺の争いのため、早くに失われてなく、月性らが訪れたのは、山上に残るその跡地であり、ここで蓮如が植えたと伝えられる傘松を見た。老樹はさすがにほとんど枯れ、僅かに枝葉を残すのみであったという。

吉崎御堂跡（同前）

西御坊に並んで立つ東本願寺別院裏手の急な坂道を右手に願慶寺を見ながらしばらく登ると、史蹟吉崎御坊跡に出る。遥か日本海を望む絶景の地であるが、今は遺蹟らしきものは何もなく、一面松林が続く山地でしかない。山上の一角に「慧燈《けいとう》高照」と刻まれた高村光雲作の基台も含めれば、一二メートルに達する巨大な蓮如上人像が立っている。松風以外、何一つ聞こえない静寂そのものの場所に立つと、どこからか往時の読経の声が聞こえてきそうな感がする。

この後、七月二三日から二五日までの三日間の日記が欠けており、消息を知り得ないが、順調に歩いたとすれば、北国街道を金津、福井、鯖江、府中（武生）、南条（鯖波）、湯尾峠、今庄、板取、栃ノ木峠と進み、東近江へ出たと思われる。

七月二六日、朝目覚めたとき堅田《かたた》浦に浮ぶ舟の中にいたというから、前日の夕方、琵琶湖岸のどこかで舟に乗ったことが分かる。北国街道を来た旅人は余呉《よご》湖沿いに飯浦《いいうら》へ出るか、もしくは長浜辺りで舟に乗るのが普通であったから、そのいずれかであろう。比叡山の方角に浮御堂《うきみどう》を見ながら堅田浦、唐崎《からさき》浦と舟に揺られたが、風がなく舟脚が遅々として進まず、ようやく昼前に大津に着いた。おそら

蓮如上人御廟所（京都市山科区西野大手洗町）

く浜大津、今の大津港マリーナの辺りに上陸したと思われる。旧東海道の八町（札《ふだ》の辻《つじ》から上関寺町の筋）にあった小野川店で昼食を摂り、逢坂山の蝉丸《せみまる》神社に詣で、追分茶屋を経ながら山科に出た。

日記にある「詣両御堂及中興主墓所」というのは、東西両本願寺の山科別院とその中間、山科中央公園の前にある蓮如上人御廟所に詣でたことを示している。北花山《きたかざん》から渋谷《しるたに》越えをめざしたというから、京都薬科大学の近くにある「五条別れ」の道標が記す「ひがしにし六条」の道を選んだことが分かる。ここから数百メートル南下した渋谷醍醐道を北花山の方角へ進み、花山トンネルの辺りを山越えし、山ノ内町から始まる渋谷通を東山馬町へ出るルートである。

京都へ着いた月性らは、六条御前通下ル西中筋の常宿金屋孫兵衛に草鞋《わらじ》を脱いだ。曇公はこの時も駕籠に乗っていたらしく、少し遅れて到着した。すぐ本願寺御影堂《ごえいどう》（祖師堂）にお参りしたのは、旅が無事終わったことを報告したのであろう。夜は旅を共にした人びとが一堂に会して宴席を設けており、鯉や鯰《なまず》のご馳走に酒杯を重ねて互いの無事を喜び合った。

七月二七日、祖師堂参詣の後、宿に戻り、行李《こうり》を整理し着物を曝《さら》すなど、一日中長旅の後始末に追われた。

七月二八日、祖師堂に詣でた後、御所出入りの医師寺尾玄長に来診を乞う。富山を出てから体調が今一つすぐれない曇公を診て貰うためである。玄長は、堺町押《おし》小路南《のこうじ》（現・中京区竹屋町）で内科医を開業していた老練の医師である。日記がいう御所出入りは事実に反するようだが、大和郡山藩主の病を治したことで評判が高かった。いずれにせよ、曇公が不調を訴えたのは内科、おそらく消化器系の病気と思われる。夜は肥後僧某が、近所の酒楼に上がり大騒ぎする声に悩まされて寝付かれず、怒っている。

七月二九日、一日中、故郷の家人や友人らに宛て数本の手紙を書く。夜になり医師寺尾が来て曇公を診察する。月性自身が風邪気味のため、早く寝る。

八月一日、風邪がよくならず、寺尾に行き薬を処方して貰う。帰路、寺町の書店近江屋に寄り、清人林雲銘の「古文折義」を見る。身体が熱っぽいため午後は宿で床に就く。夜、酒楼の客は相変わらず喧《やかま》しく、曇公は早く寝たが、いったん眠りから覚めた月性は、酩酊した肥後僧らと一緒に島原へ繰り出すことにした。「登井虎楼呼妓飲時夜過半」というから、井虎楼と称する店で夜半まで芸妓を挙げて派手に遊んだことが分かる。連日の酔態を咎めに行った月性が、かえって意気投合し、どんちゃん騒ぎをしたわけであるが、この辺はいかにも天衣無縫な彼らしい振る舞いである。

「東北遊日記」は、この後、「九月十四日暁天明早起宿雨未全晴」という一行を記したのみで、突然欠本となっている。巡拝の旅の終わりが日記を閉じた一番の理由であろう。これより前、おそらく八月初旬には、大坂へ帰ったようである。

4　斎藤拙堂との出会い

大和の大寺に遊ぶ

頼山陽と並ぶ詩文の名手としての斎藤拙堂の評判は、早くから知っていたはずであるが、月性が津城下に拙堂を訪ねようとしたのは、梅花社に入って間もなく、たまたま師の小竹に拙堂の詩を示され、強い感銘を受けたことがきっかけらしい。入塾後二カ月余の天保一四（一八四三）年閏九月二八日には早くも、津城下に姿を現わしているが、大坂から直行したわけでなく、途中、奈良の長谷寺や近辺の大寺にしばらく滞在して余乗を学んだという。叔父周邦が記した「過去帳」に、「東遊モ高野長谷ノ内ニテ他部ヲ学ヘトテサセシニ、ソノ好ム処ニ流レ、大坂ニ逗留《とうりゅう》シテ儒者ニ交リ」などとあるように、今回の上坂の目的は、もともと奈良方面の大寺を訪ねて他派の宗学を学ぶことであった。少なくとも妙円寺の人びとは、そう理解していた。

月性を迎えた斎藤拙堂は、津城下に来るまでの経緯を、「清狂草堂図巻序」で、「上国に至るに及んで京摂の間に托鉢《たくへい》（托鉢）し、寧楽（奈良）の大寺、ここに法を求め、泊瀬の霊山（長谷寺）ここに書を読む、忽焉《こつえん》去って青野戦場を弔ひ、瓢然《ひょうぜん》来って五瀬（伊勢）神廟を拝し、遂に余を津城に訪う」（前出『維新の先覚月性の研究』一九二頁）などと書いている。寧楽《なら》の大寺は高野山の金剛峰寺《こんごうぶじ》ではなく、どこへ行ったのかはっきりしないが、長谷寺を辞去した後、東大寺か興福寺を訪ねたことを指すものかもしれない。奈良から津城下へは伊賀街道を歩くのが普通であり、いったん山城に出て、木津川沿

斎藤拙堂肖像画
（斎藤正和『斎藤拙堂伝』所収）

いを伊賀上野の城下に入った。行程九里である。ここから山田、平松、長野嶺、三軒茶屋、片田を経て津城下に向かう。行程一二里、標高四九六メートルの長野の山越えを控えており、多くの旅人と同じく上野の城下で一泊したと思われる。

先述したように、月性自身は、長谷寺から出した叔父周邦への手紙で、宗乗の勉強をしっかりと積んで、将来、士大夫の上流社会に布教したいと述べており、長谷寺や高野山などでの修業を約束しているが、これはあくまで上方に留まるための便法でしかなかった。わざわざ長谷寺で手紙を書いた行為そのものが、国元の家族を納得させるための苦肉の策であったことは、その後の行動を見ればすぐ分かる。大坂から長谷寺へ直行したとすれば、中高野街道を南下して大和川を渡り、古市《ふるいち》、太子《たいし》、竹内峠を越えて大和高田、橿原、桜井と来たはずであるが、もし当初の予定どおり高野山へ登ったとすれば、高野口を橋本へ向かい、五條、橿原、桜井、奈良と来るのが一般的であろう。

拙堂のいう奈良の大寺は、おそらく見物の類いを出なかったと思われるが、書を読んだという長谷寺も、師名や書物について何の記録もない。名刺を差し出し詩を呈する程度はあったかもしれないが、束脩の礼を行い、正式に入塾することはなかったようだ。

津城下には、この時を含め、弘化二年二月、三年一〇月、四年六月、同年一〇月、安政四年三月の計六回訪れており、その都度、しばらく滞在して教えを乞うたから、関ケ原見物や伊勢神宮参拝の機会は、いくらでもあった。弘化二年二月一二日、超然が住持する江州福堂（現・滋賀県神崎郡能登川町）の覚成寺から津城下をめざした月性は、途中養老の滝を見たというから、このとき拙堂のいう青野戦場、関ケ原の古戦場を訪れたのは、おそらく間違いない。福堂からは、中山道の愛知川《えちがわ》宿へ出て高宮、鳥居本、番場、醒井《さめがい》、柏原、今須、関ケ原宿と来た。今のＪＲ関ケ原駅の北側一帯が古戦場跡であり、沢山の遺蹟を見ることができた。ここから県道五六号、南濃関ケ原線を南下すると養老町であり、標高八五九メートルの養老山の山中に、滝の水が酒に化したという孝子伝説で有名な養老の滝があった。今は一帯が養老公園として観光化されている。津城下をめざす月性は、駒野で国道二五八号の方角に道を取り、桑名に出たはずであり、ここから伊勢湾沿いに四日市、鈴鹿、河芸《かわげ》町を経て津城下に入った。

なお、弘化三年一〇月に津城下に現われたときは福堂から往復しており、その途上、関ケ原に足を停めた可能性もないではない。

津城下に拙堂を訪ねる

拙堂の文にある五瀬《いせ》神廟、伊勢神宮参拝の後、津城下に現われたというのは、最初の訪問時のことかどうか、必ずしも明確でないが、山田（伊勢市）からは、県道七五六号とほぼ重なる伊勢街道があり、宮川、斎宮《さいくう》、稲木、櫛田、月本と歩き津城下に着いた。大坂から来たとすれば、先述した伊賀上野の城下を経由するルートであろう。

棲碧山房で詩文を学ぶ

嘉永五（一八五二）年、五六歳のとき、拙堂は茶臼山の麓、今の鳥居町、県神社庁の辺りに棲碧山房《せいへきさんぼう》、一名茶磨山荘《ちゃうすやまそう》と称する別宅を設け、他藩からくる訪問者にはすべてここで接した。嘉永六年五月、吉田松陰が拙堂に会ったのも、この山荘である。もっとも、月性が最初に来たときは、まだこの山荘はない。梅花社出入りの知名士を記した篠崎小竹の手控帳、「不可忘」（前出『篠崎小竹』五三～七頁）によれば、斎藤徳蔵（拙堂）の住所は、津西新町となっている。津城の北西、現在の丸之内養正町の西端辺りに家があったらしい。ただ、月性が来る少し前に、拙堂は藩校有造館の督学参謀、やがて督学となり、城内の役宅に住むようになったため、他藩人と簡単に会うことができなくなっていたが、「突如来たりて余の門を叩き見を求む」（「拙堂文集」所収の「清狂草堂図巻序」、斎藤正和『斎藤拙堂伝』三〇頁、以下同）というように、月性は、城内に住む拙堂の家にいきなり現われ、強引に面会を求めたらしい。僧侶という身分によるものか、あるいは親友小竹の紹介状のお蔭か、面会そのものはすぐに出来たが、長期に滞在して教えを乞うことは許されず、詩稿を示しただけで終わっている。

このとき月性は、書き貯めた詩文の他に、わざわざ「畳前韻寄呈拙堂先生」と題する詩二首を作って呈したが、いずれも拙堂先生の博学多識、学職に任じ政治家としても功があり、詩文双絶、なかんずく天下独歩の文章を讃えたもので、いささか美辞麗句を並べ過ぎた感がないではない。これを見た拙堂が、「その詩稿を取り之を誦するに、琅然《ろうぜん》金石声を作《な》す」、さながら玉をかき鳴らすように素晴らしい出来栄えであると、大いに満足気であったのも、分からないではない。

ところで、津藩重役で藩校有造館の事実上のトップ拙堂の前に現われた月性の姿格好は、とんでもないものであったらしい。拙堂の言葉を借りれば、衣は破れ放題、頭はハリネズミさながら、髪の毛をぼうぼうに伸ばし、まるで越後の金掘り人足を思わせるようなひどい様子であった。旅の途上、宿を借りるのに苦労したが、一向にめげるところがなかったというのは、月性自身の述懐をそのまま記したものであろう。時の将軍にも聘された高名の学者の前に出るには、あまりに非礼な態度であるが、徹底的に賛辞を呈された拙堂の方は、大して気にした様子はない。それどころか、「酒後、耳熱く談劇し、論快く、顴頰《けんきょう》張りて該唾《そのつばと》ぶ。我徒の語ならざるなし。余、駭視《がいし》して之を喜ぶ。上人亦《また》余を以て方外の知己となす」というように、酒を勧めて歓待し、その主張に熱心に耳を傾け、自らもかねての持論を大いに語った。議論白熱、興奮した月性が声を張り上げ、そこら中に唾を飛ばして激論したが、拙堂はこれをむしろ愉快と受けとめ、互いに意気投合したようである。

山荘時代の拙堂は、教えを乞う人びとを気軽に受け入れることができたのかというと、そうでもない。門人川北梅山が、「藩法他藩の人の城中に入るを禁ず、故に毎月六次、此に来りて客に接す」（同前書、三六二頁）というように、役職にある間は、依然として城中の役宅に住み、時々山荘に出掛けて教えるという、かなり不自由な生活を余儀なくされている。この頃、備中中島村（現・倉敷市）から来た三島中洲《ちゅうしゅう》は、城内に住む拙堂に接することができず、先生が山荘に出掛ける日に合わせて教えを乞うたという。月に三、四回ぐらいしか授業のない時もあったのは、そのためである。三島はまた、「拙堂先生は別に講義をなすことなく、時に茶磨山荘と云ふ別荘へ出られ、酒宴を催ふさる、その時城下に寄宿せる人々集まりて先生の話を聴き、作文を先生に呈するを、袋に入れて持ち還り、次の会までに添削して与ふるなり」（同前書、二九三頁）ともいうから、どこにでもある学塾の授業とは大いに異なる、いわばサロン的な雰囲気の集まりであった。安政三年まで津城下にいた三島は、約四年間こうした変則的な勉学を続けたことになる。

なお、拙堂が隠居を認められ、山荘へ移り住んだのは、安政六年六月、六三歳のときであり、これ以後、四方から来る遊学生を自由に受け入れるようになった。山荘の一角に設けられた方来舎《ほうらいしゃ》と称する寄宿舎には、常に十余人の寄宿生がいたという。

天保末年、初めて月性が来た頃は、藩校有造館での役職が本務であり、面会そのものが極めて難しく、自宅で教えたとしても、不定期かつ例外的な出来事にすぎない。計六回を数える訪問は、短期間に終わることが多かったが、稀には半月余も滞在して学んだこともある。

安政四年二月下旬、本願寺の用件で京都を発し伊勢へ向かった月性は、わざわざ道を迂回して月ヶ瀬村で梅を見ている。木津川の上流五月川の渓谷を埋めた無数の梅樹の美しさは早くから知られていたが、天保元年に拙堂が書いた「梅谿遊記」と題する紀行文が、果たした役割はとくに大きく、嘉永四年に頼山陽や篠崎小竹ら友人の跋文を付した「月瀬記勝」として世に出た上下二巻本は、何度も版を重ねたベストセラーである。「何《いず》れの地か梅なからん、何れの郷か水なからん。唯《ただ》和州の梅渓は花、山水を挟みて奇なり。山水、花を得て麗にして天下の絶勝たり」（同前書、二一三頁）で始まる名文に魅了された月性が、一度月ヶ瀬の評判の梅を観賞したいと思ったのもかくべつ不思議ではない。京都より来たというから、木津川沿いに笠置《かさぎ》まで来て、月ヶ瀬村をめざしたのであろう。奈良県の東の端、伊賀とは国境の村であり、この後、上野の城下を経て津へ向かったと思われる。

三月一日、津城下に現われた月性は、一七日まで滞在、拙堂に親しく接することができた。長期滞在を可能にしたのは、すでに山荘の別宅生活が始まっており、頻繁に出入りすることができたためである。前年、六〇歳のとき、致仕を願い出たが許されず、半隠士と称した拙堂は、ほとんど山荘で暮らしていた。藩校有造館の督学参謀河村貞蔵（川村尚迪）や教授土井幾之助らがしばしば訪れ、拙堂らを交えて時務論を闘わせたという。下田踏海事件を綴った吉田松陰の「回顧録」を藩校有造館に呈し、またその文稿を齎《もた》らしたのもこの時である。集まった人びとは、いずれも松陰と旧知の間柄であり、その著作を批評しながら、獄中で死んだ金子重之助を悼む詩文を書いたりしている。

門人中内樸堂が、先生を評して「胸宇豁達《かったつ》、辺幅《へんぷく》を修めず誠を推して物に接す。才を愛すること飢《き》渇《かつ》の如し」「先生酒を嗜み客を愛す。客至れば則ち忻然《きんぜん》対酌す。詩を賦し文を論じ終夕厭《いと》わず。四方の文士来訪する者殆ど虚日なし、書を索《もと》むる者亦踵《またきびす》を門に接す。風流文雅、一時の盛を極むと謂うべし」（「拙堂先生小伝」同前書、二五頁）などというように、拙堂は世間によくある気難しい学者先生とはまるで異なる、極めて穏やかな包容力のある人物であり、飾り気がなく誰とでも誠実に接し、また才能を有した若者を発掘するのに熱心であった。藩重役のときも、他人と争い、対立することを好まず、誰とでも分け隔てなく付き合い、話を合わせることのできる社交的なタイプであり、何時もその周辺には、多くの人びとがいた。晩年、山荘に隠居してからは、一層自由な立場から、各地から名声を慕い訪ねてくる人びとを気軽に招き入れ、酒席を設けたり、会話を交わすのを楽しみにしていた。

津訪問の理由

月性が拙堂を訪ねた最初の目的が、詩文の添削にあったことは間違いないが、その後、何度もこの地を訪れたのは、それだけではなかろう。長く江戸詰めの生活も送り、津城下に戻ってからも藩政の枢要に与《あずか》っていた拙堂は、時務論に一家言を持ち、「三倉私議」や「士道要論」のような著述を発表したりしたが、とくに国防問題には早くから関心があり、敏感に反応した。たとえば天保一二(一八四一)年の「海防策」は、アヘン戦争の敗北により、香港租借という屈辱的な結果を招いた清国の現状を踏まえて書いたもので、欧米諸列強、なかんずく大国ロシアやイギリスの領土的野心に備えるための制虜之策を述べたものである。軍艦の大きさや大砲の数を頼むだけでは万全でなく、むしろ士気を高め練兵に励み、民心を安定して兵力の充実に務めることが大切であるなどというのは、会沢正志斎《あいざわせいしさい》の「新論」と大差がないが、日本本土の沿岸だけでなく、蝦夷地や琉球列島の防衛に言及しながら屯田兵制度の採用をいうなど、具体的かつ実際的な提案をしており、説得力があった。月性がこの書を読んでいたかどうかはっきりしないが、同様の趣旨を拙堂の口から聞いたことは間違いなく、おそらくこれが何度も津城下に来た理由の一つであろう。

月性が在坂時代に計画し、自ら編者となった「今世名家文鈔」八巻八冊に関連した訪問もあったようだ。というのは、この書は、当代を代表する四人の文人、篠崎小竹、斎藤拙堂、坂井虎山、野田笛《てき》浦《ほ》らの文章百六十編余を集めた漢文集であり、大坂の書店河内屋吉兵衛が主要な版元であった。蔵本朋衣の詳細な研究によれば、弘化三（一八四六）年秋頃にいったん出版が決まったが、似たような出版を企てる別の本屋が現われたり、また執筆予定者の草稿提出が遅れるなどトラブル続きで、必ずしもスムーズに事が運ばなかった。同年一二月、編者の月性が帰郷し、以後は書簡の往復で草稿や板下のチェックなどの編集作業を進めることになったのも、混乱に拍車をかけた。嘉永六（一八五三）年正月、河内屋より出版願いが出されたが、初版本が出たのは、安政二（一八五五）年一一月のことらしい。計画が決まってから実に九年の歳月を経ていた。弘化四年六月と一〇月の両度、津城下に現われたのは、前後の経緯からみて、出版が決まった「文鈔」への協力要請、すなわち草稿提出の依頼が主たる用事であろう。同年一二月二一日付の拙堂より月性宛手紙の追伸に、「尚々、拙文之儀被仰下、右も先達《せんだつ》てより中清書為致、彼是改度処折々取出し致刪定《さんてい》候。早春には差上可申候」（妙円寺書簡集）、文中訂正箇所も幾つかあったが、すでに清書を済ませ、来春早々には提出できるとあるのが、その辺の事情を伝えてくれる。

拙堂が京都や大坂へ出たときは、必ず月性に連絡して会っており、両者の関係は極めて緊密であった。公私を問わず、万事に中庸をめざし、過激に走ることを好まなかった拙堂が、極端な言動の多かった月性と親しく交際したのは、一見不思議な気がするが、よく考えてみると、拙堂にない破天荒な発想、人の意表をつく行動力が、時に羨ましく、また好もしく思われたのではなかろうか。安政年間、六度目の訪問をした頃は、月性はすでに立派な討幕論者になっており、その過激な発言は、拙堂と相容れないところが多々あったはずであるが、あまり気にした風はない。隠居の境遇とはいえ、津藩のもと重役という拙堂の立場を考えれば、そうした不穏分子と接触すること自体大いに問題であるが、拙堂の側にそのような配慮はまるでない。拙堂という人物の懐の深さに加えて、月性の天衣無縫、人に好かれる明るく無邪気な性格が、そうした関係を可能にしたのかもしれない。

徳太郎の遊学に同行する

これより先、弘化四年六月、津城下を訪ねた月性は、帰路、拙堂に頼まれ長男徳太郎（正格）二一歳を大坂に伴った。梅花社で学びたいという徳太郎の願いを入れたもののようであるが、六月一九日付の徳太郎宛手紙で拙堂は、「小竹翁無事候哉。月性上人も如何」（同前）などと、二人の安否を尋ねながら、盆前までに津城下に戻るように述べており、初めから一カ月程度の予定で出発したものである。徳太郎があれこれ理由を言い立てて、帰国を延期しようとしたのか、期日を七月一一日の夕方までと切っている。

この年一〇月、五度目の訪問のとき、拙堂は月性を伴い栄町にある四天王寺に遊んでいるが、この後、西国遊学をめざす徳太郎の世話を頼んでいる。帰国を予定していた月性に否やはなく、間もなく二人は津城下を発った。大坂の梅花社を経て、一路山陽道を歩いたものであり、途中、備中梁瀬《やなせ》の山《やま》鳴《なり》弘蔵や備後神辺《かんなべ》の廉塾、広島の坂井虎山の百千堂などを次々に訪ねている。「菅家往問録」に、「弘化丁未《ていび》仲冬十四日西帰路奉訪春川先生、防州遠崎妙円寺、僧月性、号清狂。同伴、津藩　斎藤徳太郎、名格、字致卿」（『広島県史』近世資料編Ⅵ、一一三二頁）とあり、一一月一四日には廉塾に現われた。頼山陽の師で、小竹とも親しかった菅茶山《かんちゃざん》先生はすでに没しておらず、後継の養子菅三《かんぞう》（のち三郎）の時代である。菅三とは、梅花社で机を並べた同窓の関係で訪ねたものであろう。

廉塾には一、二泊程度しか留まらなかったらしく、三日後の一一月一七日には早くも広島城下に入った。虎山の日記に、「十一月十七日、清狂僧拉二斎藤徳太郎一来」（蔵本朋依論文『鯉城往来』第三号、広島近世文学研究会、一六四頁）とあり、広島に着いたその足で百千堂を訪ねている。虎山は、江戸昌平黌で斎藤拙堂と同窓であり、その子徳太郎の来訪を大いに歓迎した。一二月六日に虎山が、月性と徳太郎両名のために送別の宴席を設けており、この間、二人はしばらく滞在して教えを乞うている。

広島から遠崎村へは船で帰ったと思われるが、徳太郎も同行したことは、その礼状に遠崎村の庄屋秋本晩香《ばんこう》父子に宜しくとあるところから分かる。一二月二一日発信の月性宛手紙で拙堂が、「倅儀在阪中種々御世話に預り、其上遠遊之節も御誘引被下、帰路迄態々《わざわざ》御送届被下、誠に御深切之段深辱奉存候。扨《さて》倅儀去十五日帰郷、具《つぶさ》に壮遊之儀共申聞、於小子も大慶不過之候」（「妙円寺書簡集」、以下同）などと言うように、徳太郎は年末一五日には、早くも津城下へ戻っており、妙円寺には数日間しかいなかったようだ。同封された徳太郎の手紙にも、「定《さだめ》て先日は御発坂舟中も無恙《つつがなく》、最早此節は御帰郷と奉遠察候。小生儀途中無難帰津仕候間、乍憚《はばかりながら》御放念可被下候」とあり、月性は大坂までわざわざ徳太郎を送り届け、そのまま船で帰郷したらしい。文面から大坂行きの急用があったとも思えないが、そうだとすれば、これ以上手厚いもてなしはなかったと言ってよい。

一年のうちに二度、大坂行きだけでなく、遠く西国をめざす遊学の旅に、わが子徳太郎の同行を頼んだのは、たまたま月性の帰国を知った便宜上のことではなく、拙堂がその人と為り、八方破れで一見風来坊のようにみえる月性にわが子を十分託せるに足ると思ったからであり、それだけ大きな信頼を寄せていたことを物語るものであろう。

安政三（一八五六）年、城崎温泉へ旅した拙堂が、京都で月性に再会したとき贈った詩に、「意気憤然たり方外の雄、錬杖を指揮して旋風を打つ、古今同一勤王の志、月性前身是れ月空」（前出『斎藤拙堂伝』三二七頁）とある。僧月性の意気軒昂のさまは、さながら鉄杖を揮って旋風を起こす感がある。彼こそ、中国明代に寇を防いで死んだ僧月空の生まれ代わりだというのであるが、勤王僧として世に出ていた月性の存在を認め、むしろそれに大いなる賛辞を呈したわけである。月性贔屓《ひいき》の拙堂ならでは口にできない台詞《せりふ》であろう。

第四章　学費はどれくらい要したのか

1　近世期学塾の経費負担

江戸時代には幕府昌平黌や三百諸藩の藩校に代表されるサムライ学校だけでなく、一般庶民の学ぶさまざまな種類の学校があったが、そうした大小の学校の経費は、誰がどのようなかたちで支弁したのだろうか。

名目的な学費納入

よく知られているように、幕藩国家が創《はじ》めた官・公立の学校、すなわち昌平黌、藩校、郷校・教諭所などは、ほとんど無償制の学校であり、たとえ有償であっても学費は極めて安く、限りなく名目的でしかなかった。というのは、これらの学校において、教育は治者である封建領主から与えられた贈り物、いわば恩であり、これに対し被治者である家来や領民が学校へ行き、真面目に勉強することが、まさしく主君に対する忠、奉公であると考えられたからである。教育がいわば上からのサービス、贈り物であったといってもよいが、この考え方は、無数にあった民間在野の私立学校にもさまざまな影響を及ぼしている。

たとえば江戸時代を通じ、日本全国至る所に何万と普及した寺子屋は、庄屋・名主、神官、僧侶、医師などが本業の余暇に自宅の一部を開放し、文字通りサービス活動として近所の子供たちに読み、書き、ソロバンを教えたものであり、当然のことながら、学費は極めて安く、時には教師が教科書や紙、筆などを子供たちに与える、つまり教師の側が経費の一部を負担したことも珍しくない。この時代に一般的な賤金思想、武士は喰わねど高楊枝的な価値観が、教育活動の対価として金銭を求めることをよしとしなかったこともあるかもしれない。寺子屋師匠に謝礼をする場合、江戸や大坂のような大都会はともかく、地方、とくに田舎では金納よりも物納が多く、しばしば畑の野菜や季節の成物を不定期に差し出す程度で済ませたのも、そのことを裏書きしてくれるだろう。

無償から有償へ

官・公立学校に典型的に見られるように、学校はもともと安い、お金はそんなにかからないというのが、江戸時代の人びとの常識であったのは、そこでの教育が、学ぶ側の意思とは無関係に上から与えられ、押しつけられたものであったからである。そうではない、自らが学びたいことを、自らの意思で学ぶ場合には、学費をまったく要しない無償制の学塾ということはなく、程度の差こそあれ、それなりの学費を必要とした。寺子屋に学んだ人が一層ハイレベルの勉強をしたいと意欲を燃やし、また官・公立の学校、たとえば藩校の学生が別の先生に就いてもっと違う分野の学問を修めようと考え、進学した私塾がそうした場合である。本業を有し、したがって定収入があり、それなりに社会的地位も高かった寺子屋師匠の場合と異なり、私塾の教師は、藩校の教授が私宅で教えるような場合を除けば、多くは民間在野の学者であり、自らが修得した専門の知識や技術を教授し、生計を立てていた。塾生各人が納める入学金や授業料の収入で暮らしていたのであり、したがって、大ていの場合、それなりの学費をきちんと徴収した。

ところで、私塾は江戸時代を通じ、およそ一五〇〇余校開設されたが、その学費は必ずしも一律ではなく、学習の成果が社会的に高く評価され人気が集まった、つまり学びたい人が多ければ、その先生が経営する学塾の学費は相対的に高くならざるを得ない。もともと学校数の少ない蘭学塾や医学塾の学費が際立って高かったのは、近代以後の学校教育の場合とよく似ているが、要するに需給の如何によって、そこでの学費に高低があったというわけである。将軍や諸大名の侍医、あるいは御所出入りの医師の学塾などが、高い学費を要したのは、そうした学塾の出身者というキャリアが社会的に高く評価され、就職活動にも大いにプラスしたからである。需給の有無という点からいえば、蘭学塾や医学塾がもっとも高く、これに漢学塾や国学塾、その他諸々の学塾の順で続いた。塾を主宰する先生の知名度がそれに加わったことは言うまでもなかろう。

僧侶や神官の子が学ぶ宗教系の学塾は、明治十年代に始まった文部省調査、『日本教育史資料』全九冊からすべて除外されており、正確なところは分からないが、伊勢大神宮の文庫や東西両本願寺の学林に見られるように、それぞれの宗教や宗派ごとの後継者養成をめざす学塾であり、封建領主が開設した官・公立学校の場合とほとんど変わらない。その他、本願寺の学僧が自宅、この場合自らが住職を勤める寺院の一角に開設した宗乗を教授する私塾の場合も、本業を有した寺子屋師匠が、余暇にサービス活動として近所の子供たちに教えたのと同じであり、学費をほとんど徴収しなかった。

2　私塾と受益者負担主義

近世期学塾のなかで、私塾はむしろ今日の私立学校に近い受益者負担主義の学校であるといったが、その実態はどのようになっていたのだろうか。

さまざまな納入方法

学費の名目は必ずしも一様ではなく、また納入方法もさまざまであるが、主要なものは生徒が納める束脩《そくしゅう》と謝儀《しゃぎ》である。束脩は今日の入学金であり、謝儀は授業料にあたる。入門時に必要な束脩は、中国古代の師弟の礼のさい干肉の束を持参したという由来から分かるように、初め品物、たとえば酒、肴、扇子、紙束などを呈したが、時代が下がるにしたがい、現金に取って代わり、品物はむしろ名目化した。ただ、その場合も、多くは金品を併せて差出し、また現金のみのときも、酒代、あるいは扇子料というふうに、品物の名儀にするのが普通であった。これは金銭の授受を賤しむ、とくに教育の対価を金銭に求めることを喜ばない、この時代特有の考え方による。多くの私塾の束脩に定則がなく、先輩のやり方を見習う、つまり慣習的に何がしかの金品を納めたのはそのためであり、また金額も、入門者の身分の上下や経済的事情によって異なるのが一般的であった。たとえば江戸時代の学塾のなかでもっとも制度化されていた豊後日田の咸宜園では、束脩は大体金一〇〇疋《ぴき》であったが、なかには金五〇疋を納める者、また稀に金二〇〇疋を納める者もおり、厳密な意味での定額はなかった。

幕末期の大都会の私塾になると、さすがに束脩の納入をルール化し、なかには塾主である教師その人だけでなく、奥方、若先生、塾頭、塾中一同、下男下女などへ差出す金額をこと細かく決めていたものもあるが、新入生の家が貧しいなど特別の事情があれば大幅に減額されることもあったようだ。それはともかく、平均的な束脩はやはり金一〇〇疋程度であり、大ていの漢学塾や国学塾に共通していたが、蘭学塾や医学塾など高度の専門性を要する場合は、概して高額であった。

授業料となる謝儀は、盆、暮の年二回が普通であったが、お年玉や暑中見舞、寒中見舞などというかたちで、年に数回納める場合もあった。初めは品物を呈するのが多かったが、これもしだいに現金化していった。金額はほぼ束脩に準じており、たとえば咸宜園では、盆、暮の年二回、各金一〇〇疋を納めたが、その他、二五疋、五〇疋、二〇〇疋などもあった。暑中見舞と寒中見舞は、いずれも銭二一〇文を標準としているが、これも若干増減があり、必ずしも一定していない。

金額の大小は、塾生の経済的事情だけでなく、出席の有無、あるいは多少によるところもあったようだ。伊勢松坂の本居宣長の鈴の屋塾では、一年間を春、盆前、秋、暮の四半期に分け、授業料納入を行ったが、四回すべてに名前が見えるのは、毎年僅かに一、二名しかおらず、大半が一回か二回、それも出席した時期に限って納入した。数カ月間欠席が続くと、その時期の授業料納入はしない。また逆に、一日も休まず皆出席したような場合は、定額を若干上回る金額を納入した。要するに、出来高払い的な授業料の納入であるが、このスタイルはその他の私塾においてもほぼ同じである。たとえば咸宜園の授業料が大小四種類あり、しかも最大金二〇〇疋から最小金二五疋まで、実に八対一もの大きな開きがあったのは、そうした出席状況と無関係ではなかろう。

月性が学んだ学塾の場合

では、前後十数年間に少なくとも六つの学塾に出入りした月性は、一体どれくらいの束脩や謝儀を要したのだろうか。

豊前薬師寺村の蔵春園は、学費に関する資料が何も残されておらず、はっきりしたことが分からない。入門時、蔵春園では先生に金銭だけでなく、酒を呈した場合も少なくないというが、梅干一個で酒一升を飲み干したと伝えられる酒豪の醒窓ならば、あり得ない話ではない。ただ、その場合も、学費の納入に関する何がしかのルールがあったことは容易に想像される。咸宜園出身で、月旦評はいうまでもなく、学規や塾則等のほとんどすべてを参考にしていた醒窓のことだから、学費についても例外ではなかろう。前述したように、咸宜園では、入塾時に束脩として金一〇〇疋を呈するのがもっとも一般的であったが、蔵春園においても、同じような束脩が行われていたことは、おそらく間違いない。授業料である謝儀は、金一〇〇疋を盆、暮の年二回納めたと思われるが、出席の多少で金額が変わったことは、鈴の屋塾などと同じであろう。月性のように、遠隔地からはるばる来学した者は、塾内に寄宿して継続的に学んだから、平均的な謝儀、すなわち金一〇〇疋をその都度呈したと思われる。

授業料納入のなかった、ほとんどチャリティスクールのような松下村塾でも、寄宿生の飯料や灯油代などの実費を集めているが、この時期、どこの私塾でも、この種の費用は塾生各人の負担であり、一定の期間ごとに必要な金額を徴収している。たとえば咸宜園では、飯料は一日米五合、これに副食費や薪炭費を若干プラスした。米価が一升一〇四文ならば、一日の飯料を六九文としたのは、そのためである。塾生の中から選ばれた会計掛が出納を司ったが、蔵春園もまた賄い付であり、あらかじめ塾側へ何がしかの金銭を預けておき、盆、暮の年二回、収支決算したと思われる。会計監はその事務を担当する職制であった。

咸宜園では、塾舎の新築を行うと、その借金返済の一部を塾生の負担とした。塾生各人より毎日三銭ずつ徴収する日湊銭《にっそうせん》の制度がこれであるが、借金が完済されると、以後はこれを塾舎の修復料にあてている。その他、蔵書代、風呂代、椀代（食器類の経費）、大根代（副食費）など、諸々の雑費を必要としたが、最盛期には二〇〇名を超える塾生を擁したマンモス塾の自給自足的経営であるから、止むを得ないであろう。収支計算はすべて会計掛が担当し、先生である広瀬家とは関係がない。そのすべてを踏襲したどうか分からないが、蔵春園においても、おそらく似たようなやり方をしたと思われる。

佐賀善定寺の精居寮は、真宗本願寺派の学僧不及が後継者養成をめざした、典型的な宗教学校であるだけに、封建領主が創めた官・公立学校の場合と同じように、束脩はともかく、謝儀があったとしても、名目的なものでしかなかったであろう。月性は、ここに二年半いたが、学費の大部分は飯料その他の生活費のみに限られたと思われる。

広島城下的場《まとば》町にあった坂井虎山の百千堂には、帰郷の途中に立ち寄ったものも含めて計六回現われたが、継続的に学んだわけではなく、短期間滞在して詩文を問う類いであり、来訪時に束脩に相当する金品、おそらく金一〇〇疋を呈するのみで、謝儀はなかったと思われる。この頃、虎山は広島藩儒に挙げられ、それなりに収入もあったから、たとえ学費を求めたとしても、その金額は大したものではなかろう。

大坂でもっとも隆盛を誇った梅花社の学費はなぜか不明のままであるが、銅臭の謗《そし》りを受けた小竹先生の学塾だけに、束脩や謝儀が他塾より安い、もしくは簡略化されていたなどとは考えにくい。月性が入門した天保末年頃でも、すでに篠崎家の歳入金二〇〇両に達し、晩年には潤筆料だけで金五〇〇両の収入があったというが、塾生の差出す束脩・謝儀もかなりの額であったことは想像に難くない。現に豊前中津より上坂、のち水口藩儒となる中村和蔵（栗園）は、初め梅花社の門を叩こうとしたが、小竹先生は金儲け主義であり、貧書生の世話はしないという世間の噂を耳にして悩み、一時は入門をためらったという。荻生徂徠が昔、金銭の束脩より、文章を書いて挨拶代わりとする書生を歓迎したという故事を思い出した栗園は、若干の文章を草して面会を果たし、何とか入門を許されており、経済的事情をそれなりに考慮したことは他塾の場合と同じであるが、だからといって、学費納入に関するルールがなかったわけではなかろう。

同じ頃、大坂天満にあった学塾、たとえば大塩平八郎の洗心洞では、先生に束脩金一〇〇疋と扇子三本、養子格之助に扇子料として金五〇疋、塾生一同に大手饅頭《まんじゅう》数百個を贈るのが慣例であり、入塾時に総計銀三八匁《もんめ》を要した。謝儀は、盆と暮に納める祝儀がこれに当たる。金額は分からないが、束脩に準ずるのが普通であったから、おそらく銀三八匁を年二回呈したのであろう。銀六〇匁が金一両、すなわち金四〇〇疋の換算率からすれば、束脩・謝儀ともに金二五三疋となり、九州の咸宜園や蔵春園などに比べ、二倍以上の高額であるが、この辺は、大都会の学塾という、その立地条件から来るものであろう。先生同士の交際があり、距離的にも近い両塾の関係から見て、梅花社の束脩・謝儀が、洗心洞のそれと大差なかったことは、おそらく間違いない。

初め月性は叔父龍護の長光寺におり、のち難波橋畔の河吉、書店河内屋吉兵衛宅に下宿したから、並みの寄宿料、洗心洞の塾生ならば毎月銀三二匁（金二一三疋）は不要であったが、むろん河吉の下宿は無料ではなく、学塾における寄宿料ほどではなかったにせよ、それなりの出費を要したはずである。

弘化四（一八四七）年末までに津城下に計五回現われた月性は、その都度斎藤拙堂に束脩を呈したと思われる。斎藤家に残された「束脩潤筆納簿」（前出『斎藤拙堂伝』五六～七頁）によれば、金一分《ぶ》（一〇〇疋）がもっとも多く、稀に金二両（八〇〇疋）、あるいは金二朱《しゅ》（五〇疋）を要する場合もあったが、短期間の滞在で去った月性の場合は、平均的な束脩の額、つまり金一分程度を呈したのではなかろうか。

謝儀の記録は見当らないが、禄高二〇〇石を得ていた津藩士拙堂の比較的恵まれた境遇から見て、もしあったとしても、儀礼的な範囲であろう。少なくとも、月性のように遠隔地から来て、城下の旅宿に滞在しながら時おり先生宅、もしくは山荘に出入りして学んだような場合は、省略されたのではあるまいか。

3　旅費を試算する

前後十数年間の遊学時代に、月性は何度も旅を試みている。遠く九州の果てから、関東常毛の地まで行動半径も極めて広範囲に及ぶが、そうした旅の費用は一体どれくらい要したのであろうか。

九州遊学時代

天保二（一八三一）年、一五歳のとき、豊前薬師寺村の蔵春園に遊学した月性は五年間在塾したが、朝早く遠崎村を出て室津港（熊毛郡上関町）まで約六里（二四キロ）を歩き、ここから出る便船に乗れば、翌日早くに九州に着いた。室津から馬関海峡を臨む豊前大里、もしくは豊後鶴崎に向かう二ルートがあったが、いずれの場合も、陸路一泊二日で薬師寺村に着いた。

船賃がどれくらいか、月性自身は何も語っていないが、天明九（一七八九）年、馬関から大坂まで船に乗った司馬江漢《しばこうかん》が銀四〇匁と記しており、また安政六（一八五九）年、やはり馬関から備後鞆《とも》の浦（福山市）まで船に乗った長岡藩士の河井継之助《つぐのすけ》は、「船賃壱分・飯代壱朱・蒲団代四百、彼是壱分二朱也」（「塵壺」『日本庶民生活史料集成』第二巻、四三〇頁）という。河井はまた、この頃大坂まで一分二朱ぐらいで運んでくれる船便もあったというが、月性の場合、室津から鶴崎までの行程から見て船賃は、江漢ならば四分の一の銀一〇匁、また河井ならば三分の一の金二朱程度を要したと思われる。大里までも、距離的に見てさほど変わらない船賃であろう。陸路は、宿賃に二〇〇文、昼飯代の七、八〇文や草鞋代が三日に一足一六文の諸雑費を合わせて九〇文は下らなかったから、一日当たり銭二九〇文、一泊二日で三八〇文ほどの出費となる。金一両、銀六〇匁、銭六貫文《かんもん》の換算率からすれば、船賃の銀一〇匁は銭一貫文、金二朱は銭七五〇文となる。これに陸路の銭三八〇文をプラスすれば、前者は銭一貫三八〇文、後者は銭一貫一三〇文となり、おおよその金額が分かる。

もっとも、これはあくまで片道の旅費にすぎない。五年間の在塾中、月性は故郷の遠崎村に二度帰省したが、天保一三年春には、旧師醒窓の依頼を受けて蔵春園の代講となるため薬師寺村に現われており、計四往復したことになる。仮に高い方の銭一貫三八〇文を片道旅費とすれば、総計金一両と銭五貫四〇文の出費となる。

天保七（一八三六）年秋、佐賀善定寺の不及門に遊学したときは、滞在中に長崎や平戸に遊び、船で遠く鹿児島沖の鬼界ケ島（現・硫黄島）へ行くなどしており、一層旅費計算が難しくなる。往路は、鶴崎経由でいったん豊後日田の咸宜園を訪ね、そこから薬師寺村へ行き、しばらく滞在の後、佐賀城下をめざしている。陸路は、鶴崎から日田まで一泊二日、日田から薬師寺村まで一泊二日、薬師寺村から佐賀まで二泊三日を要したとすれば、銭一貫四三〇文。これに船賃銀一〇匁をプラスすると、計銭二貫四三〇文となる。帰路は、最短距離で行くと、佐賀から大里まで陸路三泊四日、ここから船に乗り、遠崎村をめざした。船賃を往路と同じと見て、銭一貫九六〇文、すべて合わせて銭四貫三九〇文となる。途中、一度も帰省しなかったと仮定した場合の旅費の計算である。

天保九年の晩秋、もしくは翌年春の二説があるが、佐賀の精居寮にいた頃、月性は長崎に遊び、船で平戸や鬼界ケ島まで足を延ばしている。長崎まで陸路三泊四日であるから、銭九六〇文、往復銭一貫九二〇文となる。鬼界ケ島までの船賃は不明であるが、鹿児島沖まで海上遥か数百キロの距離から見て、馬関から大坂へ行く船賃より安いことはなかろう。その前後、平戸沖まで船で出掛けており、この船賃もプラスすれば、どんなに安くても銀五〇匁程度は支払ったはずである。この間の宿賃など、日々の出費も馬鹿にならない額と思われるが、所用日数が分からず、確かな計算はできない。仮に往復の船賃銀百匁に諸々の雑費を銭一貫文と見て、これに長崎までの往復旅費を合わせると、金二両と銭九二〇文となる。要するに、九州遊学時代の旅費は、総計金四両と銭四貫三五〇文となる。なお、日田咸宜園にはもう一度現われており、近辺への小旅行を何回か試みた形跡があるが、ここでそれらはすべて無視した。つまり判明した大きな旅の経費のみを単純に合わせた金額である。

上方への旅

京都や大坂方面へは早くから何度も出掛けているが、九州遊学時代には、天保六（一八三五）年のまだ蔵春園にいた頃と翌七年の正月頃、豊前薬師寺村より帰郷して、佐賀善定寺に行く前までにもう一度上洛している。天保一四年、男児立志の詩を書いて上坂してからは、弘化四（一八四七）年の春、一時帰国したが、間もなく上洛、秋頃までいた。年末に帰国したが、この後すぐ、斎藤徳太郎の見送りに大坂まで慌《あわ》ただしく往復している。翌年夏、妙円寺内に開塾してから数年間は動かなかったが、安政二年春に上洛、しばらく滞在して帰国した。翌三年八月には、本願寺門主の召命により出京、四年七月まで約一年間いた。結局、京大坂へは、計七往復したが、弘化四年末までの遊学時代に限れば五往復となる。

斎藤徳太郎を伴って帰国した時のように、山陽路を何日間もかけて歩いたこともあるが、ほとんどの場合、船便を利用した。というのは、船の方が陸路を行くより安価ですみ、またずっと楽な旅でもあったからである。遊学時代の計五往復をすべて船便で計算すると、どうなるのであろうか。馬関から鞆の浦まで船に乗った河井継之助の金一分二朱を、仮に室津から大坂までの船賃とすれば、計金三両と銭四貫五〇〇文となる。京都へは大てい八軒家浜から伏見まで、淀川を往復する船を利用したが、船賃は上りが一〇〇文、下りが七五文したというから、これを勘定に入れると、さらに銭八七五文が付け加わる。あくまで京都までの旅費をベースにしたものである。

この他、広島城下には、遠崎村から計三回往復しており、この船賃がおそらく片道銭一貫文程度とみると、計六貫文を要したはずである。なお、帰郷の途中、立ち寄った三回分の旅費は計算から除外した。

北国巡礼の旅

梅花社に入門した翌年夏、月性は北国巡拝という大きな旅行を試みている。「東北遊日記」は、帰路の途中、七月九日の富山から二六日に京都着までの記録であり、前半部分が欠落しているため、出発の日や一体どこまで行ったのか、旅の全行程を知ることができないが、常毛の地まで足を伸ばしたとすれば、六月中のかなり早い時期に出発したことは、おそらく間違いない。

それはともかく、詳細な足取りを辿ることができる富山以後について、旅費を見てみよう。同行者曇公の病気のため、足止めを余儀なくされた月性らは、富山城下に九日から一七日まで九日間いた。

宿泊したのは、西本願寺に関係の深い富裕な商家であったらしく、離れの一室のような場所を提供され、自炊をしている。宿賃は一文も支払っておらず、それどころか、しばしばご馳走を供されており、この間の宿泊費に関する支出はない。市内見物だけでなく、宗祖親鸞の由緒を尋ねてあちこちのお寺詣りもしており、茶代や賽銭だけでも結構な金額になったと思われるが、かくべつ倹約に努めたような形跡はない。紙や筆を求めたのは必需品としても、氷、西瓜、羊羹《ようかん》、煙草などを買っており、随分余裕のある生活をしている。夕食のさい、酒を時々飲んでいるが、これもおそらく自前であろう。

風呂は寄宿先のそれを借りており無料、またサムライならば三日に一度月代《さかやき》を剃るため三〇文かかったが、僧侶のくせに頭を剃るどころか、髪をぼうぼうに伸ばしており、この金は要らない。病人の曇公のために卵粥を作ったり、苦い薬湯に砂糖を入れてみたり、すべてが月性の出費ではなかったにしても、意外に贅沢な暮らしぶりであった。

七月一八日、富山城下を発った月性一行は、二五日に琵琶湖沿岸に出た。七泊八日の旅は、月性自身についていえば、途中、月津村から吉崎へ至る間、二里ばかり馬に乗った以外は、すべて徒歩である。夏の暑い盛りだから度々茶店で休み、冷たい茶を啜《すす》り、菓子を食べ、西瓜を齧《かじ》るなどしている。この辺はごく普通の旅人である。二五日のおそらく夕方、船に乗った一行は、翌二六日の午前中に大津に上陸、山科越えで京都六条の常宿金孫に戻った。八月八日まで一三日間京都に滞在したが、その後の消息は明らかでない。

北国街道の旅は、一泊二〇〇文、諸費用九〇文を合わせた計二九〇文を基準として、七泊八日分は、銭二貫一二〇文。途中で二里ほど乗った馬の賃銭が、一里一〇文で計二〇文であるから、計銭二貫一四〇文となる。富山城下の九日間は、宿賃はともかく、毎日の食費や諸雑費が必要となる。最低限一日一〇〇文とすれば、計九〇〇文はかかったことになる。総計銭三貫四〇文であるが、これに琵琶湖を渡った夜船の運賃がプラスされる。東海道に繋がる矢橋《やばせ》の渡口から大津へ水上一里半の船賃は乗客が多く、銭一〇文と極めて安かったが、その一〇倍以上も距離がある船旅は、一〇〇文や二〇〇文は要したであろう。京都に戻ってからの一三日間は常宿であり、旅の宿よりかなり安いかもしれないが、食費も入れて一日二〇〇文以下ということはなかろう。つまり銭二貫六〇〇文は確実にプラスされる。すべて合わせると、総計銭五貫文は優に超える出費となるが、むろん、これがすべての経費というわけではない。

今回の旅が六月初旬にスタートしたとすれば、富山に着くまでの約一カ月間の旅費が必要となる。二九泊三〇日の旅とすれば、銭八貫五〇〇文がさらに追加される。京都市中での滞在費も含めて、北国巡拝の旅の全経費は、金二両と銭二貫三四〇文となる。

前述したように、月性は、遊学時代に前後五回津城下へ出掛けているが、この旅費も案外大きかったのではなかろうか。大坂や京都からだけでなく、近江の福堂から行くこともあり、道順は必ずしも同じでないが、大坂からならば、木津川へ出て伊賀上野経由で行くのがもっとも便利であり、二泊三日の行程で着いた。片道六七〇文の出費であり、五往復したとすれば、総計金一両と銭七〇〇文となる。

安政四（一八五七）年四月、本願寺御用の身で在京中の月性は、四月二一日、大坂を発ち、紀州和歌山城下へ向かった。五月一三日に帰坂するまで、二二泊二三日の旅であるが、今回は本願寺の命を受けた遊説が目的であり、和歌山城下では鷺森《さぎのもり》別院を宿舎にしており、いわゆる宿屋は往復の途中二、三泊しただけである。藩重役に面会したこともあり、行く先々で大いに歓待されており、これまでの旅のような出費はない。出発前、御用僧教宗寺から何がしかの旅費も支給された、いわば公用出張の旅である。遊学時代をすでに終えており、安政二年春の上洛とともに、ここでは計算に加えない。

支出の総計

ところで、前後十数年間に及ぶ遊学時代の諸々の経費を合わせた総額は、一体どのくらいになるのだろうか。豊前薬師寺村の蔵春園には、天保二（一八三一）年夏から六年の冬まで五年近く在塾した。束脩、すなわち入学金は、最初に現われた時、一回かぎりのものであり、おそらく金一〇〇疋を呈したと思われるが、謝儀、すなわち授業料は、在塾が継続するかぎり納入したから、これが年二回で金二〇〇疋となる。ただ、この間、二度故郷に帰っており、不在の時期には謝儀の納入をしないのが普通であり、五年間すべてにこれだけの金額を要したのかどうかは、必ずしもはっきりしない。

むしろ、金額的に大きかったのは、在塾中の寄宿費であり、もし咸宜園と同じ一日六九文の飯料を要したとすれば、年間金四両と銭一貫一八五文の出費となる。咸宜園にあった日湊銭などの諸雑費をすべて除外した、最低限の金額である。謝儀を年二回納めたとすれば、これをプラスした学費の総計は、金四両と銭四貫一八五文になる。帰省した期間を無視した単純計算であり、入塾時に一回のみ納めた束脩金一〇〇疋を加えた五年間の学費の総計は、金二三両と銭四貫四二五文になる。

天保五年、「倹約を勧める説」（前出『増補淡窓全集』中巻、一〜四頁）を書いた広瀬淡窓は、米価一升五、六〇文の頃は、一カ月の入費は二、三貫文ですみ、年間少ない者は金四両、中は金五両、多くても金六両程度であったが、米一升一〇〇文となった近頃では、一月の入費五、六貫文、年にすれば金一〇両を超える者も珍しくないという。塾の隆盛とともに増えてきた塾生たちの贅沢を戒めるのが狙いであり、すべての塾生が金一〇両を超える学費を負担したとも思えないが、月性の金五両近い学費は、その半分にも満たない少額ということになる。諸経費を切り詰めたぎりぎりの生活をしても、最低これぐらいの支出は要したということであろう。

天保七年末、佐賀善定寺の精居寮に入った月性は、一〇年六月まで約二年半在塾した。束脩は入塾時に一回のみ、蔵春園並みの金一〇〇疋を呈したと思われるが、その他の宗教学校と同じく、謝儀はなかったはずであり、したがって、この間の生活費が主要な出費ということになる。この時期、長崎や平戸に遊ぶなど、小旅行を試みているが、それを無視して、一日の飯料六九文をベースにすれば、束脩を合わせた二年六カ月の総計は、金一〇両と銭四貫四二八文になる。同じ頃、日田咸宜園に二度現われており、寄宿費はともかく、束脩金二〇〇疋は確実にプラスされる。これに蔵春園で学んだ五年間をプラスすれば、七年半に及んだ九州遊学時代の学費の総計は、金三四両と銭五貫八五三文であるが、この間、何度か繰り返された帰省や小旅行の出費があり、これらをすべて計上すれば、どんなに小さく見積もっても、金三九両を優に超える金額を要したはずである。

天保一四年八月、月性は、大坂に出て弘化四年末まで約四年半、上方にいた。梅花社に在籍しているが、東脩銀三八匁（金二五三疋）はともかく、ほぼ同じ額の謝儀を年二回納めたのかどうかははっきりしない。というのは、この時期、彼は席の暖まる暇もなく、諸方に出掛けており、必ずしも梅花社で継続的に学んでいたわけではないからである。東脩一回分を納入した後、仮に謝儀を年二回きちんと納めると、四年半で金六両と銭一貫九五〇文となる。生活費が九州時代と同じでも、北陸旅行で不在の二カ月を省いた四年四カ月の支出は、金一八両と銭一貫二〇文になり、総計金二四両と銭二貫九七〇文になる。旅費計算のところで取り上げた、上洛の旅費や津城下への旅、北国巡拝などの諸々の出費をこれにプラスすれば、さらに金一〇両と銭四貫一〇五文が加わり、学費の総計は、金三三両と銭八八五文になる。

この他、計六回訪れた広島城下の百千堂は、その都度、東脩金一〇〇疋を呈したとすれば、前述の旅費計算と合わせて、金二両と銭三貫文の出費となる。

天保二（一八三一）年、一五歳の夏に一念発起して家を出てから、途中三年間の中断を挟みながら、弘化四（一八四七）年、三一歳の冬まで、実に一二年余に及ぶ遊学時代である。遠崎村に帰っていた時期も結構あるから、すべての歳月を学費の要する期間とみるのはいささか乱暴であり、正確さに欠ける。ただ、その一方では、天保七年春のように、短期間上洛した時期の滞在費は、この計算に含めていない。また広島城下への出入りのように、滞在期間を特定できないものも、やはり除外している。要するに、判明した部分について見た、あくまで大雑把な試算の域を出ないが、いずれの場合も考えられる最小の単価計算をしており、その意味で、かなり真相に近い数字といえるのではないだろうか。結局、これまで見てきたすべての費用を合わせると、学費の総計は、金七五両と銭二貫八八文になる。

前後十数年間の長期に及ぶとはいえ、妙円寺のような田舎の小さな寺に、総計金七五両もの大金を容易に負担する財力があったわけではなかろう。妙円寺の「過去帳」には、その余白に夷船の来航や米価など、リアルタイムの出来事がその都度小まめに書き込まれているが、月性が九州遊学を終えて帰った翌年、天保一一（一八四〇）年の項には、「当庚子《こうし》暮仕組ミニツキ、丸山ノ畠モ山モ一緒ニシテ西里ノ治左衛門へ一貫一五〇匁ニテ売リ、西里ノ屋敷ハ一四〇匁ニテ善太郎ニ売リ、石仏ノ畠ハ杉木村ノ清兵衛ニ三五〇匁ニテ売リ、天王ノ新開作ハ善兵衛ト彦左衛門トへ四三〇匁ニテ売ル。尤モ右田畠ノ代銀ヲ以テ他向ノ借金払入レ、残リ門徒内ノ分ハ三ケ年相待ツテ貰イ、三ケ年ノ間大倹約ヲシテ喰延《くいのべ》ヲ以テ払ウトイウ仕組ミ立ナリ」と詳述されている。丸山、西里、石仏、天王（皇）、いずれも遠崎村内の小字名であり、妙円寺が村内のあちこちに所有する田畠や屋敷地などを次々に売却してこの間に溜まった借金の支払いをしたにもかかわらず、なお門徒中に三年間支払いを猶予して貰った借金が残っているというのだが、そうした借金の多くを、十数年に及ぶ月性の学費負担が占めていたことは、おそらく間違いない。

もともと檀家が少なく、寺の生計維持に必要な田畑をあえて処分したのだから、手元不如意は益々深刻になっていたはずである。天保一〇年六月、肥前佐賀より帰郷した月性が、一四年夏まで大人しくしていたのは、数年間身動きできないような状態が、一向に改善されなかったためであろう。慢性的な家計困窮のこの時期、上坂の費用をどこから工面してきたのか不思議であるが、金の出所は、「過去帳」にも時おり登場する頼母子講《たのもしこう》を落としたのか、そうでなければ秋元家のような檀家中の有力者の学費支援を得ることができたのか、いずれかであろう。

それはともかく、妙円寺の台所事情は相変わらず苦しく、したがって潤沢な仕送りなど望むべくもなかった。「過去帳」に「月性借金払ノ為メ上京ノ時……」とあるのは、月性の没後、叔父周邦が借金支払いのため、何度か上京した事実を示すものである。この間、月性と親しい友人知己が、借金の肩代わりをしてくれたが、それでもなお足らず、かなりの借金をあちこちに残していたようである。根っからの貧書生で、親の仕送りなど大して期待できない境遇の月性が、止むを得ず借金をしたためであるが、うやむやになり踏み倒されたケースも結構多かったのではなかろうか。

第五章　詩僧にして僧詩を作らず

1　詩人への道

遠崎村から見る絶景

人は生まれた土地や風物に大きく影響されて育つというが、幼いときから四方を山に囲まれ、深い谷や森の中で育った人と、一望海が広がる伸びやかな景色を見ながら大きくなった人とでは、やはりその性格や気質が随分異なるのではなかろうか。月性が生まれ育った遠崎村の風景を見ると、とりわけそのような思いを強くする。かつて吉富治一《よしとみはるいち》が、「遠崎の地は、背後に琴石山《こといしやま》を負い、前に鼓《つづみ》ガ浦《うら》を控へ、左に近く大島を望み、右に稍々《やや》遠く阿月を指さす風光絶佳の地で、一湾の大観宛《さなが》ら絵の如し」（『勤王僧月性伝』五頁）と描写した、ほとんど形容を絶した景観は、さすがに大きく後退し、近代化の波にさらされた今の遠崎村のそれではない。遠い昔の風景になってしまったが、月性の頃、妙円寺の山門近くまで迫っていた海は、その後一帯

琴ガ浦から屋代島を望む

がすっかり埋め立てられ、やがてここに幹線道路が造られた。その道沿いに立ち並ぶ人家に遮《さえぎ》られて、寺からは何も見ることができなくなった。百数十年の歳月の経過とともに、静かな村の生活もしだいに様変わりし、風光明媚《めいび》とはいささか似て非なる、ごく平凡な漁村の佇《たたず》まいとなりつつある。しかし、それでも、古い山門を潜り穏やかな瀬戸内を望む陽光一杯の海辺に出て、きらきら光る青い波間にうかぶ周防大島やその周辺の島影を見ると、やはり一幅《いっぷく》の絵を目の辺りにしている感を禁じ得ない。

この絶景を朝な夕な眺めながら大きくなった月性が、詩人として世に出たのは、いかにも分かりやすく、思わず納得してしまうのは、私だけであろうか。儒者たるより、むしろ詩人と呼ばれることを誇りにした広瀬淡窓は、詩を作る人は温潤で、詩を好まない人は刻薄である。詩を作る人は通達で、詩を作らない人は偏僻である。詩を作る人は文雅で、詩を作らない人は野卑である。なぜなら、詩はもともと情より出るもので、詩を好まない人は、そうした情が稀薄だからであるというが、このいわゆる詩情が、遠崎村の限りなく閑《のど》かで美しい風景の中で自然に生まれ、また確実に育まれたことは、想像するに難くない。

詩人としての月性の誕生には、妙円寺の家系も無関係ではないようだ。父親代わりになった叔父周邦は、咸宜園風の詩をよくし、沢山の作品を残しているが、なかんずく大坂島町の長光寺に入ったもう一人の叔父龍護は、早くから詩文にすぐれた人として知られ、「清流綺談」や「観月臥松楼詩鈔」などの著述があった。浪華詩壇を代表する篠崎小竹や後藤松陰らと親交があったのは、そうした作品を通じて、多くの学者や文人に伍して活躍していたためである。生まれながらにして月性には、多情多感の血が流れ、詩人たるにふさわしい気質や性格に恵まれていたと言えるかもしれない。

詩によって道に入る

古来、中国で「詩は志を言う」と説明されるように、詩は人が事に触れ物に感じた心の動きを素直に言葉に託したものである。人の自然に湧き上がる情感を詩の形式に賦したものである。よく知られているように、咸宜園は、この自然の情に発する詩を何よりも大切にし、教育、すなわち人間形成をもっとも易しい詩から始める、詩によって聖人の道へ入ることをめざしたが、では、ここで詩は、そもそもどのようなものと考えられたのか。

淡窓によれば、人の心は意と情の二つに分かれる。意は是非利害を判断して有益なことを言い、無益なことは行わない。一方、無益と知っていても、忍びがたく棄てがたいところが情であり、たとえば人の死を歎いてもどうにもならないと分かっていても、悲しみの情を抑えることができない。哀切のあまり思わず涙を流し、しばしば憂いの言葉を口に出してしまう。これが人の情というものであり、その意味で、詩はまさしく情を述べるものである。それゆえ、無情の人に到底詩はできない、たとえ詩を作っても人の心をうつ本当の詩にはならない。

とすれば、天性多情多感、詩想豊かな人でなければ詩を作ることはできないのか。そうではなく、淡窓はむしろ詩は誰にでもできると考えた。事の大小はともかく、情の発露はどのような人にでも見ることができる、それが思わず知らず詩という形式をとると考えるならば、詩は決して一部の詩人の専有物ではないはずだからである。咸宜園で淡窓が、塾生たちに詩の道をしきりに説いたのは、そのためである。なぜ詩を学ぶのか、詩をどのように学べばよいのか、門人たちの問いに答えた「淡窓詩話」で、彼は詩の形式や作詩の法、心得はもとより、詩を学ぶことによって得られる益、妙味などを詳しく語っている。

ところで、月性は一体どこで、こうした詩の道を学んだのであろうか。「浮屠清狂伝」が、「年十五始めて郷を出で詩を豊に、仏を肥に習う」というように、豊前薬師寺村の蔵春園で彼は詩人への道を歩み始めた。師の恒遠醒窓は、長崎に遊学したとき、清人江芸閣から、その詩を「深く唐賢の室に入る」（前出『豊前薬師寺村恒遠塾』六頁）、唐の優れた詩人の域に達していると評されたというほど、早くから詩人として名前を知られていた。天保一三（一八四二）年、四〇歳のとき、これまでの詩作を集めた「遠帆楼詩集」乾坤二冊を刊行したが、序文を書いたのは、旧師広瀬淡窓である。書名が、淡窓のあまりにも有名な「遠思楼詩鈔」に倣ったことは言うまでもなく、詩の道もまた、咸宜園で行われていたそれを踏襲したことは、おそらく間違いない。

なお、淡窓は今でこそ二遠の詩集と並び称されているが、遠からず醒窓の詩人としての評価が自分を超えるのではなかろうかと言う。いささか過褒の嫌いがなくもないが、それだけ彼の詩才を認めていたということであろう。

2　月性詩の特色とは何か

宗教色を持たず

「丙申早春」と題する詩で、「二十年移孤夢裡、一千詩得壮遊間」(「清狂遺稿」巻上)というように、天保七(一八三六)年の春までに、月性は一千を数える詩を作ったという。一千という数の虚実はともかく、それだけ沢山の詩を作ったということであろう。前年の暮、豊前薬師寺村から帰ったばかりであり、壮遊の間とは、足掛け五年間の蔵春園時代を指すものと思われる。そうだとすれば、毎年平均二〇〇、二日に一つ以上の詩を書かないとこの数字には達しないから、相当にハイペースということになる。このとき、月性はまだ弱冠二〇歳の若さであったが、その実力のほどは、咸宜園でたまたま詩作を見た広瀬淡窓を嘆賞させたというから、すでに詩人として立派に一人前であり、ほとんど間然《かんぜん》するところがない。

佐賀の精居寮の頃は草場佩川、広島では坂井虎山、大坂へ出てからは篠崎小竹、後藤松陰、斎藤拙堂、野田笛浦ら、高名の詩儒と次々に出会ったこともあり、月性の創作意欲は衰えるどころか、ますます燃え上がったから、詩作の数も当然飛躍的に増えた。安政五(一八五八)年、四二歳で突然死去するまで、おそらくこの何倍、すなわち数千もの作品を書き残したと思われるが、そのほとんどは失われて存在せず、今われわれが見ることのできるのは、松下村塾蔵版の「清狂詩鈔」や「清狂遺稿」

巻上・下などに収録されたものである。

では、彼の詩は一体どのような特色を有していたのだろうか。「清狂遺稿」巻上・下の序文で長三洲《ちょうさんしゅう》が、「上人は僧中の士であり、其の詩は僧詩に非ず」というように、月性は世上どこにでもいる僧侶とはまるで異なる、つまりいつも数珠《じゅず》を手にし経文を唱え、抹香《まっこう》臭さをぷんぷんとさせるようなところがまったくなかった。その出処進退は、よく知られているように、ほとんど志士のタイプであり、僧侶であって僧侶ではなかったが、彼が作る詩もまた、いわゆる僧臭、宗教色とは無縁であった。

吉富治一がいうように、昔から僧詩には、必ず僧臭があり、その詩はいつも枯淡、冷徹、淡泊、静寂の範疇を出ない。千篇一律、しばしば読む者をして倦怠《けんたい》を覚えさせるといわれる所以《ゆえん》であるが、これは要するに、僧侶の作る詩が、われわれ俗人の煩悩を超越した隠逸の境地、出世間的な事柄、あの世的な話題にもっぱら関わるからである。ところが、月性の詩にはそうした傾向はほとんどない。僧侶のくせに、もともとそうした世界や境遇に関心がなかったかのようにも見える。

むろん、彼にも仏寺や教典を題材にした詩がないわけではなく、たとえば「求菩提山《くぼてざん》銅版妙法典歌」や「冬日游山寺」の詩がある。

求菩提山は、豊前下毛《しもげ》郡にある標高七八二メートルの山で、康治元（一一四二）年、釈頼厳《しゃくらいげん》が宝塔を建て仏像を造り、銅版三二枚を鋳、法華《ほっけ》八軸をその背面に刻み、宝塔に収蔵したことで知られる。月性は、蔵春園時代にこの山に登ったらしく、山上から見える素晴らしい景観に思わず圧倒され、また宝塔に収蔵された銅版の由来を聞いて感激し、この詩を作った。

たしかに、七百余年前に刻まれた銅版の字が今も鮮《あざ》やかに残り、これを判読して、「仏陀擁護の功、水火剝蝕皆免るを得し無からんや」（「清狂遺稿」巻上、以下同）、水火による剝落や腐蝕のないのは仏の加護のためというのは、いかにも宗教家らしい、僧侶ならでは言えない台詞《せりふ》であるが、本当に言いたかったのは、むしろ「西天の仏法日東に漸《すす》み、大乗小乗遍く流通す。爾来《じらい》帝王利益を求め、経巻写して山嶽の中に蔵す。経巻七千尽《ことごと》く真実、就中《なかんずく》法華は最第一。釈迦出世の本懐全く此に在り。其の益何ぞ啻《ただ》に世平かに国静謐《せっぴつ》なるのみならんや」ということであろう。仏法が遠くインドの地から、この日本に伝来してきた東漸の歩み、なかんずくその教えが天下泰平に資している事実に、大いに心を動かされ、その想いを詩に託したわけである。

加うるにまた、この詩の素晴らしさは、「前豊の地神秀鐘《あつ》まる。山嶽崢嶸《そうこう》幾千里。英彦《ひこ》、終南、八《はち》面《めん》の外、誰か此の菩提峰有るを知らんや。下界の路は半腹より絶え、仰ぎ看《み》れば四時《しいじ》紫雲封ず」（同前）で始まる情景描写の妙であり、さながら山上に立ち、眼下に広がる英彦、終南、八面山の雄大なパノラマ風景を目の辺りにするかの感を強くする。吉富治一はこの詩を評して、「才気縦横、奔放自在、毫《ごう》も苦渋倦怠の痕《あと》を見ぬ」（前出『維新の先覚月性の研究』三九二頁）というが、要するに仏教を題材にしながら、どこにも宗教色がなく、僧臭を感じさせないということであろう。

「冬日游山寺」は、斎藤拙堂や坂井虎山らの評があり、上洛中どこかの山寺に詣でたさいの詩である。「冬景の静かなるを観んと欲し、去って白雲の門を叩く。仏に礼して三拝を成し、僧に逢うて偶々《たまたま》一言す。寒梅生意足り、枯木道心存す。帰路黄昏《たそがれ》の後、満山風雪繁し」（「清狂遺稿」巻上）は、寒梅の春への息吹《いぶき》を枯木と対比させながら詠んだ詩であり、かくべつ宗教色というほどのものではなく、また僧侶でなければ書けない詩でもない。むしろ季節の移《うつ》ろいに心を動かされた詩人の情感や風趣を、山寺の景色に託しながら、言葉にしたものであろう。

さまざまな題材

月性の詩作に見られるもう一つの特色は、その題材がいかにも豊富で、多岐にわたるということである。およそ詩は、春夏秋冬、四季折々の花鳥風月を言葉にしたものが圧倒的であるが、月性の場合、それだけでなく、日常身辺のありとあらゆる事柄を題材にしている。旅の空で見聞きしたもの、新しい出会いや発見の感懐、古今東西の人物評などはかくべつ珍しくないが、彼はまた、結婚や訃報、病気見舞い、贈答、果ては妻の不祥事、家人や弟子たちとの確執、空を舞う紙鳶《たこ》や海浜の蛤《はまぐり》、波に浮かぶ水母《くらげ》まで詩に詠んでおり、毎日の生活の中で、見たり聞いたり、心で感じ思ったことのすべてを詩に託して語ったといってもよい。「又赴萩府」、法談のため一年に三度萩城に入るという短い詩を評して、吉田松陰は「唾得皆詩」(「清狂遺稿」巻下)と言ったが、これは「咳唾《がいだ》珠を成す」の喩《たとえ》どおり、われわれが常日頃、咳をし唾を吐くように、口にする言葉がそのまま珠玉の詩になるという賛辞に他ならない。

題材が多種多岐にわたる月性の詩に見られる、おそらく最大の特色は、内憂外患の時事問題に敏感に反応し、それへの感懐を痛烈無比の言葉にしたことであろう。かつて広瀬淡窓は、なぜ詩を作るのか、それに一体どのような効能があるのかという問いに、「吾性ノ好ム所」「タダ自己ノ娯《たのし》ミノ為メ」(「夜雨寮筆記」『増補淡窓全集』巻上、三八頁)にすると答えている。生まれ付き詩が好きで、詩を作るのが楽しいからだというのだが、そのようにいう彼は、とりたてて経世済民をテーマにしなかった。唐代の詩人が国事や治世について多くを語り、したがってまた、その詩は人君が国を治め、主人が家を保つさいの教訓でないものはなかったが、この傾向をもともと彼は好まない。その意味で、月性の詩は、淡窓とはまったく異質であり、逆の方向をめざすものであった。

とはいえ、最初から月性の詩が悲憤慷慨の言葉を列ねたわけではない。嘉永七（一八五四）年三月の日米和親条約の締結を怒る、「七里の江山犬羊に付す、震余の春色定めて荒涼。桜花は羶腥《せんせい》の気を帯《おび》ず、独り朝陽に映じて国香薫ず」という詩を、吉田松陰は「婉曲絶妙の味あり」（「清狂遺稿」巻下、以下同）と評したが、下田港頭七里の間とはいえ、夷人の上陸や自由な往来を許した暴挙、地震の惨状にも似た荒涼たる光景を、いま国粋を存するのは朝日に輝く桜花のみであるとさらりと表現したものである。過激な言葉を用いずに、その意のあるところを言おうとした、その点がかえって高く評価されたのであるが、激動の時代状況の中で、このスタイルはさして長続きせず、やがて月性の詩は、古来、詩道の本義とされた「温柔敦厚《とんこう》」、穏やかで優しく人情に厚いなどという境地から著しく逸脱していった。後に月性自身が、「温厚何の宗旨たるかを知らず」（前出『勤王僧月性伝』五二頁）と述懐したのは、そのことを何よりも雄弁に物語ってくれよう。

時事問題を詠む

周囲の人びとの詩評も、そうした作風の変化を端的に説明してくれる。天保末年に作った「政令」と題する詩を、かつて斎藤拙堂が、「論ぜずして論じ、婉《えん》にして切なり」（「清狂遺稿」巻上）と言い、また後藤松陰が、「温厚の旨を見る」などと言ったが、こうした評語は急速に姿を消す。安政三（一八五六）年八月、須佐育英館に現われた芸州僧黙霖《もくりん》は、塾頭小国剛蔵との筆談で、「月性詩ヲ善クス。詩ハ皆露骨。露骨ノ中ニ観ルベキ者アリ。字々忼慨《こうがい》、発スル所無用ノ間文字ニ非ザルナリ。僕月性ヲ目シテ今世第一ノ詩僧ト為シ、此ヲ以テ之ヲ愛す。大抵僧徒ノ詩其ノ気振《ふる》ハズ、其ノ志立タズ。立タズ振ハズ以テ詩ヲ為ス者何ゾ限ラン。月性ニハ此ノ弊ナシ。而《しか》シテ往々ニシテ説法惰《ママ》夫ヲ起《た》タシム。僕ハ則チ及バザルノミ」（知切光歳『宇都宮黙霖』一六五頁）とほとんどべた讃めであったが、黙霖が見た月性の詩はまさしく彼のいう露骨そのもの、憂国慨世の念を少しも隠さず、情感の赴くまま激烈な言葉を列ねていたのである。

黙霖の評を借りるまでもなく、討幕論者の雄として活躍するようになった最晩年の月性の詩は、全篇至るところ鼓舞激励、懦夫《だふ》をして起たしめるような言葉が溢れ、時事問題に関心のあるこの時代の血気盛んな若者たちに愛好された。松下村塾随一の詩吟の名手として知られた久坂玄瑞は、早くから月性と親交があったこともあり、その詩を好んで吟誦した。村塾では毎月一回詩会があり、その後よく玄瑞は師の松陰から詩吟を所望されたが、彼が吟じたのは、大てい月性の詩という。

文久二（一八六二）年一一月五日、江戸桜田藩邸に土佐藩主山内容堂を招いて催された宴席で、久坂が披露したのも、やはり月性の詩である。初め萩城下の別宅、のち三隅山荘で出会った月性が、前参政村田清風に贈った「猛火輪転黒烟を揚げ」で始まる雄壮な長詩であり、前後して作られた「鉄扇歌呈松斎村田翁」とともに、多くの人びとに持て囃《はや》された。嘉永六年ペリー来航以来の米夷の数々の無礼を咎めながら、「宜しく其の使を斬って士気を鼓すべし。相模太郎（北条時宗）は是れ我が師、我れ空門に在って猶《な》ほ切歯《せっし》す、廟堂の諸老何ぞ遅疑するや」（「清狂遺稿」巻下、以下同じ）と朗々と吟じ来った玄瑞は、ここで俄《にわか》に吟声を止めた。それに合わせたように、突然手元役の周布政之助が立ち上がり、容堂を指して「侯もまた廟堂の老公なり」と発言して席を去った。攘夷に逡巡する土佐藩の優柔不断ぶりを痛烈に皮肉ったもので、容堂はむろん、同席した土佐藩士を憤然とさせた事件としてよく知られているが、二人があらかじめ示し合わせたような形跡はなく、久坂があえて声を止め、一座の人びとの注意を促した箇所に、周布もまた大いに同調したのであろう。それはともかく、延々七百字に迫ろうとする長篇が、彼らの間で一字一句、いかによく知られていたのかが分かる。おそらく周布もまた、この詩を愛し、日頃からよく口にしていたのであろう。

3　将東游題壁の詩をめぐる諸説

立志の詩をどう解するか

男児出関の詩、正しくは「将東游題壁」と題する詩は二首から成るが、その一つ、「男児志を立てて郷関を出づ。学若《も》し成る無くんば復《ま》た還らず。骨を埋むる何ぞ期せんや墳墓の地、人間《じんかん》到る処青山有り」（「清狂遺稿」巻上）は、あまりにも有名であり、月性の名前や事績を何一つ知らない人でも、この詩のフレーズだけは何ほどか承知している。またどこかで一度はよく似た台詞《せりふ》を聞いたことがあるだろう。それぐらい広く世間に流布し、早くから人気抜群の詩である。戦前の中等学校の漢文教科書に、必ずといってよいほどこの詩が収録されていたのも、そうした根強い人気と無関係ではなかろう。無名の若者が一念発起、まだ見ぬ未知の世界へ単身乗り出していく、文字通り裸一貫、立志の若者を励まし奮い立たせ、元気潑剌にさせてくれる詩として、これ以上力強い、説得力のある言辞はないといっても過言ではない。

先述したように、この詩は天保一四（一八四三）年八月、二七歳の月性が遊学の志を立て、上方をめざして故郷遠崎村を出るさいに書き残したものである。寺の壁に題する、もしくは家の柱に書き付けたなどというのは、単なる言葉のあやであり、そうした事実はない。それはともかく、広く人口に膾炙《かいしゃ》し、有名になるにしたがい、もとの詩の語句を一部置き換えた詩が登場してきた。今では、「学若《も》し成る無くんば復《ま》た還らず」でなく、「学もし成るなくんば再び還らず」、あるいは「死すとも帰らず」などと、幾つか別の言い方が通用している。長い歳月の経過とともに、多くの人びとに愛され、広く吟唱されていく過程で、少しずつ別の言葉に置き換えられたのであろう。いっそう自分流に解釈し、身を立て名を揚げなければ、再びこの地を踏まず、二度と家に帰らないなどといった言い方もされており、もとの詩から見ると、随分様変わりしたものもある。

要するにこの詩は、さまざまにアレンジされながら、深くしっかりと人びとの脳裏に刻みつけられているが、実はこの詩を、月性の詩とすることに、疑義を唱える向きもないではない。そうした主張はどのような根拠に基づくものか、以下に詳しく見てみよう。

吉田松陰は、安政五年の月性没後すぐ、その詩稿を世に出そうと試み、たまたま上洛中の門人中谷正亮に梅田雲浜や梁川星巌らと相談するように依頼したが、月性の詩に忌諱《きい》に触れるところが多々あり、当局を刺激し危険すぎるという理由で実現しなかった。師松陰が江戸送りになって間もなく、村塾に時々集まった久坂玄瑞らが、「清狂吟稿」上梓のための作業を始めたのは、その意思を受け継いだものである。もっとも、この作業は、塾生たちを巻き込んだ激動の状況下で結局中断され、陽の目を見たのは維新後である。明治二（一八六九）年、松下村塾蔵版として刊行された「清狂詩鈔」がそれである。

ところで、「清狂詩鈔」は、乙卯《いつぼう》、すなわち安政二（一八五四）年の「元旦試筆」から翌三年の「歳晏《せいあん》行」まで、それも松陰の評があるものだけを選んで収録しており、したがって「将東游題壁」の詩は二首とも含まれてない。この詩を収録した「清狂遺稿」上・下二巻本は、明治二五（一八九二）年に刊行されたもので、編者は月性の門人大洲鉄然《おおずてつねん》と天地哲雄《あまちてつゆう》の両名である。天保四（一八三三）年、一七歳のときの作という「寄懐秋晩香」以下、二六四篇を収録している。

村松説の信憑性

男児立志の詩のもう一人の作者とされるのは、村松文三（香雲）という人物である。「略伝」によれば、号は二十回狂士、青狂。変名に青井韓（幹）三郎をしばしば用いた。文政一一（一八二八）年、伊勢山田の生まれというから、月性より一一歳年下である。一三歳のとき志を立て、笈を負うて師を四方に訪ね、東は藤田東湖《とうこ》の門を叩き、西は僧月性を訪ね、水戸藩士にもっとも交友が多かったという。大和の義挙や筑波山義挙に加わった経歴を持ち、維新政府では信州伊那県の少参事に登用されたことがあるが、早くに病没した。いわゆる志士の一人であるが、華やかな活動歴はなく、それゆえに一般にはほとんど知られていない。

ところで、村松説が知られるようになったのは、生前彼がこの詩は自分が少年時代に作ったもので、何人かの師友に推敲して貰っていたが、何時の間にか月性上人の詩として誤り伝えられたものであると、周囲の人に語ったことに始まる。若い頃、酒席で狂態を演ずることの多かった彼は、友人たちから青井の狂人と呼ばれていたが、頼三樹三郎がこれを略して青狂（あおきち）と呼び、彼自身もこれを号として用いるようになった。男児立志の詩にも、青狂と署名したのが、僧清狂、すなわち月性の詩と誤り伝えられたなどというのであるが、この話はそもそもどの程度信用できるのだろうか。

村松本人の発言を補強するものとして、男児立志の詩を月性作として最初に紹介した「近世名家詩鈔」（万延二年刊）の編纂に関係した薄井龍之や岩谷一六らの話がある。「略伝」（岡不可止「男児立志出郷関の作者攷」『月性師事蹟資材』二）によれば、二人とも、編纂時に青狂と署名してあったのを僧清狂と間違えた、つまり単純ミスであるというのだが、これを裏書きする史料は、今のところ存在しない。編者の一人薄井が、かつて江戸の市川一角の塾で村松と机を並べ、交際のあったのは事実であり、そのルートから伝えられたもののようであるが、彼の発言を正しいとする、確たる証拠は見つかっていない。一説に「近世名家詩鈔」は、万延二年より三年早い安政五年版もあるというが、これも村松説を説明する上では、大して意味がない。

「略伝」は、村松が月性と極めて親しく、詩の添削を乞うような間柄であったというが、二人の年齢差からみて出会ったとすれば、上坂後であろう。ただ、月性側の史料では、彼が村松とどこかで接触したような形跡はない。嘉永年間起筆の「清狂堂金蘭簿」はもとより、その生涯の事績を克明に記した「年譜」にも、村松文三、青井韓三郎、あるいは青狂なる名称を見ることはできず、両者の関係は依然として不明のままである。

地方官とはいえ、県少参事まで出世した村松であるから、まるで架空の話をでっち上げたとも思えないが、いささか気になる、釈然としない点がないではない。そもそも彼は、なぜ二十回狂士や青狂などという紛らわしい号を用いたのだろうか。すぐ気がつくが、二十回狂士は、おそらく吉田松陰の二十一回猛士にヒントを得たものであろう。

よく知られているように、松陰は、吉田の名字から二つの十と一、それに二つの口を合わせた回、すなわち二十一回という文字に辿りつき、それだけ沢山の猛、命懸けの仕事をしようと決意したのであるが、村松の場合、これに関する何の説明もない。また青狂は、酒席の狂態からイメージしたというが、清狂の場合、そうした事柄とは必ずしも関係がない。月性と親しかった阪谷素《しろし》（希八郎）が、備中川上狂生などと称するように、この時代、狂という字は、好んで使われたが、その趣旨は、奇行とか狂態を演ずるといった類いではなく、あくまで言行の面で自己主張をする。世間の常識をあえて気にせず、すぐれて創造的、もしくは画期的な生き方をしようとすることであり、むしろプラスイメージの言葉である。山県有朋のもとの名狂介はその典型であるが、高杉晋作の東狂や品川弥二郎の春狂なども、例外ではない。

月性作の例証

月性の豊前薬師寺村への旅立ちがそうであったように、この時代、遊学の旅は、ほとんど例外なく十代、多くは一五、六歳の頃に始まったが、月性の二度目の立志、上方への旅は二七歳のときであり、今さら遊学を云々する年齢ではない。男児立志の詩は、十分年齢を重ね、立派な大人になっていた月性の詩作として似つかわしくないという考え方である。豊前薬師寺村へ旅立つ時ならともかく、二七歳にもなった人物が、今さら少年のような立志云々を口にするはずがないではないか、おかしいというわけである。それなりに納得できるが、本当にそうなのか、詩の内容を見ながら考えてみよう。

もう一つの詩、「二十七年雲水の身。又師友を尋ねて三津に向ふ。児烏《じう》の反哺《はんぽ》応《まさ》に日無かるべし。別るるに忍びんや、北堂垂白の親《しん》」（「清狂遺稿」巻上、以下同）については、年齢が明示されており、月性作には異論がないが、よく見てみると、この詩はいかにも情緒纏綿《てんめん》、いささか感傷的にすぎる内容である。二七歳の今日まで放浪の日々を過ごし、親孝行する暇がなく、今また学問のため年老いた白髪頭の母を残して遠く旅立つ、いかにも心残りで慙愧《ざんき》の念に耐えないというのだが、これまで自由奔放、勝手気侭に生きてきた暴れん坊の月性にしては、珍しく心優しくなり、親への愛情を前面に押し出している。不遇の生まれ方をし、母一人子一人で育った家庭環境だから当然と言えなくもないが、三十近い大人、それも堂々たる男子の詩にしては、やはり子供っぽい感じが拭い切れない。その意味でこの詩は、立志云々の幼さと見事にバランスがとれていると言えないだろうか。

男児立志の詩へつながる詩想や言葉遣いから、月性作であることを例証しようとする立場もないではない。たとえば辛丑《しんちゅう》、天保一二年の作と考えられる「病中偶成」と題する詩に、「人生意の如くならず、西帰は吾期する所、青山は骨を埋むる地」とあるのは、「骨を埋むる何ぞ期せんや墳墓の地、人間《じんかん》到る処青山有り」とまさしく表裏の内容であるが、前作を下敷きにして後作のイメージが湧いた、つまり同じ人物の作に違いないとする考え方である。その真偽はともかく、似たような構想、ましてフレーズを探し出すことは、別の詩人の作品にいくらでも当てはまることであり、こうした修辞作法を月性一人の専売特許とすることに、さほど説得力があるとも思えない。

とすれば、月性作を決定づける証拠は一体何か。「清狂詩鈔」の最後の頁に、「僧月性再拝伏乞是正、丙辰《へいしん》八月九日、藤寅妄評」とあり、ここに収録された詩稿を

松陰の評と添削

松陰が安政三（一八五六）年の夏以前に見たことは間違いない。また安政五年三月一日付の「清狂師の郷に帰るを送る序」に、のち吉田松陰が「清狂素《も》と詩名あり、手定の吟稿三巻、これを家兄伯教の所に蔵す」（「戊午幽室文稿」「全集」第四巻、三一七頁）と追記したように、彼が上梓を企てた詩稿は、もともと月性が松陰の評や添削を求めて兄杉梅太郎の許に送ってきたものである。それは何時頃のことだろうか。

「野山獄読書記」安政二年一〇月の項に、「清狂吟稿二冊朔日より、六日了」（「全集」第九巻、四二二頁）とあり、松陰はまだ獄中にいた頃、兄梅太郎の手を経てこの詩稿を見ている。同じ読書記、安政三年八月の項にも、「月性乙卯《いつぼう》稿　評閲了」（同前書、四三六頁）という記事がある。ここでいう乙卯の稿が、安政二年の詩作であれば、前述の丙辰八月九日、藤寅妄評と符合するが、それはともかく、松陰がかなり早い時期に吟稿二冊を見ていたことは間違いない。

長らくその所在が分からなかったが、昭和八（一九三三）年、「松陰全集」編纂中に萩市内のもと杉

家の本棚から偶然発見された。「清狂吟稿」と表題を付した巻之一・二であり、現在、萩松陰神社の宝物館に収められている。松陰のいう巻之三は、行方不明であるが、残された二巻に従前の刊本が収録する詩はすべて含まれており、その有無自体がはっきりしない。

ところで、「清狂吟稿」の巻之二半ばまでは、松陰が常用していた一〇行二〇字、二〇〇字詰の原稿用紙に丁寧に書かれているが、この用紙は月性が自ら主宰する時習館で作成した、いわゆる私家用であり、版木を贈られた松陰が、村塾で使うようになっていたものである。右肩上がりの筆跡は、松陰のそれによく似ており、送られてきた月性の吟稿を書き写したとも考えられるが、同じような明倫館流の書体は、サムライ身分の塾生なら誰でも書くことができたから、必ずしも松陰である必要はない。つまり別の誰か、おそらく村塾生が転写した可能性も十分ある。

それはともかく、ここに収録された詩は、「清狂遺稿」巻上の冒頭の詩、「寄懐秋晩香」で始まり、また「清狂詩鈔」の最後に掲載された「歳晏行」で終わっている。「清狂遺稿」と「清狂詩鈔」の収録する詩は、時期的な違いだけでなく、内容が必ずしも同じでないが、「清狂吟稿」巻之一・二には、前二者にない詩が結構沢山あり、またそのタイトルや並べ方なども随分異なる。つまり、世に出た二種類の刊本以外にもう一つ別の稿本が存在したわけであるが、なぜそのようなことが起こったのか、また従前の刊本と、どこがどのように異なるのだろうか。

「清狂吟稿」の表紙、もしくは見開き一頁に、「松下杉図書室」「松本杉氏」「松下杉図書章」などの蔵書印が記されており、明治一三（一八八〇）年に再興され、二五年頃まで継続した杉民治（梅太郎）

が主宰する松下村塾の図書であったことは間違いない。ただ、村塾そのものは、松陰の没後、何人かの教師たちによって断続的に経営されており、代々受け継がれてきた図書に、最後の教師杉が蔵書印を押したものと思われる。遺失厳禁と大きく表記されたところから、稀覯本扱いであったらしい。それだけ塾中の人気があり、よく読まれていたということであろう。

「清狂遺稿」との比較

出版の時期や編者からみて、もっとも完本に近い「清狂遺稿」との比較でいえば、「項羽」や「一の谷懐古」のように、欠けているものも若干あるが、一方でまた、「清狂吟稿」にしか見られない詩が二一編もある。また「遺稿」になく、「詩鈔」にのみ収録された「瀬戸崎」や「鶴居園」が含まれている。時おり目につく並べ方の違いがどこから来たのか不明だが、タイトルや年代の注記などは、断然「吟稿」の方が詳しく、「遺稿」はこれを省略したようである。内容的にもっとも異なるのは、「三隅山荘十二勝詩」と題する詩稿である。村田清風の求めに応じ、彼が住む三隅村沢江近辺の名勝を詠んだもので、タイトルどおり十二を数えるはずであるが、世に出た「清狂遺稿」にはなぜか八つの詩しか収録されておらず、「松嶋春暁」「豊原夜雨」「沢江明月」「武根洞晴雪」の四編が欠落している。その理由ははっきりしないが、ここに収録された作品数から見て圧倒的に村塾に残された「清狂吟稿」の方が充実しており、大洲鉄然らがこれら二冊を定本にしながら遺稿の編纂に当たったことが分かる。

むろん、この中に「将東游題壁」の詩は二首とも収録されている。しかも、その左脇に「小竹曰、此志即是反哺」や「松陰曰、勝犬子万万矣」という評が細書されている。小竹はその気持ちがまさしく反哺《はんぽ》、すなわち親孝行であるというが、松陰の評した犬子に勝るとは、「論語」のいわゆる犬馬之養、親をただ養うばかりで敬う心が欠けているものよりむしろ立派だというほどの意味であろう。それはともかく、遅くとも安政五（一八五八）年中に松陰らがこの詩を見ていたことは確かである。

「近世名家詩鈔」の編者薄井らの証言、青狂を清狂と見間違えたというのが本当かどうか今なお疑問が残るが、仮にそうであったとしても、村塾で松陰が見た男児立志の詩は、それより数年前に月性その人から送られてきたものであり、したがって、この詩を月性作とすることにまったく疑問の余地はない、そのように言うことができるだろう。

第六章　真宗僧の政治的進出

1　仏教批判の盛行

形骸化した仏教

方外《ほうがい》の人という言葉が示すように、仏に仕える僧侶が俗世の政治や経済に首を突っ込み、その善し悪しを云々することなど、本来あり得ない出来事であるが、月性の場合、そうした常識とまったく無関係に、むしろ積極的にその種の問題に関わり、どんどん発言し、また活発に行動することを少しもためらわなかった。その理由は一体何か。どこからそうしたパワーが出てくるのか。いかにも不思議であるが、仔細《しさい》に見ると、それは、彼が真宗僧侶であったことと無関係ではないようだ。

よく知られているように、江戸時代には排仏論、とくに真宗撲滅論が盛んであった。最大の理由は、仏教が信者を増やし教勢を拡張し、権力に近づけば近づくほど、宗教本来のあり方から著しく乖離《かいり》し、しだいに民心を失う傾向を強くしていったということである。中世末期の一向一揆のように、世俗的な富や利権をめぐって、寺院勢力が領主権力と果てしない血みどろな戦いを繰り広げるのを見れば、仏に救済を求めてひたすら祈るあの世的な信仰は一体どうなったのか、仏教徒ならずとも、素朴な疑問を抱かざるを得ない。しかも、そうした信仰集団を率いる僧侶が、仏に仕える聖職者の身でありながら、肉食《にくじき》、女犯《にょぼん》はいうもおろか、富や権勢に執着して堕落と破戒の限りを尽くすということになれば、仏教への信頼は、いよいよ地に堕ちることになる。宗教のかたちはとるが、その実体がいかにもあやふやで空疎なもの、つまり仏教の形骸化がどんどん現実味を帯びつつあった。

キリシタン禁制のため江戸幕府が確立した檀家制度によって、仏教の形骸化はほとんどそのピークに達したといってもよい。信仰の有無、如何でなく、仏教は葬礼や法事など宗教行事のみに熱心な、いわゆる葬式仏教として機能するようになり、宗教としての意味をほとんど失っていった。辻善之助の「民心は仏教を離れ、排仏論は凄まじく起った。仏教は麻痺状態に陥り、寺院僧侶は惰性に依って辛《かろう》じて社会上の地位を保つに過ぎなかった」(児玉識論文、前出『維新の先覚月性の研究』六〇頁より重引)という危機的事態が目の前に出現したのである。

さまざまな排仏論

ところで、近世社会に沸騰した排仏論は必ずしも一義的なものではない。儒者、なかんずく朱子学を奉ずる人びとは、仏教がこの世を捨てて、ひたすらあの世を求める出世間的なあり方を、人間自然の道や封建的支配秩序に反するものとして批判した。さまざまな煩悩に包まれた現実の人間の生活から見れば、いかに仏教の教義が非現実的なもの、人倫の理に適《かな》わないかを強調して止まなかった。地獄、極楽などという荒唐《こうとう》無稽《むけい》な作り話で人心を惑わすのも、断じて許せないと考えられた。

排仏論の中で、おそらくもっとも強力かつ説得力に富んでいたのは、経世論者のそれであろう。仏教の宗教性はこのさい関係なく、もっぱら経済的観点から、その非生産性、不経済的である点、すなわち有害無益であることが強調された。僧侶は、自らは何一つ耕さず作らない。田畑で汗水垂らして働いている農民にもっぱら寄生して暮らす存在、つまり生産労働にまったく無関係の文字どおり遊民である。世に養われ、人のお蔭で生きている身であるにもかかわらず、彼、僧侶は、自らの衣食住をいよいよ贅沢にし、ひたすら安楽を貪ることにのみ汲々としている。壮大美麗の堂宇を建てることには熱心であるが、仏道修業は等閑に付し、寺役を怠る輩も少なくない。排仏論を岡山藩内全域に及ぶ寺院の整理統合という形で実現した陽明学者の熊沢蕃山《くまざわばんざん》が、一方でまた、戒律の強化による僧侶の資質向上を声高に説いたのは、そのためである。

国学者、とくに平田篤胤《あつたね》の復古神道の排仏論もまた、後の神仏分離、廃仏毀釈運動へつながるものとして見逃せない。惟神《かんながら》の道、我が国上代の純粋な民族的信仰をあるがままに再現しようとした篤胤にとって、遠くインドの地から齎《もた》らされた仏教は、神国日本を汚した一個の邪教であり、大陸から来た儒教とともに排斥すべきものでしかなかった。早くから知られていた本地垂迹《ほんじすいじゃく》説、すなわち八《や》百万《およろず》の神は仏が衆生済度《しゅじょうさいど》のために仮に姿を現わしたものであるという、神仏習合、もしくは神仏同体的な説明に、国学者の篤胤が拒絶反応を示したのも当然であろう。わが国固有の神はあくまで尊く、絶対的に信仰の対象になるが、外来の、したがって異端の仏は断然廃棄されなければならない。後のいわゆる廃仏毀釈の原型がすでにあったわけである。

2 真宗撲滅論の理由

宗祖への絶対的帰依

排仏論の一つに変わりはないが、真宗への批判は、まったく対照的であった。たしかに真宗においても、宗教人にあるまじき堕落や破戒がなかったわけではないが、何よりも問題になったのは、宗門が上下一丸となり、ひたすら信仰に熱狂し、その宗旨に絶対的に帰依したという点である。武陽隠士《ぶよういんし》が、「一向一心、弥陀一仏一体に帰し極まりし所は、他宗に抜群したる事にて、他宗とは縁組みもせざる程に堅く一致せり」(『世事見聞録』一四四頁)というような信仰のあり方が、そもそもマイナス視されたのである。本願寺を御門跡《もんぜき》などと唱え、領主地頭より厚く尊敬し、たとえ領主に年貢を納めなくとも、本願寺へは惜しまず貨財を差し出し、親にも子にも何一つ与えず、常にわが身のことだけしか考えない吝嗇《りんしょく》家でも、門跡には喜んで寄付する、民を貪るという意味で、これ以上甚だしい宗教はないというわけである。

真宗の特色

近世の排仏論では、仏教そのものが民衆の生活から著しく遊離し、民心を失っている点が厳しく問われたのだが、真宗の場合は、まったく逆に、むしろ民衆に密着した点、民心に深く関わっていることが、かえって問題視されたのである。封建的支配秩序の維持という面からいえば、真宗はその独自の宗教的立場のゆえに、大小の政治的権力にとっていつも頭の痛い存在であったのだが、具体的にどのようなマイナス面が指摘できるのだろうか。もう少し詳しく見てみよう。

近世真宗史研究の第一人者児玉識は、他宗と異なる真宗の特色として、(1)神棚がなく加持祈禱《かじきとう》をしない、(2)日柄《ひがら》や方角などのタブーを言わない、(3)当局が禁止しても在家布教をする、(4)教団意識、本山崇拝意識が強い、(5)位牌がなく墓も簡単だが、仏壇は立派である、(6)講活動が活発である、などを列挙している。月性が生まれ育った遠崎村やその対岸の大島郡辺りで、こうした傾向がとくに顕著に見られ、一部の地方では、真宗を「かんまん宗」と称したともいう。宗教上の禁忌を言わず、昔ながらの慣習を一向に気にしない、物事に構わないという意味で、まさしく「かんまん宗」であったわけである。

むろん、ここで挙げた特色のすべてが行われたわけではなく、一部、もしくは不徹底にしか行われなかったものもある。いずれにせよ、仏教各宗が千年以上もの歳月をかけて教勢を拡大、信者を獲得する過程で作り上げたさまざまな慣習や形式をいとも簡単に無視し、あるいは廃棄したのだから、物議を醸さないはずはなかった。おまけに真宗には、肉食妻帯という極めて分かりやすい自己主張があったから、その存在感はますます強烈無比なものとなり、したがってまた、反発や違和感も極めて大きかった。

ところで、領主権力にとって問題なのは、(3)、(4)、(6)、すなわち本山への帰属意識が強固で、いくら禁止しても郷村社会への布教、在家での説教や夜間法談を熱心に行い、また信者を集めて講中、講社を設立したことである。早くから一向宗の法談として忌み嫌われたのは、単に寺に出掛けて説教を聴くだけでなく、そこに集まった人びとがしばしば寄合や談合を重ね、互いに申合をし党を結び、講を作るなど、その都度、信者の集団化、組織化が進められたためである。村単位に成立したそうした集合体が、強固な連帯意識で結ばれながら中央の本山へ収斂《しゅうれん》、一元化されるとなると、もはや弱小の世俗権力の手には負えなくなる。幕藩体制下の封建領主が、絶えず真宗対策に腐心し、その布教をしばしば取り締まり、時にはこれを禁止したのも、分からないではなかろう。

3　三業惑乱と真俗二諦論

他力本願をめぐる論争

教団意識、本山崇拝意識の強い真宗において、門主は生き仏のような有り難い存在であり、その出処進退、言行のすべてが絶対化された。とすれば、月性のような地方末寺の僧侶が、本山へ向かって発言し行動したりする自由が一体どこにあったのか、いささか理解に苦しむところであるが、実は教団意識が強く、教団組織の拡大や発展を願い、宗風の統一や教学の確立に意欲があればあるほど、本山も地方も皆が一緒になってこうした問題に本気で取り組むことになる。その意味で、たとえば教義の解釈が本山の学林内部だけでなく、広く地方の学僧たちを巻き込んだ活発な論争の様相を呈したのも、かくべつ不思議ではない。

ところで、そうした論争の最たるものは、享和元（一八〇一）年から文化三（一八〇六）年にかけて、真宗本願寺派、すなわち西本願寺で起こった三業惑乱《さんごうわくらん》と呼ばれる事件である。事の発端は、本山教学のトップであった能化《のうげ》功存《こうぞん》が、その著「願性帰命弁《がんしょうきみょうべん》」の中で、身業《しんごう》（行動）、口業《くごう》（言葉）、意業《いごう》（心）の三つの働きを通して救済を求めるのが信仰であると説いたことにある。地方の学僧たちは、この考え方を自力であり、真宗のめざす他力本願と異なる、つまり宗祖親鸞の教えに背くことになると主張した。大瀛《だいえい》を指導者にした安芸門徒の学僧たちのように、「黄超直道金剛錍《おうちょうじきどうこんごうべい》」を公表して論争を挑むものもあり、本山と地方門末との深刻な対立・抗争となった。訴状を領主に呈する門徒集団も現われるなど、騒擾が各地に波及するのを見た幕府は、享和三年、遂に紛争に介入し、三年の審理の結果、本山教権派が誤っていると結論した。門主法如《ほうにょ》の百日閉門、能化智洞《ちどう》の遠流《おんる》など関係者の処罰が行われたのは、この間の混乱の責任を問われたものである。

三業惑乱の教訓は、本山教権派と地方学僧の争いにおいて、後者に軍配が上がったということであり、これは今後、本山が地方門末の意向を無視して教団運営ができないことを示した極めて象徴的な出来事である。地方の学僧たちの側からすれば、本山のあり方や教義の解釈などについて、それなりに発言し行動する機会が担保された、つまり月性のような人物の登場を許容する場ができたということにほかならない。

因みに、月性が宗乗を学んだ肥前佐賀の不及は、三業惑乱のさい安芸の大瀛の右腕として活躍した道振の愛弟子であり、また大坂時代に親交のあった超然は、三業惑乱の史料をまとめた「反正紀略」一三巻の著者として知られる。要するに、月性はこの事件をさまざまな角度から学習し理解する機会に恵まれたのである。

仏法と王法の並行

真俗二諦《しんぞくにたい》とは、仏教界に古くからあった真諦《しんたい》と俗諦《ぞくたい》、仏法と王法、宗教的信仰と世間的道徳の意であり、かつて世俗的倫理に接近し、これを教化思想の中に取り入れていこうと努力したことは何度もあるが、そのさい、両者の優劣を論ずることはほとんどなかった。

幕末期に浮上した考え方は、真俗二諦を相補関係でとらえる、つまりこれら二諦に同等の価値を認め、互いに相補い、助け合うものとして説明しようとしたものである。三業惑乱のような教学論争の過程で、ややもすれば現実離れの傾向のあった教団を世俗社会に調和させ、幕藩体制の中に矛盾対立なく位置づけるために主張されたものである。世間的道徳の尊重は、もともと真宗教団の基本的姿勢であり、たとえば中興の祖蓮如の説いた教団の掟に、「守護地頭方ニムキテモ我レハ信心ヲ得タリト云ヒテ、疎略ノ儀ナク、イヨイヨ公事ヲマタクスベシ。又諸神諸菩薩ヲモヲロソカニスベカラズ」「殊ニ外ニハ王法ヲ以テ表トシ、内心ニハ他力ノ信ヲ深クタクハヘテ、世間ノ仁義ヲ以テ本《もと》トスベシ」(「御消息」、利井興隆『国体明徴と仏教』一七三頁)など、いわゆる王法為本・公事完行の主張をはっきりと見ることができるが、幕末期のそれは、これを単なる掟の類いでなく、ほとんど新しい教義として説明しようとした。真諦、すなわち真宗信仰の他力安心を踏まえながら、俗諦、すなわち同時代にあった諸々の世俗道徳、倫理思想を全面的に受け入れ、積極的に評価しようとする、すぐれて現実主義的な主張であった。

仏法か王法かの二者択一、もしくは優劣論でなく、王法を本とし世俗道徳を大切にするという主張を前面に押し出したのは、真宗が幕藩国家の存立を危うくするという排仏論に抗していた人びとにとって、極めて有効かつ現実的な対応であり、広く受け入れ歓迎された。明治初年、西本願寺門主広如《こうにょ》が、「真俗二諦不相妨様、門徒末々迄も厚申諭」(前出『維新の先覚月性の研究』六九頁)と指示したのは、これを本山が正式に認めたことに他ならない。

4 萩藩の淫祠破却

萩藩では、天保一三(一八四二)年から翌年にかけて実施された藩政改革、いわゆる天保改革において、大々的に淫祠破却が断行された。由緒《ゆいしょ》の怪しい寺社はむろん、村々の小堂宇や小社祠を可能なかぎり淫祠として破却しようとしたものである。三宅紹宣《つぐのぶ》の調査では、このとき藩内全域で寺社堂庵九六六六、石仏金仏一二五一〇が一挙に破却された。藩の「御根帳」に記載された、つまり公認の社寺堂庵がたかだか三三七六というから、いかに多数の寺社堂宇が、整理整頓されたのかが分かる。

排仏論者村田清風

ところで、こうした改革は、どのような考え方を踏まえたものか。天保の藩政改革を指導した村田清風は、かねて強い排仏論者であった。「某氏意見書」や「淫祠談」で、近年の、たとえば一代のみの信仰で四民の利益につながらない、しかも財政的負担ばかり大きい淫祠の解除を主張した清風は、一村に寺社とも一つ程度あれば結構であるというが、彼がもう一つ懸念したのは、そうしたいわゆる淫祠が、村落社会の至る処に迷信や俗信を撒き散らし、無知蒙昧の民衆を誑《たぶら》かしているという点である。死後の世界や病気、災害などに対する民衆の恐怖や不安に付け込み、神々の祟《たた》りや仏罰などを盛んに吹聴する巷の宗教家を厳しく糾弾したのであるが、なかんずく清風が声を大にして非難したのは、封建領主より門主を絶対視する傾向の強い真宗であり、信仰に熱狂する門徒集団であった。

真宗への批判は、「近来愚民を欺き、いか成《なる》五逆十罪《ママ》の悪人女人たり共、一旦阿弥陀如来を頼み奉る時は、未来永劫仏果を得、弥陀同体の位となり、九品蓮台《くぼんれんだい》に上り、百味の飲食勝手次第に食すると説《とく》により、旦那寺へは日々参り、御礼肩衣《かたぎぬ》と云物を着し、尻を立て涙を流し、阿弥陀如来の前にて御悦と唱へ、追従《ついしょう》阿諛《あゆ》をいへとも、父母を荒く会釈《あしら》ひ、我儘貪欲ニて、它《た》の田圃の境を削り取輩多く」（「海防糸口」『村田清風全集』上巻、四五五～六頁）、「一向の僧赤き旗を立、下にをれをれと在々を経《へ》廻《まわ》して金銀を貪る事あり、油断大敵なり」（「遼東の以農古」同前書、四〇五頁）などと言われるように、極めて露骨であり、敵意に満ちみちている。他力本願を濫用、誤用しながら、仏に縋《すが》ればいかなる悪業非道も立ちどころに許される、だから信仰に金を惜しむな、寺に喜捨せよなどと迫るのは、貧窮の民衆をさらに苦しめる行為で到底許せないというわけである。

仏教批判、とくに真宗嫌いの清風が、領内全域の寺院を一切破却し、すべての僧侶を還俗《げんぞく》させるべしと主張したのかといえば、そうではない。真宗を激しく非難・攻撃する清風は、一方でまた、真宗の効用性をいい、役に立つ僧侶がいれば、民心強化のために、どんどん登用すべきであるという。なぜなら、さまざまな宗教の中で、真宗こそが一番民心をとらえ、村落の隅々にまで入り込んでいるからである。「愚民の信用をなす人」ならば、このさい一向僧、浄土僧、誰でも構わないという、極めて実利的な発想である。

三方を海に囲まれた長州藩の場合、押し寄せてくる夷狄《いてき》を防ぐには、たかだか数万人の武士階級を土着させせても役に立たず、防長二国六十万余の民すべてを動員し、防衛ラインを構築しなければならない。当然のように、「四民に忠孝の道を教へ、食を足し、銃砲の業《わざ》刀槍の術を習はし、小銃大砲等の器械を精良に調《ととの》へ置、或は海浜へハ土堡を築、約束を定め、法令を厳に」(「海防糸口」同前書、四五七頁、以下同)することが必要となるが、それだけでは不十分であり、そうした人びとが喜んで夷狄と戦い、死ぬことをいささかも恐れない気概が必要である。もし、すべての民が、「一向門徒の土民等宗旨を信仰し、死する事を御迎へ取り、又ハ御目出度御成なされたと、悔《くやみ》に来而《きて》も云ふか如く」「御国恩御君沢をありかたく思」う、つまり死ぬことを極楽浄土からお迎えが来た、めでたいことだとお悔やみのとき言うように、国家や領主のお蔭で暮らしていることに感謝し、喜んで死地に赴くような兵士になれば、たとえ百万人の夷賊が攻めてきても何ら恐れることはなく、容易に撃退することができるだろう。少ない兵力と脆弱《ぜいじゃく》な武器で広い領土を守ろうとすれば、これしか方法がないと考えたわけである。「新論」のいわゆる農兵論を援用しながら、すでに国民皆兵的な構想に言及しており、これがまた、後の高杉晋作らの奇兵隊に代表される諸隊の登場につながる主張であったことは、容易に想像されよう。

欧米列強の侵略が、いつもキリスト教を先頭に押し立て、いわば宗教の魔力で民心を得るのを見た清風は、「吾天照大神の御恩蔭ニ生育する者、伴天連宗《ばてれんしゅう》の下風ニ立《たた》ん哉《や》」（「御国御手当物論」同前書、四三八頁、以下同）という立場から、神国の大恩、天子様の聖慮、洞春公以来三百年の国恩のお陰で、わが家族も封禄も家財も米銀も皆安全であることをはっきりと理解し、正心誠意《ママ》、私を棄て公に忠誠を尽くす必要がある、そうすれば、「此世も安楽来世も永劫成仏うたかひなし」ということを、このさい、社人や僧徒の力を借りて人民のすべてに教えようとした。キリシタン伴天連の民心掌握に対抗しようとすれば、わが方も、あらゆる宗教を動員し、信仰の力によるほかはないのであり、だとすれば、今民心を得ることにもっとも成功している真宗が有効ではないかと考えたのである。

むろん、ここで真宗の教義や宗旨の何たるかはまったく関係がない。宗教上の問題でなく、「浄土一向の坊主も、戒律を持ち御国恩を知る者ハ、雇ふて五常の道（仁・義・礼・智・信）を説きさとすへし、国の故に因る一術なり」（「遼東の以農古」同前書、四〇五頁）というように、あくまで真宗の活用を一つの手段、方便として考えたのである。早くから排仏論者、なかんずく真宗嫌いの清風が、なぜ僧籍にある月性を受け入れたのか、このような説明を聞けば、極めて分かりやすく、納得がいくように思われる。

清風との出会い

ところで、両者はいつどこで、どのような形で出会ったのだろうか。早くから萩城下に出入りし、藩政府の重役とも接触のあった月性であるが、清風との出会いは意外に遅く、嘉永五（一八五二）年五月某日、秋良敦之助《あきらあつのすけ》に伴われ、城下平安古《ひやこ》満行寺筋にあった村田清風の別邸を訪ねた時が最初らしい。この出会いには幾つかのエピソードが伝えられている。「今日は富士山の絶頂に遊びたいからお待ちしている」（神根悊生『明治維新の勤王僧』一八一頁）という誘いの手紙を貰った月性が、何のことか分からず出掛けたところ、清風邸への訪問を告げられ納得したというのである。参勤交代の途中、「来てみれば聞《きく》より低し富士の山釈迦も孔子もかくやあるらん」（『村田清風全集』下巻、二六三頁）と詠んだ清風の歌は、その豪快無比な性格を物語るものとして萩城下でよく知られていた。萩城に近い清風邸の一室に通された二人は小半刻、一時間近くも待たされようやく面会している。緞子《どんす》の二枚重ねの座布団にどっかと坐った清風は、碌《ろく》な挨拶も返さず、「お主《ぬし》が月性とかいう周防の真宗坊主か」と言ってしばらく睨みつけていたというが、この辺りは、初対面でしばしば人の意表を衝くことの多かった清風一流のやり方であろう。手文庫から取り出した「御文章」を秋良に一読させ、五逆十悪を犯した極悪非道の人でも六字の名号、南無阿弥陀仏を唱えさえすれば、仏様は救って下さるという章を指し示しながら、月性に向かい、真宗の開山たる親鸞上人は石川五右衛門の徒であるかと迫ったというが、気性の激しさでは人後に落ちない月性だけに、気後れした風もなく、経文の講釈なら別の学僧に頼まれたらよろしい、自分は本日海防論について語るため参上したのであると断ったという。前参政の屋敷に招かれてきた一介の田舎坊主が、主人の頼みを聞かないというのもいささか分かりにくいが、月性ならばありそうな話ではある。

いずれも単なる伝聞の域を出ないが、歓談数刻、主客ともに時の移るのを知らなかったというから、この出会いが、肝胆相照らす一時であったことは間違いない。藩長老の清風はすでに七〇歳、三六歳

村田清風旧宅（山口県大津郡三隅町）

の月性とは親子ほどの年齢差があった。この後すぐ、大津郡三《み》隅《すみ》村沢江《さわえ》にあった清風の本宅に招かれている。萩城下から国道一九一号を車で西へ約三〇分ほど走ると、左側の海沿いに展開する集落の中に村田清風旧宅跡、三隅山荘が見えて来る。前方に青海島《おうみしま》が浮かぶ一帯は、北長門海岸国定公園と名付けられた絶景の地である。

ここで月性は、「三隅山荘十二勝詩」と題する作品を残しているが、このとき清風に請われて作ったものである。山荘周辺の十二の美しい風景を詠んだ清風の俳句に、月性が一つ一つ応えた詩である。「清狂遺稿」巻下にはなぜか八首しか見ることができないが、松陰神社にある「清狂吟稿」には、十二首すべてが収録されている。「月波楼集」にある清風の十二の句と詩の順序が異なるのは、宿題として与えられたためらしく、作詩がすべて出来上がり、清風の手元に呈されたのは、かなり後のことのようである。

冒頭の「円通寺暁鐘」と題する詩は、清風の「霜の夜や千尋《ちひろ》の底に鐘の声」と詠んだ句に、「山中枕を高うして睡方《ねむりまさ》に濃《こま》やかなり、一任す蒲牢の暁峰に吼《ほ》ゆるに。臥して憶ふ廟堂参政の日、十年起きて五更《ごこう》の鐘を待ちしことを」と応えたものである。また「通浦寒濤」と題する詩は、清風の「雪の濤老《なみおい》の耳には勝誥《かちどき》の声」という句に、「水戦書に於て頗る講ずること明《あきら》かなり。諸生席上易く兵を言う。知らず漁陣軽舸《けいか》を駆り、直ちに寒濤を截《た》って巨鯨を掣《せい》するを」などと応じたものである。いずれも十二の風景に時事問題を織り交ぜながら、多くは清風の功績を讃える言葉を交えた詩となっている。

嘉永六（一八五三）年六月、ペリーの率いる黒船四隻が現われると、早速詩を作って贈るなど、両者の親しい交際は続いたが、とくに「猛火輪転黒烟を揚げ」で始まる長詩は、「鎖国は従来祖宗の法、講和すれば恐らく神の誅殛《ちゅうきょく》を受けん。明春答を促して復《また》能く来《きた》らば、一意決戦して群賊を殲《ほろぼ》さん」、あるいは「老体加餐《かさん》して君自重せよ、天下の安危一身に係る」などとあり、その勇壮活発な詩想や字句が、早くから海防問題に関心を寄せ、これを打開するためさまざまな発言を繰り返していた清風を著しく喜ばせた。

第七章　討幕論者月性の登場

1　水戸学的尊攘論を知る

「新論」との出会い

幕末の志士たちに一時期聖典視された「新論」は、文政八（一八二五）年、のち水戸弘道館総裁となる会沢正志斎《あいざわせいしさい》の著述として世に出た。前年五月、水戸領大津浜に上陸した夷人、実はイギリス人一二名をめぐる事件に触発されて書かれたものであり、初め藩主徳川斉脩《なりのぶ》に上呈されたが、その内容があまりに過激で、忌諱《きい》に触れる点が多いという理由で、公刊を許されなかった。安政四（一八五七）年本が初版であるから、実に三二年間の長きにわたる封印である。もっとも、この間、「無名居士題」「無名氏」「無名氏題」などの署名、すなわち著者不明本としてかなり早くから流布《るふ》した。いずれも門人や有志たちの手になる筆写本である。

萩城下には、天保末年、月性の手で持ち込まれたというが、そうだとすれば、彼は一体どこでこの本を見たのだろうか。初め水戸藩内で秘かに読まれた「新論」も、天保年間に入ると、会沢塾に学んだ人びとの手でしだいに諸方に伝えられた。弘化・嘉永の頃には、半ば公然と読まれるようになり、全国各地で入手可能となった。会沢塾には遠く九州から来た門人も沢山いたから、十代の月性が読んだとすれば、この地に遊学していた時期であろう。対馬で朝鮮との外交経験があり、中央との接触も頻繁にあった佐賀藩儒草場佩川《くさばはいせん》の許で見た可能性が強いが、精居寮で机を並べた願正寺の役僧離蓋《りがい》ら、勤王運動に関係した僧侶たちのルートも考えられる。なお、この間、彼は何度か上洛しており、そうした筆写本に接する機会がなかったわけではない。

男児出関の詩を残して上坂してからは、叔父龍護、僧超然、あるいは斎藤拙堂など、月性が交際したのは、いずれも早くから水戸学に関心のあった人びとであり、「新論」との接点は大いにある。とくに拙堂が著した「海防策」は、その立論や論旨の展開など随所に「新論」の影響を見ることができるが、月性はすでにこの書を読んでいたはずであり、彼から学んだとは思われない。「新論」的知識を共有した二人が、「海防策」を前に互いに意気投合したのであろう。

「新論」から得たもの

ところで、月性は「新論」の何をどのような形で取り入れたのか。幕末政治運動のスローガンとなった尊王攘夷なる言葉は、会沢の師藤田幽谷のオリジナルといわれるが、彼の尊王論は、天皇を天と同一視し、神と血統的に結びつけるいわゆる神人合一思想に基づくものであり、またその攘夷論は、かかる現神人《あらひとがみ》天皇が支配する、四海万国に冠たる神州を護持するために不可欠に要請されたものである。

　この基本原理は、「新論」にもみごとに継承されている。すなわちそこで尊王の尊王たる所以は、「夫《そ》れ天地の剖判《ほうはん》し、始めて人民ありしより、天胤《てんいん》、四海に君臨し、一姓歴歴として、未だ嘗《かつ》て一人も敢へて天位を覬覦《きゆ》するものあらず」（『水戸学』日本思想史大系53、五二頁）、天地が創造され、人がこの世に生を享けてから、天皇が土地人民すべてを治め、以後連綿と受け継がれて、かつて誰一人この位を奪おうとした者はいない、といわれるようなわが国体の尊厳性にあり、以下、形勢・虜情・守禦・長計の各篇において、この国体をいかにして護持するのか、つまり攘夷の具体的方策が語られる。形勢篇で世界情勢を分析し、虜情篇で西洋列強の侵略の歴史を説き、守禦篇で外敵を防ぐ軍事策を案じ、長計篇で国家を長久に維持するための政治のあり方を問う。まだ未分化ではあるが、日本の国家的独立を全うするための国民的統一の確立という、ナショナリズム的な発想を至る所に見ることができる。家康以来の伝統的な本強末弱策を批判して、幕府・諸藩の別なく国家全体を富強にすることを最大の急務とし、加うるにまた、軍事力強化のための武士の土着や農兵制の創設を提唱したのも、そのことと無関係ではなかろう。

　よく知られているように、水戸学のいう国家は基本的には幕藩体制そのものであり、決して新しい天皇政権をめざすものではない。ここで尊王、すなわち天皇を尊崇し忠誠を尽くすということは、万民が一君に直接かつ平等に献身する意味ではなく、士大夫、諸侯、将軍などといった現存の秩序関係を通して段階的に行われる。しかも、尊王は常に敬幕とワン・セットのものとしてある。要するに幕藩体制の補強を直接の目的にするものであり、尊王のための敬幕でなく、敬幕のために尊王が言われた。つまり尊王が方便的性格を強くしたといってもよい。現に尊王敬幕を説明する幽谷は、幕府が皇室を尊べば、諸侯が幕府を崇《たっと》び、諸侯が幕府を崇べば、卿・大夫も諸侯を敬する。そうなれば上下調和し、国もうまく治まると述べたが、『新論』の長計篇が、「今、邦君の令を共《つつし》み、幕府の法を奉ずるは、天朝を戴きて、天祖に報ずる所以なり」（同前書、一五三頁）、われわれが諸大名の掟を守り、幕府の法に従うのは、とりもなおさず天皇に忠節を尽くし、神に仕えることであるというのも、同様の範疇であろう。

未曾有《みぞう》の国家的危機に対応するために封建的割拠主義の限界を指摘し、国家的見地から公然と幕政批判を展開したという点で、水戸学の政治的主張はいかにも新鮮かつ説得力に富んでいたが、一方でまた、それが常に敬幕を基軸にしていたこともまた紛れのない事実であり、やがて尊王との優劣問題が浮上し、尊王か敬幕かの二者択一を迫られるようになると、従前の蜜月関係はもはや成立不可となり、早晩破綻《はたん》せざるを得ない。月性や吉田松陰ら、初め水戸学を信奉した人びとが、日米通商条約締結のような政治的路線の決定をめぐり突き当たった壁であるが、この時点ではまだ、そうした問題は顕在化していない。

国民的統一を実現するために上下一和をいい、四民、とくに民衆を国防問題から疎外するマイナス面を説いたのも、水戸学の新しさであり、現に会沢は、外敵に備えて武士階級の土着をいうだけでなく、一般庶民の中から広く人材を募って農兵制、新しい軍隊組織を作り出そうとした。『新論』の冒頭で、天下万民が四海平和に暮らすには、億兆心を一にするほかはない。そのために為政者の権力的支配でなく、人民が自発的に服する状況を作り出す必要がある。支配、被支配の別なく、全国民が一致団結して外敵に当たることで、初めて攘夷が貫徹されるなどと主張した。

会沢は幕藩政治の衝にある、いわば為政者の側から農兵制の採用を説いた、おそらく最初の人物であるが、それゆえに彼が伝統的な愚民観を捨象していたのかというと、必ずしもそうではない。攘夷のために民志を一にし、民心を得ることの大切さを盛んにいう彼は、一方でまた、姦民、細民、愚民などの言葉をしばしば口にし、ついには「今、これを施行せんと欲すれば、よろしく民をしてこれに由《よ》らしむべくして、これを知らしむべからず」（同前書、一四七頁）とまでいう。海防問題への民衆の自発的理解、もしくは合意なるものは、会沢においてあくまで為政者側の操作、上からの引き回しによって齎《もた》らされるものであり、この辺りは、「新論」にヒントを得た農兵論をいいながら、実は国民軍的な構想に視野を拡大しつつあった月性や吉田松陰らの決して賛成しないところである。

「新論」の排仏思想

水戸学の排仏論は、藩内全域の大規模な寺院整理（一九〇カ寺を処分、村々の小祠堂、石仏をすべて破壊、一村一鎮守制に統合した）を導き出すほど苛烈であったが、同様の考え方は、「新論」にもはっきりと見ることができる。会沢にいわせれば、日本古来の神道以外はすべて異端邪説である。「巫覡《ふげき》の流」「浮屠《ふと》の法」「陋儒《ろうじゅ》・俗学」「西荒耶蘇《せいこうやそ》の説」など、いずれも民心の統一を著しく阻害し、郷村社会の風教維持を妨げる極めて怪しげな存在である。なかんずく西方から来た野蛮な宗教、キリスト教は、西欧列強が他国を侵略するさい、好んで用いる民心収攬《しゅうらん》の具であり、その魔術的な力は測りしれないほど大きく、断固排除されなければならない。千年来、民心を深くとらえている仏教もまた異国から来た邪教という他はないが、とくに一向宗の害が甚だしい。この宗派は、日本古来の神々の拝礼を許さず、ひたすら外国の神、すなわち仏陀を崇《あが》めて止まない。本山や門主を絶対視し、君父をないがしろにする。しばしば主君に弓矢を向け、これを討伐する者を法敵とみなすなど、忠孝の道に反する言行が著しく、心ある人びとの支持を得ていない。

一見極めて激しい排仏論、なかんずく真宗批判であるが、月性がこれをさほど気にした様子はない。というのは、ここで批判の対象になったのは、真宗の教義や信仰の如何でなく、真宗門徒がしばしば徒党を組み衆を頼んで封建秩序を乱し、反社会的行為に走るということであるが、蓮如のいわゆる「王法をもって本となし、仁義をもって先となす」を踏まえた真俗二諦論の立場を堅持するかぎり、まったく問題はなかったからである。王法、すなわち幕藩体制下の支配にきちんと服し、儒教以下の世俗道徳を十分尊重していくならば、仏法、このさい真宗の信仰といささかも矛盾・対立することなく、立派に共存できるはずであり、その意味で、「新論」の非難・攻撃は的外れであり、少しも心配する必要がなかったからである。

嚶鳴社中に提示する

長州藩に月性が持ち帰った「新論」は、彼の交友関係を通じて遠崎村や阿月方面はもとより、しばしば出入りしていた萩城下にも知られるようになったと思われるが、おそらく一番効果的であったのは、やがて彼も参加することになる嚶鳴社《おうめいしゃ》の集まりであろう。

嚶鳴社は、弘化三（一八四六）年頃、当時明倫館にいた周布《すふ》政之助が北条瀬兵衛とはかり、経書の

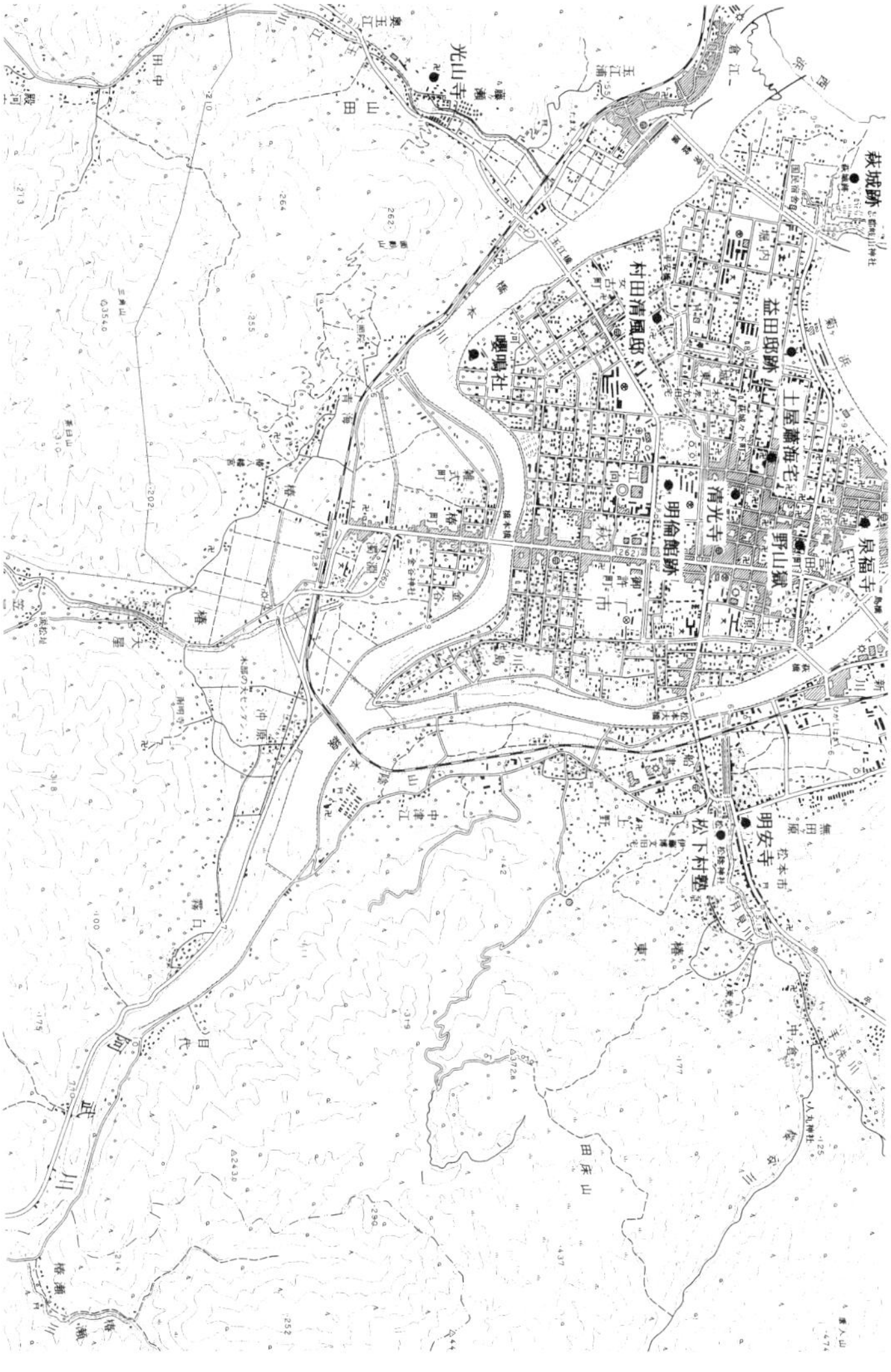

萩市全図（出典：国土地理院発行1：25000地形図）

解釈のみに終始する旧態依然たる学風を憂い、自由に書を読み意見を交換し詩文を競作するだけでなく、時事問題を活発に論ずるため同志を募り社を結んだものである。当初は周布（土原）、能美隆庵《のうみりゅうあん》（江向）、来原《くりはら》良蔵（南古萩）らの家を随時利用し、必ずしも集まる場所を特定していなかったようであるが、安政四年以降は、河添にあった山県篤蔵宅に社を置いた。上記の人びとの他に、やがて中村九郎、佐久間佐兵衛、松島剛蔵、山田亦助、口羽徳祐《くちばとくすけ》、杉梅太郎、土屋蕭海《しょうかい》、内藤万里助、楢崎《ならざき》弥八郎、宍戸璣《たまき》、岡本栖雲《せいうん》、上領頼軌《かみりょうらいき》、国重正之らが名前を列ね、また一時期、前田孫右衛門、八谷《やたがい》藤兵衛、刺賀《さしが》佐兵衛、中村文右衛門、高島酔茗《すいめい》らも顔を出しており、総計二十数名の参加が確認できる。多くは比較的身分の高いサムライ階級の人びとであり、一般庶民からの参加はない。僧籍の月性や黙霖が時おり参加したのは、客員的な資格で招かれたものと思われる。

嚶鳴社の発起人である周布、北条の両名と月性は早くから交際があり、彼が齎《もた》らした「新論」も真っ先に見せたと思われる。とすれば、嚶鳴社の集まりの席で、そうした人びとの口から、「新論」の知識や情報が城下一円に開示されたことは想像に難くない。出萩のたびに、月性自身が嚶鳴社に何度か顔を見せており、また社中のなかでは、土屋や杉の両名ととりわけ親しく、彼らの家に泊まることがしばしばであったから、その都度、同じような主張を繰り返したことは、おそらく間違いないだろう。

なお、嘉永六年のペリー来航後、月性が相次いで二つの建白書を提出してからは、嚶鳴社の人びととの交流は一層頻繁かつ緊密になった。安政二（一八五五）年七月一〇日付の中村九郎の手紙は、来原、杉、土屋ら萩城下の同志の動静を詳しく伝えながら、社中からこの他報ずべきことはないが、

「上人御帰郷後ハ鬱々《うつうつ》俗了時々剣舞放吟ヲ相学び、又ハ蕭海方にて江戸登楼談などにて排悶罷在候、心魂ハ常ニ在阿月遠崎之間、御一笑可被下候。何とぞ大議論御鬱蓄《うっちく》御出萩之節ハ御満城君子を御圧倒云々」（『書簡集』一）、月性が帰郷後は鬱々として楽しまず、時おり剣舞や詩吟、江戸の遊興話で憂さを晴らしている有様である。いつも阿月の秋良や遠崎の貴僧らのことを考えており、一刻も早く萩に来てわれわれを叱咤勉励して欲しいといい、また安政五年正月一八日付の杉梅太郎の手紙は、「諸同志無事精勤昨夜北条の会十一人会し随分盛んに御座候」（『妙円寺書簡集』）、社中の人びとは皆頑張っており、昨夜北条瀬兵衛宅で催された例会は一一人も集まり盛会だったなどと述べており、ほとんど社中と同じ扱いであった。

2　「内海杞憂」――海防五策の建白

防長二国の専守防衛

よく知られているように、嘉永六（一八五三）年六月の黒船来航に、周章狼狽した幕閣は、開国か攘夷かの政治的決断をよくなしえず、回答を一年後に延ばす、いわゆるぶらかし政策で対応するのがようやくであった。開国、すなわち国際社会への参加を求めるアメリカ国書の取り扱いをめぐり、三百諸藩を含めた国内上下の意見を広く聴取したのはそのためであるが、問題を解決する有効な処方箋があったわけではなく、百家争鳴の小田原評定的な議論を重ねるのが精一杯であった。

このことは長州藩においても例外ではなく、同年一二月五日、相州および藩地の海防について役立つ意見があれば遠慮なく申し出るように藩内全域に布告している。関ケ原の合戦以来、このような布告が出たことは未だかつてなく、重役連中が連日城に集まり鳩首協議したが、何の妙案も浮かばず万策尽きた挙げ句の措置であろう。月性の最初の建白となる「内海杞憂」は、これに応じて書かれたものらしい。相州撤兵を主張する内容からみて、その誤りを認めた嘉永七年一一月起稿の「封事草稿」、別名「藩政改革意見封事」より以前になることは間違いなく、おそらく嘉永六年の末から翌年春にかけて執筆されたものと思われる。以下その大要を見てみよう。

黒船が浦賀に現われたため、列藩の兵力はすべて江戸防衛に動員されているが、四方環海のわが国の地理・形勢から見て、もし戦争となれば、敵が単純に江戸を攻めてくるわけではなく、全国至る所に出没してわが防禦の虚を衝くのは当然である。まったく同じことは、三方を海に囲まれた防長二国の守りについても言える。今、わが藩の精鋭はほとんど浦賀に出兵しており、沿海の防禦は無きに等しい状況であり、もし敵の軍船が攻めてくれば、一たまりもなく敗北せざるを得ない。海防問題に思いを致すとき、亡国の憂き目を想像して、自分はもはや気も狂わんばかりである。浦賀や江戸の防衛より、まず自らの領土、防長二国をしっかりと守る手立てや工夫を講じなければならない。つまり相州撤兵も止むなしという主張であるが、そのようにいう月性は、サムライ階級を中心にした軍事力だけで国を守ることができるなどとは決して思わない。では、どうすれば、この未曾有《みぞう》の国難によく耐えることができるのか。具体的な海防策として彼は、(1)大義を述べて士気を振るわす、(2)兵制を変えて民に戦いを教える、(3)団練を結んで農兵を養う、(4)大砲を鋳造して奢侈を止める、(5)火薬を製造して軍用に供するなどの五策を提唱した。

もっとも大切なことは、国家が人民すべてに大義を教えることである。すなわち蛮夷が他国を奪うときは兵力だけでなく、妖教をもって民心を惑わし、金銀の利欲で愚民を誘うことをしっかりと教えなければならない。そのためには、今までのような郷村の先生が心学を説き小学を講じるような旧態依然の教えではまったく役に立たない。慷慨気節に富み弁才ある者をどんどん登用し、毎月藩内全域を隈なく巡回させて、「凡《およそ》民生《うまれ》テ皇国ノ民トナルモノ君国ノ恩摧《さい》身《しん》粉骨シテ報ズベキ義ト、彼《かの》蛮夷者邪教ヲ宗トスル虎狼ノ国ニシテ其屢《しばしば》来《きたる》ノ本意神州ノ民ヲシテ犬羊トナラシメント欲《ほっす》ルニアリ、是《これ》皇国ノ賊、我君ノ寇誓テ之ヲ殲《ほろぼ》サスンハアルヘカラサルノ理」（「内海杞憂」、以下同）、皇国に生を享《う》けわが君の御蔭で暮らしていることに命懸けで報い、また西欧列強はキリスト教を奉ずる野蛮な国で、しばしば来る真意は、わが国を侵略し民を奴隷にしようとしている、すなわち皇国の賊でありわが君の敵であり、断然これを滅ぼすべきであることを、丁寧かつ分かりやすく教えなければならない。というのは、兵は凶器であり、人民すべてが武器を持つということは、乱盗蜂起し、極端な場合は内乱の恐れなしとしないからである。民に大義を教えることを、国防の第一とするもう一つの理由でもある。

国民皆兵の構想

人民すべてが大義を知ったならば、次に剣槍銃砲などの習練や具体的な戦闘法を教えなければならない。農工商漁の希望者すべてに、これを学ぶことを許すが、その規模は、百軒の村ごとに壮丁二五人を募集して一組とし、五組を集めて一隊となし、才能ある者を選んでその隊長とする。訓練は毎月一日と一五日の両度、小銃・大砲の操作や軍事調練、兵船の襲撃法などについて行う。

人民すべてが戦いの法を知って隊伍を編成し、有事のときは武器を取って戦い、平和になれば田畑に戻って耕す、古くから知られている屯田兵の制度であるが、これは非常の変に備える一時の策でなく、「実ニ万世衛国ノ良法ナリ」、未来永久に国を護る新しい兵制として定着させなければならない。軍事のプロとしてのサムライ階級の存在を否定しないまでも、すでにその役割が終わったことを実感した国民皆兵の構想に他ならない。

国民軍的な新しい兵制が成立しても、兵士の装備、すなわち武器がきちんとしていないと戦うことはできない。まず諸村の土豪に命じて木砲数十門を製造して海岸に並べて緊急の事態に応じ、その後に順次銅砲を鋳造させる。その材料は、民間の家々にある「水盤火炉（燭台油器火瓶茶罐）ノ銅」「酒瓶茶罐ノ錫」を供出させればよく、不足するところを「官銭私糧」、すなわち政府の資金と民間の寄付で補うならば、太平の世に慣れた奢侈の風を取り締まることもでき、一挙両得というべきである。

大砲や小銃の武器が整備されたならば、その弾薬を手当てしなければならないが、藩政府の手で領内至る所に製薬場を設け、社寺や民家の床下に堆積した古い鼠壌泥《そじょうでい》塗《と》を集めて硝石を作り火薬の原料とし、沢山の鉄弾を用意する。このような備えをすれば、防長二国のどこに敵が攻めてきても、すぐに対応できる。つまり万全の防衛体制が出来上るというわけである。

「内海杞憂」と題された建白は、月性が単独で書いたものでなく、早くから親交のあった阿月の領主浦靭負《ゆきえ》の家老秋良《あきら》敦之助と相談しながら作成されたものらしい。そのことは、いわゆる五策がかなり早い時期に浦家の施策となっているところから分かる。幕末最後の時期、四境戦争の頃に実施されたものもあるが、多くはそれ以前、浦氏の支配地でスタートしている。そのあらましを簡単に見ておこう。

国防の第一義とされた、民に大義を教えることは、防長二国を震撼させた天保の大一揆後に始められた心学講談や小学講談の禁止、これに代わる忠孝談の採用というかたちで具体化した。講談師としていわゆる慷慨気節の士が登用され、月性もまたその一人として藩内各地に出掛けることになるが、これについては節を改め後述する。

兵制を変えて民に戦いを教える、つまり農兵の採用は、浦家臣団が学ぶ克己堂《こっきどう》を中心に始められた。天保一三（一八四二）年頃、阿月村に設置された克己堂は、サムライ身分の子弟に文武両道を教授する場であったが、嘉永末年には新しく砲術や銃陣訓練を教科目に加え、また社寺・豪農・網元の子弟で志願者があれば、入学を許している。安政元（一八五四）年九月某日、月性は、「秋良氏夷艦摂海に入るを聞き、壮士三十余人を率い来《きた》って武技を演じ余をして縦覧せしめ、以て憤懣《ふんまん》を洩《もら》す、賦して謝す」（『清狂遺稿』巻下）と題した詩を作っている。浦家臣団八十余名の規模から見て、妙円寺境内における壮士三十余人の「一場の演武刀槍を試む」が、農兵を中心にした練兵であったことは、おそらく間違いない。そのことを裏書きするように、安政四（一八五七）年正月二四日、秋良より当時在京中の月性に宛てた手紙に、「正月二日より農兵調練神式ニ依せて致施行」（『柳井の維新史』一四七頁）とある。克己堂のある阿月村神明祭の神事に併せた農兵調練の景況を報じたものであるが、いずれも月性の建白を下敷きにしながら登場したものであろう。

なお、月性が構想した農工商漁すべてを対象にした募兵、つまり出自を問わない農兵引立は、四境戦争前夜の元治元（一八六四）年に入って実施された。初め克己堂、やがてその周辺に計四カ所の野外演武場（稽古場）を作って文武の訓練を行っている。因みに、これを主導したのは、月性の時習館に学んだ世良《せら》修蔵である。

小銃や大砲の武器・弾薬を整えるというのは、安政元年一一月五日付の土屋蕭海宛手紙に、「周布氏ニ御逢ヒ被成候ハハ民間ニ募リ大小砲を鋳ル事を早々狂僧ニ被命ヨト御勧メ可被下候。一文半銭ノ御法礼、一言半句ノ賞を不欲ト御伝へ可被下候。狂ニ命テ手子役を壱人相添へ呉レ候へハ村々の費の不入様ニ寺々を喰ヒ廻リ不日ニ一郡中ニテ十匁筒ナレハ千挺六貫目筒なれハ二三挺ハ公費ノ〇《ママ》を不費こしらへ可進上候。何分此節の様ニ評定ニ日ガ暮れ候テハ急ノ間ニハアハヌ〳〵」（「資材」二）、周布に会い銃砲の鋳造を月性に命ずるように伝えて欲しい。一銭の礼も褒め言葉も不要である。世話役一人付けてくれれば、村々を回り寺を説いて郡ごとに小銃千挺、大砲二、三挺をすぐに造って献納する、議論ばかりしていても急場の間に合わぬとあるように、なかなか軌道に乗らなかったらしい。一年後の「封事草稿」で、「農兵を選ンデ土着ニ代エ、僧徒ヲ諭シテ以テ大砲ヲ鋳ルノ類、性、別ニ密《ひそ》カニ籌《ちゅうす》ルトコロアリ」と同様の主張を繰り返したのは、そのためであるが、官命とは別に、月性自身はすでに遠崎村を中心に活発な募金運動を展開していた。同じ時期、土屋蕭海の手紙が、「上人の寒郷にて二十挺余の献納とはいかにも感心之事と参政も申居候」（二月一六日付手紙、「資材」二）というのは、そのことを示すものであろう。二十余挺を数えた銃砲の大きさは分からないが、月性が説いて妙円寺周辺の村々から集めた資金によるものであり、小銃かもしくはそれに近い小口径の砲であろう。

広島の坂井塾で月性と机を並べた木原慎斎は、一〇月四日付の手紙で、「上人蒙大嶋郡防禦並夷客応接之命加之大砲造製愉快此事御座候。砲製縷々《るる》御尋申度儀有之次便委曲《じびんいきょく》可申上候」（「資材」二）と述べている。文中に「今世名家文鈔」の下刷を見た云々の記事があるから、版下の完成した嘉永五年五月以降、おそらく「内海杞憂」が書かれた六年、もしくは翌七年秋頃の手紙であろう。いずれにせよ、建白後間もなく、月性は、遠崎村の属する大島郡内で大砲製造に関する活動を始めたことが分かる。安政元年一二月、大島郡代官所が海岸防備のため鉄砲献納を諸村に沙汰したのも、そのことと無関係ではなかろう。

安政元年中秋というから、この年八月某日、秋良敦之助は阿月の浜に月性を招いて、彼が苦心して創った車輪船なるものを見せたが、これに感激した月性は、「我亦《また》辺防曾《か》つて建策す。大砲を鋳て蓄船を砕かんと欲す。君と志を決して良工に命じ、一同製造せん数千百。既に我が砲を成し君が舟に載せ、万里遠征せん五大洲」（「清狂遺稿」巻下）などという長篇の詩を詠んでいる。秋良考案の車輪船とは、蒸気の代わりに人力を動力とするものであり、瀬戸内防衛の軍船をめざしていたが、浦氏が有していた関ケ原以来の和流の軍船に鉄張りを施した程度であり、これに搭載する砲の規模や性能も、それほど大きなものではなかろう。ただ、少なくともこの時期、すでに彼らが大小の砲の製造にかなり本格的な形で着手していたことは間違いない。

大砲鋳造の原料として、簡単かつ大量に入手可能なものは、寺院の仏具や器具、とくに梵鐘であり、すでに水戸藩は大規模な寺院整理を断行したさい、これを一カ所に集めていわゆる毀鐘鋳砲を実施したが、月性もそうした先例に倣って、周辺の寺だけでなく、講筵に出掛けた藩内各地の寺院に対して盛んに梵鐘の供出を働きかけている。この頃、「烟渓は弁慶とこそなりにけり、お寺おてらのつり鐘をとる」（布目唯信『吉田松陰と月性と黙霖』八五頁）と妙円寺の山門に墨黒々と落書された話は有名であるが、強力《ごうりき》無双《むそう》の武蔵坊弁慶が大山寺の釣鐘を引き担いで持ち帰った故事になぞらえながら、その余りの熱心さに辟易する人びともいたということであろう。

3 「封事草稿」——萩藩でもっとも早く討幕論を唱える

即今攘夷、やがて討幕論の主張

「封事草稿」は、嘉永七（一八五四）年一一月、関東地方を襲った大地震の直後、藩政改革に関する一般の意見を求める布告に応じて書かれたものである。草稿の後に、「嘉永甲寅《こういん》十二月、釈月性稽首《けいしゅ》再拝」と署名があるから、年末には早くも完成していたことが分かるが、そのまま提出されたのではなく、この頃萩城下にいた秋良敦之助や土屋蕭海らの添削を経て、安政二（一八五五）年四月頃、藩政府へ呈されたようである。文中危激の字句が多いことを、月性はむろん、周囲の人びとが配慮し、その修正に意外の時日を要したのである。以下その大要を見てみよう。

近年天災地変が頻発するのは、幕府が尊王の心を失い、征夷の職にありながら攘夷の実を挙げていないからであると幕政を痛烈に批判する月性は、幕府のみならず、三百諸藩の失政も極めて大きい、「二百余年太平ノ久キ幕府及列国ノ侯伯宴安ニ狎《な》レ驕奢ニ長シ数十万石ノ禄ヲ以テ国用ヲ弁スルニ足ラス、農民ノ膏血《こうけつ》ヲシホツテ宮室衣食ノ美ヲ極メ商賈ノ金銀ヲ借テ妻妾婦女ノ歓ヲ盡《つく》シ武備ヲ捨テテ問ハサルニ置キ外寇虜患ノ何事タルヲ知ラサルモノ天下滔々《とうとう》トシテ皆是ナリ」という。太平の世に慣れ人民の困苦をよそに贅沢三昧にふけり、外夷の備えも疎《おろそ》かにしている幕府や列国の中にわが長州藩もまた含ませ、その罪を激しく難じていたことは言うまでもない。では、どうすれば、正しい政治に戻ることができるのか。

幕府は、天下の武備が不足する今、攘夷は不可であるから、さしあたり外夷に通商を許し土地を貸し、わが武備が十分となり士気も振るうようになった三、五年後に決戦するなどというが、これ以上の怯策《きょうさく》、そしてまた拙謀はない。このような悠長なことをしていると、神州はすべて彼の有となることは間違いない。すなわち「国亡ヒ天下滅シ遂ニ開国已来未夕曾《かつ》テ夷狄ノ凌辱ヲ受サル堂々タル天朝神孫ノ真天子ヲシテ膝ヲ屈テ虎狼犬羊ヲ拝セシムルニ至ラン」と現状分析する月性は、「閣下何ソ一日モ早ク志ヲ此ニ決セサル」、このさい、長州藩主に率先して攘夷の決意をするように迫る。

「向後夷船モシ我沿海ノ地ニ来ルコトアラハ、閣下マサニ幕命ヲ待タス一意決戦シテ之ヲ粉齏《ふんさい》スヘシ、此ノ如クシテ猶幕府モシ違言アルトキハ、閣下亦《また》マサニ天子ノ勅ヲ奉シ敵愾《てきがい》ノ侯伯ヲ合従シ勤王ノ義兵ヲ大挙シテ失職ノ罪ヲ問ヒ夷狄ヲ攘《はら》ヒ、王室ヲ尊ヒ神州ヲシテ再ヒ政《まつり》コト天子ヨリ出《いずる》ノ古ニ復セシムヘシ」というように、幕府が攘夷をなし得ない場合は、わが長州藩が先頭に立ち有志の諸藩を糾合して幕府の失職を追及して王政復古の時代に戻すべきである。今の幕府に攘夷など到底望むべくもない、中央政府としての資格や能力がないとするならば、これに代わる新しい政権、すなわち天皇政治に期待するほかはない。今こそまさにこれを為す絶好の機会ではないのかというのは、眼前の幕府政治へのはっきりとした否《いな》であり、ほとんど討幕論と異なるところがない。この時期の長州藩では、誰一人口にしなかった過激な発言である。

内政改革の断行

攘夷貫徹のため討幕も止むなしといった荒療治を断行しようとすれば、当然のように、その前提として、内政にも思い切った手を打たなければならない。「非常ノ変ニ処シ非常ノ事ヲ成サント欲スルモノハ非常ノ政ヲ為《なす》ニアラサレハ能《あた》ハス」という観点から、月性は、旧弊を一掃して優れた人材を盛んに登用し、また濫《みだ》りに顕職の上司を更迭せず、冗費を徹底的に節約するなどを骨子《こつし》とした藩政改革を主張した。

先例古格をまもり、門地門閥、禄高や身分に縛られた政治を行っていては、何時までたっても世の中は変わらない。政治を一新するために人材登用をしなければならないが、そのために、各人の才能や能力に注目し、広く藩内全域に視野を拡大しながら、「小吏陪臣及草間ノ野ニ取テ用ル」ことをめざすべきである。「草間ノ豪傑賤シトイヘトモ」取るというのは、一般庶民の中に優れた人材を求めるという意味で、いかにも画期的であった。

行相（江戸当職）、国相（国元当職）の両職や、これに匹敵する顕要の地位にあるものが、さしたる理由もなくしばしば交代し、その度に「両政府属吏已下諸々郡宰小吏ニ至ルマテ 盡《ことごと》ク己レニ党《くみ》スルモノヲ挙用ス」ることが繰り返されているが、これは責任の所在をあいまいにした、その場しのぎの政治をばらまくだけで、人民の不満や怨嗟《えんさ》を募らせるだけでしかない。交代に要する公私の費もまた膨大なもので、上下の負担をいたずらに増やすにすぎない。「非常ノ革政」を実施しようとすれば、トップが長くその職にいなければ成功は到底覚束《おぼつか》ない。そのためにも、本当にその職にふさわしい能力ある者を登用することが大切になるのである。

天保改革以後、村田清風と坪井顔山《がんざん》（九右衛門）、今また周布政之助と椋梨藤太《むくなしとうた》をリーダーにした二つの勢力が度々交代し、ほとんど党派的な対立・抗争の態を呈していただけに、この発言は説得力があった。いわゆる正俗両派の争いに決着を付けるべしというのであるが、むろん月性の狙いは、村田清風の後継を自他ともに許していた周布政之助の路線を支持することであった。政府の中枢、すなわち両職に益田、浦の両大夫を据え、諸役以下に周布政之助を中心とする嚶鳴社の人びとを登用すべしと考えていたようである。

攘夷、討幕いずれにせよ、莫大な経費を要するが、その財源を確保しようとすれば、徹底した藩費の節約を断行する以外にない。では、どのような具体策が考えられるのか。

長州藩の毎年の歳入は八十余万石というが、その半ばを群臣の家禄に分ち、また四物成、つまり四公六民だから現米一六万石となる。うち旱魃《かんばつ》虫害などで賦課しない分が数万石あり、実収は僅々一二万石しかなく、しかもその大半を参勤交代などの費用に宛てているのが現状である。それゆえ、政府の費用は、小物成《こものなり》（山年貢などの雑税）を課して何とかやりくりしているが、到底間に合わず、いつも大坂商人に頭を下げ、その高利の金に頼って帳尻合わせをしている哀れな状況である。

「二州ノ精神万民ノ膏血《こうけつ》ヲ挙テ盡ク之レヲ東海ノ浜ニ投スルナリ、嗚呼亦惨《ああまたいたま》シカラスヤ」、防長二国の人民が額に汗して得たものをほとんどすべて参勤交代に費やしているとすれば、その出費をいかにして節約するのか、これが最大の問題であるが、月性は、藩主以下が駕籠に乗ることを止め、騎馬で往復すべしと言う。一つの駕籠を担ぐ者が三二人いるが、一人の傭金をおよそ二〇金と見積もると、一乗輿の往復に六四〇金を要する。執政大臣以下若干の差異があるとしても、一行の乗輿の経費を合わせると、莫大な金額になる。藩主以下すべてが騎馬で行けば、この費用は節約できる。疲れた場合、時々駕籠を利用してもよいが、これは宿場に備え付けの駕籠で十分間に合う。馬は戦場で必ず必要なものであり、日頃から騎乗の訓練をしておかねば、いざという時役立たない。乗輿を廃すれば一挙両得というわけである。

参勤交代に藩主が愛妾を伴うのも、まったく怪しからぬことである。一妾の往来に必ず五、六人のお供がつき、乗輿に六、七個の荷物が従うという仰々しい出《い》で立ちは、大きな出費を要するが、そもそも江戸邸には正室がおり、何でわざわざ愛妾を伴う必要があろうか。江戸邸における中奥の維持、愛妾の生活に数千金を要しているが、その上、「女謁《じょえつ》盛ニ行ハルルノ弊アラン」、愛妾の介入した裏方政治の弊害も見逃せない。

中奥、愛妾を除去するだけでなく、君夫人、正室の費用も減ずることをいう月性は、「已後其剝落頽壊ニ任《まか》セ一切修築ヲ加フヘカラス」、江戸邸の維持費は補修程度の最低限にとどめ、新しい土木工事を起こすことは一切不要であるという。

諸藩にもある幕閣との交渉や他藩との往復周旋に当る公儀人に要する費用は、毎年数千万金といわれるが、幕府の権官に媚び情実に訴えるための賄賂酒肉の浪費であり、実に藩費の四分の三にあたる巨額の出費となっている。非常時の今、幕府に迫って公儀人の廃止をめざすべきであるが、もし不可能ならば、権力に屈しない公正廉直の士を選んで公儀人とすべきである。

積年の藩庫の欠乏から見て、先に相州警備の辞退、撤兵論が主張されたのはしごく当然であるが、「封事草稿」では、「相州ハ天下要害之地也、国家兵ヲ出テ此ニ備ルハ所謂《いわゆる》天与《あたう》ル也、不幸ニシテ関東若《も》シ変ヲ生セハ拠テ大義ヲ成スヘシ」、江戸の近くに自藩の大きな兵力を有すれば、一旦緩急あるときすぐに駆け付けることができる、すなわち討幕戦争に好都合であるという理由で撤回された。この大役に任ずることを理由に内外に対して奢侈を一切止めることを告げ、思い切った倹政を実施する上でプラスになると考えられた。

とはいえ、相州出兵に要する費用は莫大であり、生半可《なまはんか》な節約で賄えるようなものではなく、このさい、先公が創《はじ》めた藩の撫育金《ぶいくきん》を支出すべきであるという。撫育金は、幕府お手伝いなど非常の用金と藩民の窮餓を救うために貯えられたものであるが、今回の相州出兵がまさにこれであり、決して先公の御誓言に背くものではない。藩主自ら先公の廟に詣で撫育金の拠出を告げ、決意のほどを示せば倹約の実も必ず挙がるはずである。

討幕論の波紋

安政二（一八五五）年正月一一日付の秋良宛手紙（口絵二頁参照）で土屋蕭海にも見せ一緒に添削することを求めたように、月性自身、この草稿がそのまま陽の目を見るとは思っていなかった。文中に不穏な字句のあることは百も承知していたのであるが、だからといって無条件に添削を認めたわけではなく、「攘夷違言有時ハ、失職ノ問罪ト諸侯合従トハ性カ安心立命、どふ思ても不能改候。其外ハ全ク老兄の貴説を主張致候而已《のみ》」（『書簡集』二）、幕府がどうしても攘夷を実行しないときには、長州藩を先頭に討幕の兵を挙げるという一点のみは、自分の安心立命、つまり堅く信じて疑わないところであり、断じて譲るわけにはいかないと言うのである。

その他の箇所はすべて貴説のとおりというのは、一連の藩政改革、なかんずく冗費節約の主張が秋良から提示された情報に基づき、二人で相談しながら書かれたことを示している。旧弊を廃した人材登用や顕職の任期を論ずる辺りは、かくべつ珍しくもない発言であるが、藩主に乗輿でなく騎馬で行け、愛妾を連れていくのはけしからん、江戸邸の生活が華美にすぎるなど、身分をわきまえない不遜《ふそん》の字句を並べたのは、月性の個人的発言というより、むしろ藩内事情に詳しかった秋良が月性の口を借りて言わせたことであろう。

月性が一番大きな声で主張した討幕論は、むろん最大の問題点であった。このまま公表することを憚った秋良は、「向後夷船モシ我沿海ノ地ニ来ルコトアラハ、閣下マサニ一意決戦シテ之ヲ粉齏《ふんさい》スヘシ、長ク窺覦《きゆ》ノ心ヲ絶ツヘシ、将渠《またかれ》従前ノ如ク近畿ニ突入シ、帝都ヲ襲フノ事アランニハ、閣下マタ幕命ヲ待ニ遑《いとま》アラス、迅《すみやか》ニ義兵ヲ率テ帝都ヲ警衛シ、一戦賊ヲ掃ヒテ天朝ヲ尊ヒ、幕府ヲ輔翼シ、再ヒ神州ノ古ニ復シ、諸蛮ヲ制御為《な》サシムヘシ」（「封事草稿原本複写」の添削部分）と書き直した。大坂湾に夷船が侵入し、京都を脅かすような非常時は、幕命を待たず直ちに行動してよろしい、その場合、尊王敬幕の形をとりながら、天皇政治の昔へ戻すことになるという。討幕論こそ言わないが、今の幕府政治も認めないという、いかにも中途半端な主張であるが、月性の意のあるところを何とか生かしたいと苦心惨憺した結果であろう。

野山獄中でこれを見た吉田松陰は、安政二年三月九日付の「浮屠清狂に与ふる書」で、「天子に請《こ》ひて幕府を討つの事に至りては、殆ど不可なり」（「全集」第二巻、三一二頁）と討幕論の誤っていることを主張した。松陰に言わせれば、幕府が征夷の職責を全うしないのは、わが藩の規諫がまだ足らないからであり、仮に討幕をしてみたところで、三百諸藩のどこにも大した人材はおらず、幕府に代わって政権を維持する力などない。国家存亡の今、国内で相争っている場合ではなく、幕府・諸藩が一致団結して外の敵に当たるべきであると、かねての公武合体論的主張を展開した。討幕でなく諫幕という政治的手法に最後までこだわった松陰らしい発言である。

手紙の冒頭で、「僕上人の名を歆《うらや》むことここに十年、而して遂に相見《まみえ》るに因縁なし」（同前書、三一一頁）と言うように、松陰は月性の名前をかなり以前から知っていたが、たまたま会う機会がなかったものである。少し前、出萩した月性は杉家に泊まって、土屋蕭海や中村道太郎、赤川淡水らと会っており、おそらくその席で取り上げられた「封事草稿」を、兄梅太郎が獄内に届けたものであろう。討幕の是非を論じているところから、秋良の添削のない、草稿そのものを読んだと思われる。

月性自身が、「禿頭ヲ大矢の土壇《どだん》に載セ候事ハ覚悟のまへに候」（前出正月一一日付秋良宛手紙）、坊主頭を断頭台に載せる覚悟はできているといい、また松陰も、「吾れは恐る、上人其の首領を保つことを得ざらんを」（『全集』第二巻、三一三頁）、月性の斬首を心配しているというように、「封事草稿」が藩政府の中で物議を醸《かも》す恐れは十分にあった。露骨な幕政批判、実は討幕論は、秋良の添削で随分曖昧化されていたはずであるが、藩主の私生活にまで介入した冗費節約の提唱は、余りに極端に過ぎた。なかんずく上司を度々代えるなという箇所は、暗に坪井や椋梨派の排除を意味していたから、彼らの怒りを買ったのは想像に難くない。秋良宛の四月一九日付手紙で月性が、「顔山翁不喜鄙説議論紛々《ふんぷん》ニ候由、同志中大ニ心配致居候」（『書簡集』二）、坪井顔山（九右衛門）が自分の建白に怒っているらしく、友人たちは皆心配しているといい、また松陰が、「上人虎口を免れたりと世上の大評判、顔翁も英雄の脚色を学ぶの積りゆへ、迚《とて》も上人を罪せずと僕は頓《とみ》により安心致し居り候へども、過慮の輩多く棒腹《ほうふく》に堪へず」（六月六日前月性宛手紙、『全集』第七巻、四二八頁）、上人は危ないところを助かったともっぱらの評判である。坪井も英雄然としたいためおそらく処罰はしないだろうと思っていたが、周囲の人びとは皆心配していたなどというように、坪井顔山を中心とする一派の人びとは、この建白を大いに問題視し、月性を厳罰に処すべしと主張した。投獄はむろん、死罪も一時取り沙汰されたというから、反対派の怒り方は尋常ではない。建白書を見た藩主毛利敬親の「狂人の言は捨て置け」という発言で辛うじて難を逃れたというのは、真偽のほどが明らかでないが、ともかく秋良の主人で、当時行相として君側にあった浦靭負の執り成しや周布政之助ら嚶鳴社に属する人びとが懸命に弁明に努めたことで、ようやく許されたというのが本当のところであろう。

4　藩内全域に拡大された講筵活動

新しい巡回講談の提唱

海防五策の一で、月性が提唱した民心を振るわすために、大義を説く講談師の村々への派遣は、藩内全域を揺るがした天保の大一揆以後、長州藩が大々的に行ってきたところであるが、月性に言わせると、比較的評判のよい心学講談にしても、知足安分の封建道徳を踏まえ、日々倹約に努めて真面目に働けとはいうが、国家のことは一言半句口にせず、今国のために民が何をなすべきかを語るには、まったく無力である。国難のこのとき、従来の教化活動はすべて無駄であるから、これを一切廃止し、新しく内憂外患を民に分かりやすく説明する講談師を採用しなければならないという。

その最適任者として、真っ先に月性が浮上したのは言うまでもなく、現に彼は、嘉永六年の黒船来航の頃から妙円寺や周辺の地域へ出掛けていわゆる法談、実は海防談を説くようになる。妙円寺の過去帳にアヘン戦争やペリーの来航、それに対する幕府や長州藩の海岸防禦に関する記事が多く見られるところから、法談は檀家の人びとに対する単なる説教でなく、彼のいわゆる大義を分かりやすく語っていたことが分かる。年月ははっきりしないが、大島郡代官所が、遠崎村妙円寺と外入《とのにゅう》村浄岡寺の名前を挙げ、「右両寺兼而《かねて》法談之節勧善懲悪の旨として公儀を敬ひ法度《はっと》を守り御国恩を弁《わきま》へ知る様令教諭候」(「妙円寺諸達」)と、その法談の成果を高く評価しながら、郡内の寺院一統に法会のさいは両寺を招聘して頑迷の人民を諭し、邪曲の心を改め篤実正直の風に移し御政道の助けにするように布達したのも、その間の事情を説明してくれるだろう。

藩内各地に及んだ足跡

残された史料を見るかぎり、月性本人の周辺の村々における講筵は、安政元年一〇月、熊毛郡阿月村の円覚寺に招かれ、「外寇防禦」を語ったのが最初らしい。「封事草稿」の添削を乞う翌年正月一一日付の秋良宛手紙に、「円覚寺ニ留連法談を致し八日ニハ雨ニ濡レ帰寺致し候」(「書簡集」一)とあるから、この間、たびたび出掛けていたことが分かる。なお、円覚寺における法談は、阿月の領主浦氏の依頼になるもので、家老秋良が周旋役であったことは言うまでもない。

年月日や宛名は欠くが、おそらく佐世氏の領地黄波戸《きわど》の講筵が終わって間もない頃の手紙で、「拙僧儀昨年十月阿月円覚寺え誦導師として罷越外寇防禦之儀致教諭候処其趣浦靭負殿より佐世主殿殿え内話相成候由に而」(「妙円寺書簡集」)というように、月性招聘の直接のきっかけは、領主間の情報交換であったらしい。安政二年正月六日付の土屋蕭海より月性宛手紙に、「佐世大夫へ上人の講説にて村民帰服の様子相話し候処感心にて何卒上人を招待致し度由御座候。実は采邑《さいゆう》人民に少々銃砲献呈致させ度存候」(「妙円寺書簡集」)とあるように、佐世の家臣土屋が主君に強く推薦したことも無関係で

月性の講筵活動

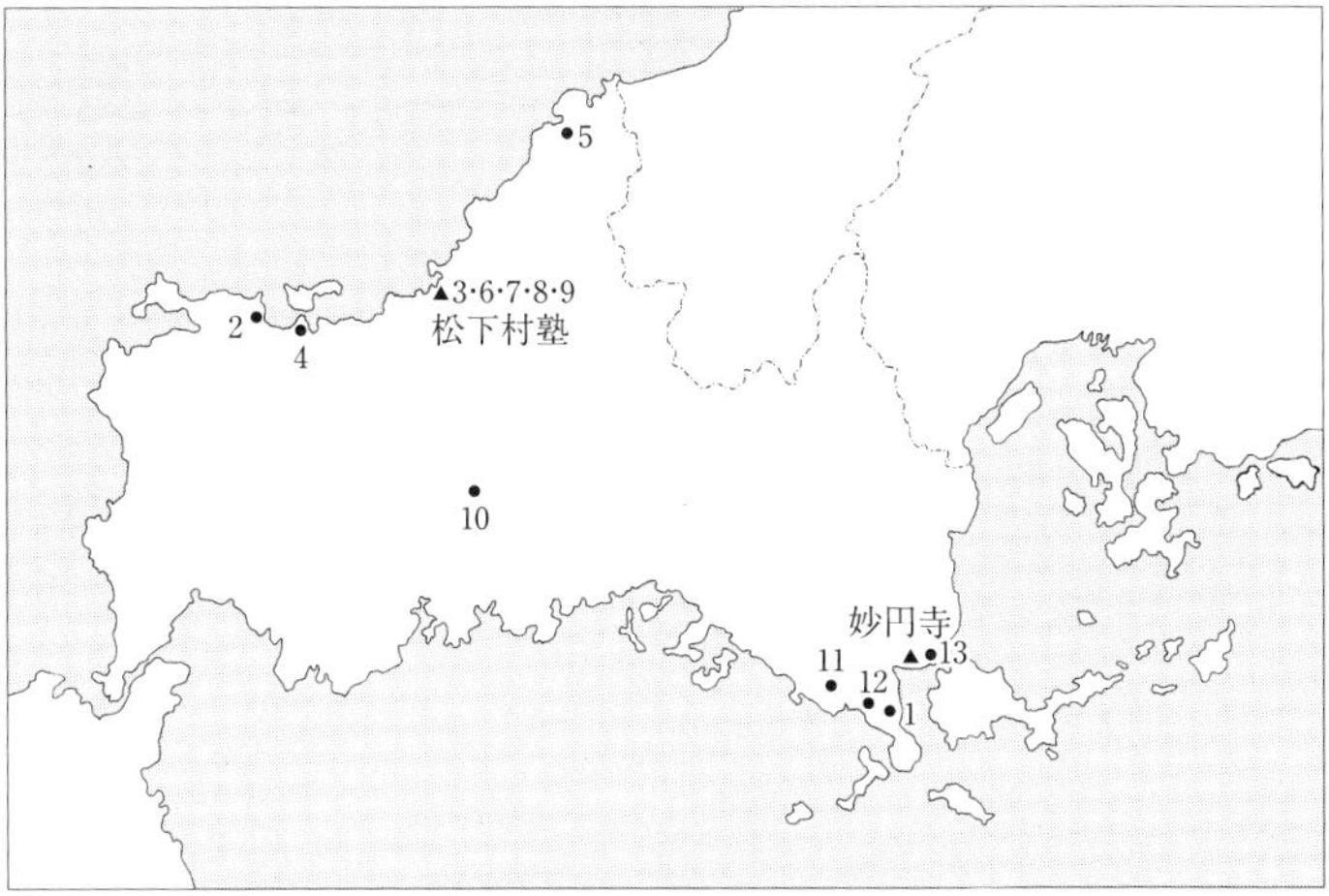

	年　月　日	場　所	所　在　地	主催・依頼者
1	安政元・10	円覚寺	熊毛郡阿月村	浦家老秋良敦之助
1	安政2・1初旬	円覚寺	同上	同上
2	安政2・3	海岸寺	大津郡黄波戸村	領主佐世主殿
3	安政2・4・4～10	明安寺	萩松本村	松本村有志
4	安政2・4・23～	浄願寺	大津郡瀬戸崎村	郡代官宍戸九郎兵衛
5	安政2・9・3～9	浄蓮寺	阿武郡須佐村	領主益田弾正
6	安政2・9・17	益田邸	萩堀之内	益田弾正
7	安政3・4・6～13	清光寺	萩西田町	
8	安政5・2・18～	光山寺	萩玉江	叔父泰成
9	安政5・2・27	泉福寺か	萩浜崎町	叔父大敬
10	安政5・3・1	山口某所	山口城下	中谷正亮か
11	安政5・4・20～26	円立寺	熊毛郡田布施村	
12	安政5・4・27	真覚寺	熊毛郡平生村	
13	安政5・4・28	妙円寺	大島郡遠崎村	月例法話

(1) 時期・場所など判明分のみ。
(2) 住所は，当時の行政区画による。

海岸寺（山口県大津郡日置町黄波戸）

はない。銃砲献呈、実は鋳造の資金集めに期待したのは、月性の法談が、各所ですでにかなりの実績を挙げていたからであろう。

安政二年二月一六日付の土屋の手紙には、現在法談中ゆえ一八日まで教諭の延期をいう月性の申し出を承け、二四日までに必ず出府して欲しいとあるが、円覚寺の法談が何らかの理由で遅れ、二月初旬に始まったためらしい。「封事草稿」を見て痛快無比、目が眩《くら》む想いがしたと土屋がいうのは、おそらく討幕論の部分であり、外寇防禦を取り上げるさい、何ほどかそうした問題に言及することを期待していたのかもしれない。佐世領内の講筵は、安政二年三月、大津郡黄波戸村の海岸寺で行われた。

三月一一日、月性はいったん遠崎村に帰ったが、四月初めには早くも萩に現われ、四月四日から一〇日まで松本村の明安寺で講筵を設けている。野山獄中の松陰が、「獄舎の奴卒、往々にして赴き聴き、之が為めに感奮し身を致して国に報いんことを思へり。獄奴の至賤至愚にして猶ほ能《よ》くかくのごとし。況《いわん》や上、士大夫の頗る知識ある者をや。僕ここに於いて益々法の効あるを嘆ずるなり」（『全集』第二巻、三二九頁）と述べているが、獄舎の雑役を勤める軽卒が熱心に耳を傾け、報国の念に燃えるぐらいだから、城下一円で評判になっていたことが分かる。

浄願寺（山口県大津郡仙崎町瀬戸崎浦）

この後すぐ大津郡瀬戸崎村に向かい、四月二三日から数日間、浄願寺で講筵を設けている。郡代官の宍戸九郎兵衛の依頼によるものである。

なお、浄願寺における法談の前日、月性は近くの三隅山荘に村田清風を訪ねている。中村道太郎と秋良敦之助が一緒であり、喜んだ清風は小川《こがわ》七兵衛、中川宇右衛門、八谷《やたがい》藤兵衛、北条瀬兵衛らを招いて飲んだというから、何らかの用事で三隅村近辺にいた人びとが一堂に会したのであろう。「高堂酒を置いて辺防を講ず、音吐《おんと》鐘の如く八方に震う。満座の群雄皆鷁退《げきたい》、四朝の元老独り鷹揚《ようよう》」（「清狂遺稿」巻下）とは、この時詠んだ詩の一節である。清風の怪気炎にさすがの月性らもたじたじであった様子がうかがえる。

四月末に遠崎村に帰った月性は、しばらく寺に落ち着いていたが、八月下旬には阿武郡須佐村の領主益田弾正の依頼でまた出萩した。六月二八日付の杉梅太郎の手紙に、「須佐大夫より又候《またぞろ》御招請の儀中来候由」（「妙円寺書簡集」）とあり、再度の招聘のようにいうが、須佐遊説は今回が初めてであり、あったとすれば萩城下の益田邸における法談であろう。八月一五日、会場に宛てられた浄蓮寺から、法談の形式など一切月性の希望どおりとし、領民へは役所筋から沙汰する、また期間は九月三日から九日までの七

浄蓮寺（山口県阿武郡須佐町）

日間であるから、その手筈で御来錫を頂きたいとの手紙が届いている。

「雨中入須佐」と題する詩で、「万岳千山須佐の路、満天の風雨一蓑《いっさ》衡く」（「清狂遺稿」巻下）と詠んだように、八月末、蓑笠に身を包んだ月性は、激しい風雨の中を山越えで須佐に入った。法談後の一日、須佐湾に臨む名勝神山に登るなどしばらく滞在したが、一五日には萩に戻り、一七日には益田邸で家臣やその家族たちに対して法談を行っている。益田邸の書院に通された月性が、唐銅の大火鉢があるのを見て烈火のごとく怒り、これを庭前に投げ出し、執事を呼んで、「天下の寺院は梵鐘を取り毀《こぼ》ち、婦女子は頭髪の装飾たる簪《かんざし》類まで差出して鉄砲の用に供せんとしている今日、執政の家に銅鉄の火鉢を用ゆるとは何事ぞ、速かに銃砲鋳造所へ送るべし」（前出『吉田松陰と月性と黙霖』八七頁）と叱咤したというエピソードは有名であるが、益田邸には、出萩のたびに何度も招かれたことがあり、そうしたさいの出来事であろう。なお、このとき、益田弾正は一連の法談の労を謝して刀工藤原清重作の短刀一振りを贈った。「尺半の短刀百錬堅し。光芒《こうぼう》万丈気天を衡く」（「清狂遺稿」巻下）で始まる勇壮な詩は、これに応えたものである。九月二二日には遠崎村に帰り、翌年春まで目立った動きはない。

安政三年四月一九日付の秋良宛手紙に、「狂衲《きょうのう》本月五日出府六日より十三日迄於清光寺法話于今留錫」（「書簡集」二）とあるように、四月五日に萩に出た月性は、翌六日から一三日までの八日間、城下西田町の清光寺で法談を行った。

これより先、二月七日、本山御用僧より四月六日より一二日まで、西本願寺御堂において法談の依頼があったが、上洛した形跡はない。萩清光寺の法談が、時期的に重なるところから、何らかの事情で場所が変更されたのかもしれない。清光寺は、毛利家と因縁の深い真宗本願寺派の寺で、本山とも親密な関係にあったから、そのルートも考えられる。

五月一五日には、秋良より申し出のあった教諭の日限延引の件を了承、二八日に阿月に赴く旨を答えている。ほとんど恒例化していた円覚寺の法談を指すものであろう。

七月某日、同月七日付の本山御用僧より御用の儀につき急ぎ上洛するように求める書状が来た。事実上、門主の徴命であったから、法談を辞退したようなわけにはいかず、直ちに上洛の準備を始める。八月一〇日、遠崎より海路、上方をめざした。これ以後、翌年七月まで帰らなかったから、約一年間、藩内での講筵活動はない。

最晩年の講筵

上洛中の活躍については、後に詳述するが、ここでは、帰国後藩内で再開された月性の法談を、簡単に見ておこう。

安政四年七月九日、遠崎村に帰った月性は、長らく等閑に付していた寺務の処理に忙殺され、外出をしていない。九月下旬には養父周邦が上京、不在となり、また年末に母尾の上が発病、死去するなど、身辺が多忙をきわめ身動きできなかったこともある。

萩城下の松陰などがしきりに出萩を誘ったこともあるが、安政五年春になると、以前をむしろ上回る活発な講筵活動を再開した。すなわち二月一六日に萩城下に現われた月性は、一八日から玉江の光山寺で法談を行った。妙円寺から入った叔父泰成《たいじょう》の住寺であり、その縁故であろう。二月一九日付の松陰より月性宛手紙に、「上人大いに講筵を開かれ候由に付き、松下の童子二三十拝聴に罷り出で候なり」（『全集』第八巻、三八頁）とあり、また二月二八日付久坂玄瑞宛手紙で、「先日より月性法話に付き、塾中会を廃し童子皆赴きかしむ。昨日法話終る」（同前書、四二頁）と報じたように、この間、松陰は村塾の授業を中止して、塾生たちに月性の法話を聴講させている。

光山寺（山口県萩市玉江）

光山寺の法談は、数日間で終わり、二七日には城下の某所、おそらく叔父大敬《だいきょう》（道眼）の泉福寺で法談を行っている。松陰の言うとおりならば、塾生たちは光山寺から月性に随従して、ここでも聴講したことになる。

萩には三月一日まで滞在し、その足で山口に出て市内某所で法談を行った。松陰が仲介の労をとったらしく、同日付の月性宛手紙に、「山口一夕の講、中谷至極の頼みに御座候。是れは中々話柄《わへい》に致し候にては御座なく候。先夜も論じ候通り、出口の事、中谷一身負荷仕り候苦心の余り此の策に及ぶにて御座候。何卒御許諾下さるべく候」（同前書、四三頁）とある。中谷とは、山口に家があった松陰門下の中谷正亮であろう。彼が画策していた内容は不明だが、この近辺に同志を増やすため、月性の法談に期待したものと思われる。

四月二〇日から二六日まで七日間、熊毛郡田布施《たぶせ》村の円立寺で法談を行い、二七日には同郡平生《ひらお》村の真覚寺で法談を行い、すぐその足で遠崎村に帰った。二八日に予定された妙円寺の月例法談に間に合わせるためである。休む暇もなく、翌二九日には熊毛郡室津《むろつ》へ向かったが、ここから萩へ向かう船中で発病し、そのまま自坊に帰って病みつき、五月一〇日に没した。

泉福寺（萩市浜崎町）

何をどのように語ったのか

ところで、月性は藩内各地の講筵で一体どのような話をしたのだろうか。外寇防禦とタイトルを付された法談の場合、夷狄の脅威を盛んに説く海防論がストレートに語られたことは間違いないが、そのさい、月性がもっとも強調したのは、軍事の専門家であるサムライ階級にとどまらず、農工商を含めた人民全体が一致団結して海防に参加する、あるいはそのことを明確に認識することであった。

挙国一致の確立が大義の拡大・普及に始まると信ずる月性の講筵は、当然のように、「士大夫のみならず一般庶民に到る」（前出『吉田松陰と月性と黙霖』九四頁）、士民すべてを対象にすることを最大の特色とした。たしかに当初、妙円寺での法談は檀家の人びとを対象にしていたが、阿月の円覚寺における法談になると、浦家領内の士庶一般が参集している。各地の領主や郡代官が主催した法談もその例外ではなく、会場に真宗本願寺派の寺院を宛ててはいるものの、聴衆は支配下の士民一般に及んでいた。益田弾正の招聘になる須佐遊説が、「閭郷《こうきょう》教化大ニ行ハレ、牛夫夏蛙モ皆夷狄ノ悪《にく》ムベキヲ知ル、聚《あつ》メテ之ヲ調スレバ以テ一障ニ当ツルニ足ラン」（安政二年九月一一日付土屋蕭海より松陰宛手紙、知切光歳『宇都宮黙霖』一〇二頁）、村を挙げて教えが広まり、牛を飼う農夫や田んぼの蛙さえも、夷狄の憎むべきを知っており、彼らを集めて訓練すれば立派に役立つなどと報じられたのも、そのことと無関係ではなかろう。

月性の法談の影響が大きいことを見てとった松門の高杉晋作は、「強兵之本」を論じて今日の急務は何よりも防長二州の人心を一にすることであるが、そのために月性を招いて一日城内大臣の家で寄組以上の人びと、また一日城下の清光寺で士庶一般に聴講させれば、二、三年のうちに上は大臣から下は士庶人まで、藩内すべてが大義を知るようになるというが、これは要するに、月性の講筵に参加した彼自身の実体験からきた発言であろう。

早くは浦靭負や村田清風、やがて佐世主殿、益田弾正、福原越後ら藩要路の許に親しく出入りしていた月性は、高杉のいわゆる寄組以上の上士階級に大義の何たるかを縷々《るる》説いた。また彼らの私邸にしばしば講筵を設けることによって、その家臣団にも教諭することができた。益田邸での法話のさい、障子を隔ててはいたが、婦女子まで聴講を許されており、その教諭対象の広がりが知られる。藩家老の上席と同等の待遇を受けていた清光寺のような格式の高い寺院の法話には、城下の身分の高いサムライやその妻女たちの聴講も少なくなかった。聴衆の中にいる妻女たちが脂粉を装い、金銀の簪《かんざし》をさしているのを見た月性が、この非常時に何たる柔弱であるかと怒り、金銀の簪はよろしく銃砲鋳造所へ送り、代わりに丈夫な鉄製の簪をさし、いざとなればこれを武器に敵と戦う覚悟がなくてはならぬと叱咤したのは、この清光寺での法談のときのことである。

もともと寺院の法談に婦女子が多かったせいもあるが、月性は外寇防禦を盛んに女性に説いた。「内海杞憂」で、「天下ノ人感奮興起シ、懦弱《だじゃく》ノ鄙夫変《へんじ》テ義勇ノ武人トナリ、巾幗《きんかく》ノ婦女化シテ須眉《すび》ノ男子トナリ、米夷陸梁ト雖《いえど》モマタ何ゾ畏《おそ》ルルニ足ラザルヲ」というように、未曾有《みぞう》の国難に対するには、身体の強弱や男女の性別を問わない一致団結した協力が不可欠であると考えたからである。武器をとって戦わない女性であっても、物心両面、幾らでも参加できる。たとえば法談に感激した貧困の賤婦が日雇いで蓄えた賃銭を呈し、また富家の老女が身にまとう衣や髪に挿した簪を国用の一助にと献ずるのを奇特の至りと絶賛する類いである。

男勝《まさ》りの武勇で知られた秋良家の女性たちの中、長女の松をとくに気に入っていた月性は、「閨秀松女史に贈る」と題し、「燕脂《えんし》口を染むるも亦《また》兵を論ず、阿爺《あや》報国の誠に負《そむ》かず。夷賊辺に寇する機已《すで》に見ゆ。君と万里長城を築かん」「顔色花の如く鬢《かみ》雲に似たり。英姿已に妖気を圧するに足る。一戦して功名海外に播《ま》かば、応《まさ》に大東の娘子軍《ろうしぐん》と号すべし」（「清狂遺稿」巻下）などと詠んでおり、いざ鎌倉という時には、武芸の嗜みのある女性を集めて一隊を編成しようとしていたことが分かる。四境戦争のさい藩内各地に登場したいわゆる娘子軍、たとえば萩城下菊ガ浜土塁、世にいう女台場《おんなだいば》の構築に参加した一隊や真宗門徒の女性から成るバトロン隊、銃砲の薬包を作る一隊などは、おそらくこの構想を下敷きにしたものであろう。

尊攘論から討幕論へ

「浮屠清狂伝」で土屋蕭海が、「至誠懇到言と共に泣き、民皆感激して之に趨《はし》る。城中伝へ聞き、争ひ請うて以て其の講を聴く。集る者常に数千人、藩老益田・福原・浦三氏尤も之を愛し、数々延見して縦談し、之を其の采邑に遣《や》つて講説《こうぜい》せしむ」というのは、いささか過褒としても、月性の講筵がこれに近い雰囲気を醸《かも》し出していたことは間違いない。萩城下における法談の開催に尽力した杉梅太郎が、尊王攘夷の議論が藩内全域に広まるならば、神州にとってこれ以上めでたいことはない。講師が僧侶であろうと、はたまた真宗であろうとも一向に構わないと述べたのも、この間の月性の活躍ぶりを目《ま》の辺りにしていたからであろう。

海防の具体策は、「カレ既ニ人ノ国ヲ取ニ、教ト戦トノ二ヲ以テスレハ、我ノ彼ヲ防クモ、亦《また》教ト戦トヲ以テセスンハアルヘカラサルナリ」（「仏法護国論」、以下同）と言われるように、キリスト教と軍事力の二つを押し立てる外夷の侵略の方法をそっくりそのまま真似することである。「戦ヲ以テ防ク」には、「砲台ヲ築キ軍艦ヲ造リ大砲ヲ鋳、銃陣ヲ習ヒ、ソノ他槍剣刺撃ノ技ニ至ルマテ、凡《およそ》武備ノ以テ夷狄ヲ防クヘキモノ、幕府以下、講習綜練」すべしというが、これに任ずるのは、兵制の革新を経て登場する民兵団であり、それゆえにまた、民心の一致、この場合、「教ヲ以テ」防ぐことに大きな期待が掛けられた。「今日海防ノ急務ハ、教ヲ以テ教ヲ防クニシクハナキナリ。而《しかして》ソノ責ニ任スルモノハタソ。曰《いわく》八宗ノ僧侶ナリ」、教えをもっぱらにする人びと、この場合、仏門に仕えるすべての僧侶の責務であるとされたのである。

「民心ヲ維持シ、士気ヲ振興スル」とは、「教ヲ以テ教ヲ防ク」ことであるが、真宗僧である月性は、その教義の解釈を交えながら、人民一般を海防問題に覚醒させることをめざした。彼の講筵がいつも真宗法話の形式をとり、終わりに必ず蓮如上人の「御文章」を読誦したのはそのためである。仏教、とくに真宗嫌いの若サムライたちの中には、「御文章」に頭を下げることを潔《いさぎよ》しとせず、月性から怒鳴り付けられしぶしぶ従う者もいたらしいが、聴衆の圧倒的多数を占める真宗門徒たちは、怒髪《どはつ》天を衝《つ》き、口角泡を飛ばして熱弁を揮う月性の法話に、思わず感激の涙にむせび、面《おもて》を上げる者がいなかったという。

眼に一丁字《いっていじ》もない村人たちに対しては、敵の首を斬り、胸を突いて死ぬときは極楽に行くが、敵の金を受け粟を食うような者は地獄に墜ちるといった調子の卑近な話もなかったわけではないが、月性が何よりも言いたかったのは、「国ヲ護スル」ための「護法」であり、それを踏まえながら海防の必要性を強調して止まなかったのである。当然のように、そうした彼の議論は、しばしば国内政治の如何、なかんずく幕府政治の批判、やがてその否定に言及することになった。

『防長回天史』が、「其講法の席に上るや、緇衣《ちゅうい》にして尊攘の大義を説き、海防の急務を論じ、慷慨

明安寺（萩市椿東舟津）

悲憤、理窮《きわま》れば則ち疾呼急喚、往々にして涙下《くだ》る、聴者感激せざるなし、蓋《けだ》し防長尊攘の志気を鼓動せるもの、月性の力多きに居る、而して尊攘論の余勢、延《ひい》て排幕の説を為すに至れり」（第二編、一九七頁）というように、僧衣をまとう月性の声《せい》涙《るい》ともに下る熱弁、海防の急務のための尊王攘夷論は、好むと好まざるとにかかわらず討幕論に発展したのである。

安政二年四月、明安寺での講筵の激越した内容を獄卒から聞いた松陰は、「上人法話中、往々幕府・水府などを誹謗《ひぼう》の口上之れ有りたる様、獄奴輩承り帰り誠に痛心仕り候」（四月二四日付杉梅太郎宛手紙、「全集」第七巻、三六五頁）と、大いに心配したが、すでに「封事草稿」で松陰を驚倒させた過激な主張、水戸学的な尊王敬幕を踏まえた公武合体論に真っ向から疑問を投げ掛け、攘夷貫徹のためには幕府政治の不可なること、すなわち討幕の他に進むべき道はないと結論した月性であってみれば、少しも異とするには当たらないであろう。

第八章　清狂草堂――時習館の教育

1　叔父周邦の寺子屋

「寺児入門帳」の分析

月性が開塾する前、妙円寺には叔父周邦の経営する寺子屋があった。周邦は、豊後日田の咸宜園に前後五年間学んだ村一番のインテリであり、教師としての資格や力量にまったく問題はない。彼の学識を評価した周囲の勧め、檀家の人びとの求めに応じて教えるようになったものであろう。いつ頃、開設されたのか、その正確な時期ははっきりしないが、九州遊学から帰ってすぐならば、文政一〇（一八二七）年冬、二三歳の頃にはすでに教鞭を執っていたことになる。月性はまだ一一歳の少年であり、近所の子供たちと机を並べて一緒に学んだことは、おそらく間違いない。

妙円寺に現存する「寺児入門帳」には、「初より年々記しおけばよかりしに後の年に書置候間おち

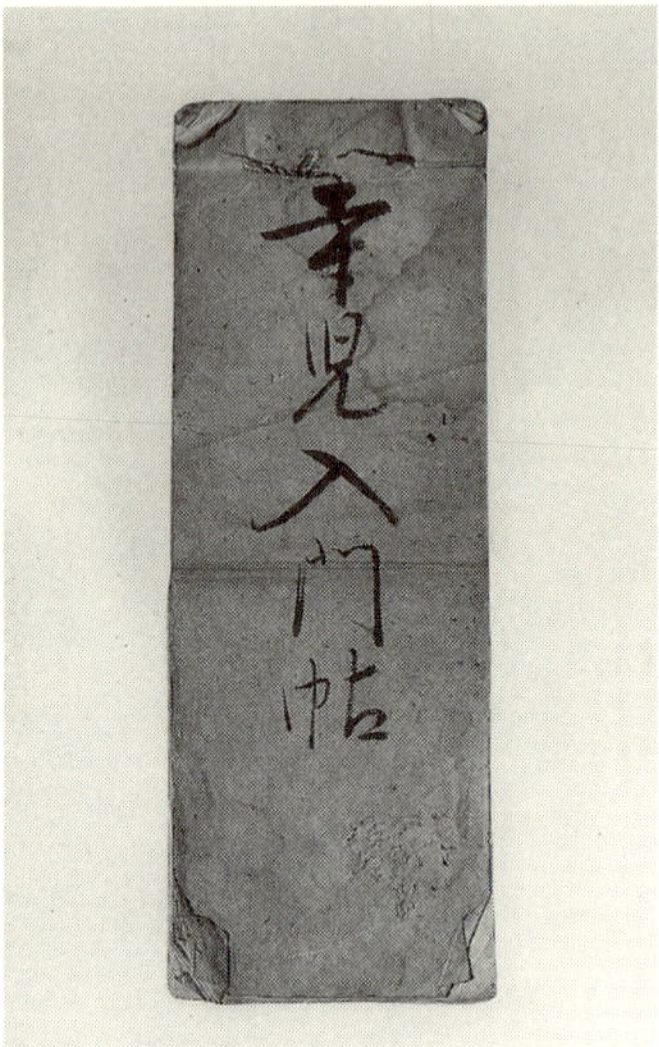

寺児入門帳（妙円寺蔵）

た分もあるべし」と端書きしてあり、かなり後になって記録を始めたことが分かる。開設当初に入門簿を用意しなかったのは、寺の周辺の子供たちが散発的に出入りする、ごく小規模の学塾に過ぎなかったからであろう。

「寺児入門帳」に記載された寺子は総数一五九名、どこにでもある入門簿と同じく、寺子の姓名、住所、親の職業などが記載されているが、入門年月日の記載は、安政二（一八五五）年一月から三月までの七名分を除いて、すべて省略されている。入門帳の最後にこの部分がきているところから、この頃、従前の記録を一括して整理したとも考えられるが、以後の記録を欠くため、正確なところは分からない。

住所別に見ると、東村三一名、善谷《ぜんこく》村一一名、原村二三名、杉木村二八名、西里村四名、白潟《しらかた》村五名、住所記載なしが五七名となっている。住所記載なしが全体の三分の一以上を占めるが、これは住所不明ではなく、おそらく妙円寺周辺のよく知っている家の子供たちのため、記入を省略したものであろう。安政二年一月から三月までにやって来た七名のうちにも、住所記載なしが三名含まれており、同じ理由と考えられるからである。

東村は妙円寺の東側に位置する小村であり、また善谷村、原村、杉木村はこの東村に属する小字である。「風土注進案」の地方《じかた》の部に善国（谷）、また浦方の部に東浦の名が見える。西里村は東村と並ぶ遠崎村の西北部分を占める小村であり、「地下上申」に小村名として西里、森、遠崎浦とある。いずれも、遠崎村の範囲内であり、一番遠い西里村からでも妙円寺まで徒歩十数分の距離である。白潟村は隣接する岩国藩領柳井村の小村であり、遠崎村の範囲外であるが、柳井村との境界線となっていた石仏川《いしぼとけ》（境川）を越えると、すぐ白潟村であり、通学を妨げるほどの距離ではない。

入門帳の冒頭に記された秋元弥太郎、おやす、おふさ、半次郎の四名の家は、鍵屋の屋号を持つ富裕な酒造業者であり、幕末には大庄屋格を許されていた。月性の竹馬の友、秋元晩香（佐多郎、宇兵衛）はこの家の子である。山脇姓の寺子が吉三郎、おりかの二名、富田姓の寺子が弥市、おとも、勘二郎の三名いる。いずれも遠崎村の庄屋を務めていた家の子供たちである。富田弥市は、廃藩置県の行われた明治四（一八七一）年時の庄屋、すなわち遠崎村最後の庄屋である。星出八十八《ほしでやそはち》は、松堂《まつどう》八幡宮の神主と庄屋職の二軒ある星出家のいずれかの子供と思われる。西藤馬は土着の陪臣西源次兵衛の子供である。その他、伊藤一郎、内藤亀之助、前田清太郎については不明であるが、苗字を有しているから、神官・僧侶や医師、村役人クラスなど、庶民の中でも比較的上流の家庭の子供たちであろう。

苗字を持つものは、彼らを含めて総計一六名いるが、注目されるのは、寺子の大半がむしろ苗字を持たない一般大衆の子供たちで占められていたことである。名前の傍に鍛冶屋、石屋、大工、炭屋、魚屋、豆腐屋などの記入があり、家の職業はほとんど全職種を網羅していたことが分かる。

男女の性別でいえば、一五九名中の僅か一二名が女児、すなわち全体の七・五％程度と極端に低率であるが、これは当時の女子教育の不振を反映するものであり、かくべつ異とするのには当たらない。女児の多くは苗字を有していたが、村の上流家庭の子女、つまり読み書きを必要とする生活環境から来たもので、これも当時の一般的傾向である。

総計一五九名の寺子が、同時に入学し、机を並べたものでないことは、前述のとおりであるが、安政二年春の入門例からみて、最盛時には数十名の寺子がいたのではないかと考えられる。寺子屋には普通七、八歳から二ないし三年、稀には四、五年、すなわち一二、三歳頃まで学ぶものもおり、今日の小学校義務年限におおよそ相当するが、一カ月に二、三名の寺入りがあると、一年間で三〇名前後となり、彼らが数年間在学すれば、四、五〇名の寺子がいたとしても不思議ではない。ただ、田舎の寺子屋の場合、出入りが激しく、数年間も継続して学ぶものはさほど多くなかったから、妙円寺の場合も、常時学んでいた数は最大三〇名程度であったと思われる。寺子のために教室を特設していたわけではなく、本堂の座敷の片隅に机を幾つか並べて三々五々手習いや読書に精出していたことは、その他の寺子屋の場合と変わらない。

就学者の推計

こうした事実は、遠崎村の子供たちがどの程度、寺子屋に学んでいたことを示すものであろうか。妙円寺の寺子屋があった頃の遠崎村の人口は、「郡中大略」によれば、嘉永元（一八四八）年時、家数三三〇軒、人数一四五一人、うち男七一〇人、女七四一人である。

寺子の年齢に相当する七、八歳から一二、三歳までは、後の六年制小学校児童のそれとほぼ同じであり、学齢人口を総人口の一二・五％とすれば、遠崎村のそれは一八一名となる。最も多い三〇名の寺子数から見ても、僅か一六％強の就学率でしかないが、これは女児の大半が不就学であるところから来るものであり、男児のみに限って見ると、三一％余の就学率を得ることができる。村の男児の三分の一近くが、読み、書き、ソロバンの基礎学力を習得していたことになり、田畑が少なく漁業や船頭を稼業とする浦方の住人の多い半農半漁的な寒村の経済状況を考えると、むしろ出来すぎの感がなくもない。ところで、遠崎村には、この他にも寺子屋があった。『日本教育史資料』九を見ると、ほぼ同じ時期に前田慈仁と星出《ほしで》富稔が経営する二つの寺子屋があった。また維新後、山口県が編纂した「進達録」には、星出富稔と富田弥一の経営する二つの寺子屋が記録されている。前田慈仁は、妙円寺から西へ徒歩二、三分ほどの近距離にある浄土宗長命寺の住職である。嘉永二（一八四九）年に開業、慶応二（一八六六）年に廃業したというから、ほぼ同じ時期に教えていたことになる。もっとも、寺子数は男児一八名とあり、ごく小規模のものであった。星出富稔は、妙円寺の西北、徒歩五、六分の地にある松堂八幡宮の神主である。やはり嘉永二年開業、慶応二年に廃業している。こちらも寺子数二〇名というから、小さな寺子屋である。社務所を兼ねた自宅の一角に教室を設けていたらしい。

一方、「山口県進達録」に登場する星出は、前出の星出と同一人物であり、明治四（一八七一）年現在の寺子数、男児五〇名というから、いったん廃業した彼がしばらくして再開したことが分かる。明治六年六月に廃業したのは、前年八月の「学制」頒布によるものであろう。富田弥一の寺子屋は、開業年が不詳だが、明治四年時に寺子数、男児一五名を擁していた。六年六月に廃業したのは、星出の場合と変わらない。「寺児入門帳」に名前を列ねているところから、開業は幕末最後の時期であり、妙円寺と並行して寺子を取り合うような関係ではない。

前田と星出の寺子屋が同時期にあったとすれば、妙円寺のそれを含めて遠崎村の狭い範囲に、少なくとも三校の寺子屋があったことになる。調査年代が異なるため、寺子数の総計ははっきりせず、就学率の推計は難しいが、前出の三一％をかなり上回る数字であったことは、おそらく間違いない。

「寺児入門帳」には、名前の上に後から死の一字を追記したものが一五九名中八名もある。寺子屋に出入りする年齢から見て、まだ十代前後の子供であり、今日的な感覚からいささか理解しがたいが、それだけはやり病などで死ぬ子供たちが多かったということであろう。嘉永二（一八四九）年七月一〇日に死んだ西藤馬がやはり同じ扱いとなっており、その面からも寺子入門の記録がかなり遅く、おそらく安政二年頃に一括して作成されたことが分かる。因みに藤馬は、享年一一歳、月性が創めた私塾時習館生として死んでおり、妙円寺内の寺子屋に学んだのは、それより数年遡ることになる。

2 時習館を創《はじ》める

清狂草堂とは

ところで、清狂草堂、すなわち時習館の創設はいつのことか。「清狂草堂記、附清狂説」に収められた斎藤拙堂の文は弘化二（一八四五）二月、また坂井虎山の文は同年五月に書かれたものであり、草堂の創設がかなり早くから計画されていたことが分かるが、その一人拙堂が、「草堂の有無果して未だ知るべからず（中略）、余、是《ここ》に於て果して此の堂の空たり幻たるを知る」というように、この時期にはまだ特定の塾舎はなかったらしい。同じく一文を寄せた仙台の斎藤雉馨が、針生《はりう》大八郎よりの伝聞として「道人の居る所、これを清狂草堂と号する」と述べており、初めは月性の住する妙円寺そのものの別称に過ぎなかったようだ。いずれにせよ、草堂記が書かれた時期は、月性は京坂地方を遍歴中であり、したがって開塾が弘化四年の暮以前に遡ることはない。なお、もう一つの名称、むしろ人口に膾炙《かいしゃ》した時習館は、「論語」学而篇の「学びて時にこれを習う、また説《よろこ》ばしからずや」からとったものである。

清狂草堂での教育活動の開始、すなわち時習館と呼ばれた私塾の創設については、かなりはっきりしたことが分かる。前出の西藤馬を悼む詩に、「去年夏四月、吾れ句読の師と為り、児や来《きた》って塾に入る。夙夜《しゅくや》勉めて偲偲《しし》、課程大に進歩し、群児誰か並び馳せん」（「清狂遺稿」巻上、以下同）とあり、嘉永元（一八四八）年四月以前に授業を始めていたことは間違いない。この頃、妙円寺を訪れ、留宿五日に及んだ備中の阪谷希八郎らを送る詩稿に、「湖海遊んで未だ倦《う》まず。帰りて臥す小禅房」とあり、ようやく多年の遊学に終止符を打ち、故郷の村に帰ったことが分かる。清狂草堂と名づけた、寺内の小さな一室に閑居した境遇を詠んだものである。三二歳の夏のことであり、学問・見識ともに優れ、すでに一家の風を成していた月性の評判を聞き、周囲に集まる人びとの求めに応じて教えるようになったのは、ごく自然の成り行きであろう。

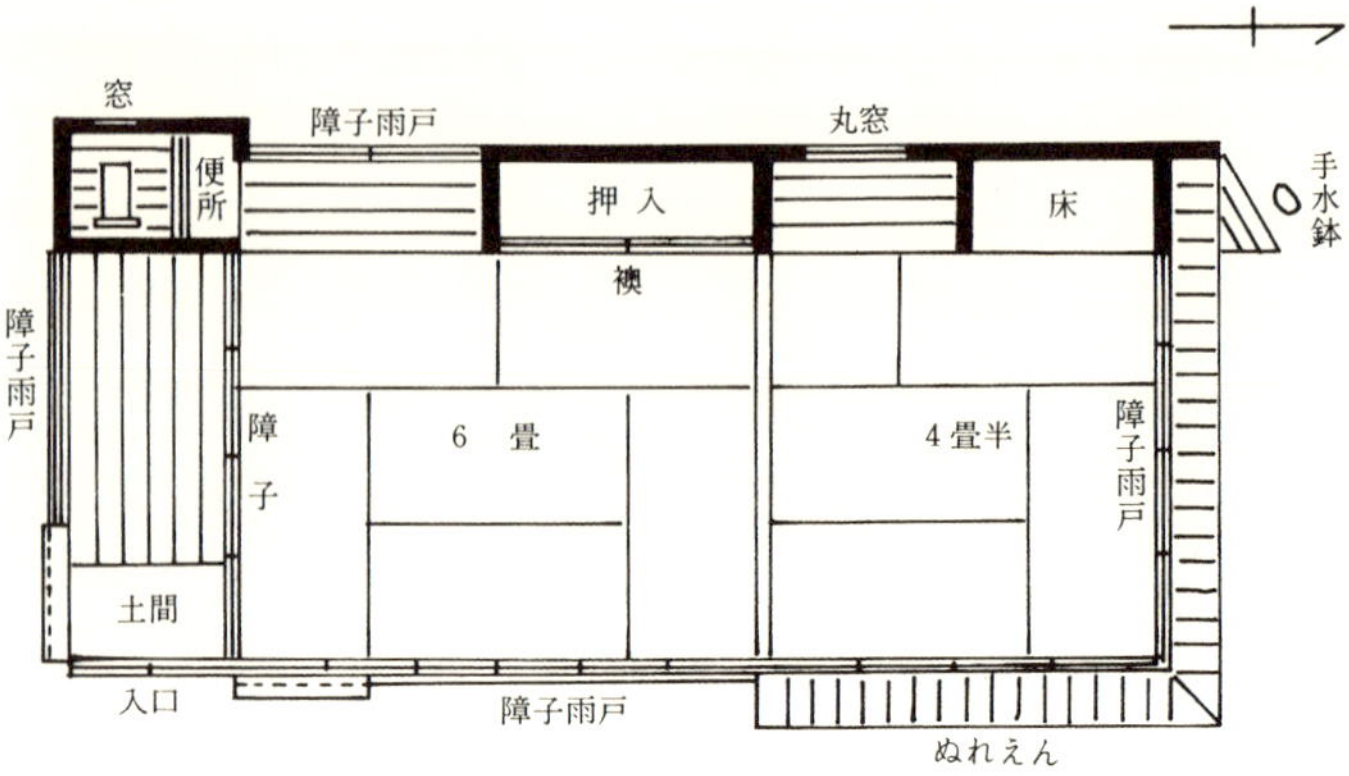

時習館平面図

今は観光スポットになっている清狂草堂、別名時習館と呼ばれた塾舎は、妙円寺境内の西側に現存するが、これは明治二三（一八九〇）年、故月性の三三回忌にあたり門人有志の人びとによって復元建立されたものである。草葺平屋造の規模・体裁はともかく、もともとの設置場所は、境内の東側、庫裡《くり》に近い畑の一角であったらしい。六畳と四畳半の二間に濡縁付きの建物を見ると、茶室あるいは隠居所のような建物を塾舎にあてていたことが分かるが、同じ規模の建物が開塾時すでにあったのか、それとも後で作られたものか、必ずしもはっきりしない。「防長風土注進案」遠崎村の項を見ると、妙円寺の主たる建造物は、本堂、庫裡、それに「隠居、梁行弐間半桁行弐間半石居立上屋勝手瓦葺」の三つから成り、すでに隠居所と称する建物があったことが分かる。後年、ここを借りて住んだ人の話では、八畳二間とかなり広い土間を有していたようでもあり、復元された現存の塾舎と必ずしも合致しないが、この間の相違を説明する史料は、今のところない。

いずれにせよ、嘉永二（一八四九）年七月頃と推定される「中元同桂公素遊広島訪虎山先生次公素詩韻以呈先生」と題する詩稿に、「一たび郷山に臥して草堂を起こす。自ら扁額を掲げて清狂と曰う。半間の茅屋方丈の室。欠伸頭《けんしん》を打ちて航《ふね》より小なり」（「清狂遺稿」巻上）とあり、当初は独立の塾舎がなく、庫裡の一角を自室にあて、清狂草堂と称していたのではないかと考えられる。月性のいう間口半間、一メートル足らずの大きさは多分に比喩的なものと思われるが、船中より狭くあくびもできないほどというから、ごく小さな一室であろう。入塾者が大してなかった頃は、居室をそのまま教場としていたが、やがて塾生が増え、狭隘を告げるようになったため、現存の規模の塾舎に移ったと考えると、前後の辻褄《つじつま》が合う。

塾の規模と塾生数の変遷

建物の規模、大きさから見て、生徒の収容能力のおおよそは想像がつく。従前の研究では、嘉永元（一八四八）年の春から安政五（一八五八）年五月に月性が急死して閉塾するまでの約十年間に、入塾生は五、六〇名に達したというが、常時それだけの塾生がいたわけではむろんない。嘉永元年の詩稿に、「読書の師友に乏しく、窮郷寂寞《せきばく》たるを歎く」（「清狂遺稿」巻上、以下同）とあり、また「何ぞいわんや窮郷師友少なく、寂寞として春過ぎ夏又おわる」とも詠んでいるように、開塾当初の塾生は極めて少なかった。事実、嘉永元年中に来塾が確認できるのは、熊毛郡田布施村の円立寺真道、地元杉木村の西藤馬、対岸大島郡久賀村の大洲鉄然《おおずてつねん》ら、僅か三名にすぎない。

嘉永三年に熊毛郡阿月村の秋良雄太郎、翌四年に熊毛郡平生村の松岡弁之助が入塾した頃から、しだいに塾生の数が増え、また藩内各地から笈を負うて来るようになった。嘉永四年に入塾した和真《やまと》

時習館（山口県玖珂郡大畠町遠崎）

道は、遠く大津郡三隅村の西福寺から来た。やはり同じ頃、入塾したと見られる土屋恭平は、萩城下から遥々やって来たものである。嘉永五年には、岩国沖柱島《はしらじま》の松崎門平（幹之丞）、のちの赤禰《あかね》武人《たけと》や佐波郡台道村の大楽《だいらく》源太郎らが来た。安政二年入塾の天地《あまち》哲雄《てつゆう》や松下村塾への転入からみてほぼ同じ頃の入塾と推定される富樫《とがし》文周《ぶんしゅう》らは、いずれも芸州出身の他国人である。

塾生数についても異なる説明もある。たとえば『山口県教育史』上巻は、「弘化の初より安政四五年に至る頃、妙円寺の僧月性、其の叔父周邦と共に学生を教授した所で、塾生は大約二三十名位」という。既に見たように、月性が前後十数年間に及ぶ遊学を終えて帰国したのが、弘化四年暮であり、教育史のいう開塾時には京坂方面にいた。妙円寺内にあった周邦の寺子屋を、後に開塾した時習館と混同したものであろう。前出の塾生数五、六〇名とは差がありすぎるが、二、三〇名が会したとすれば、最盛時のものであろう。

『日本教育史資料』九の私塾一覧表によれば、月性が主宰する塾は嘉永元年から安政二年までであり、男生徒四五名を擁したというが、塾そのものは月性の急死する安政五年五月まで存続しており、したがって、この記述もまた、必ずしも正確ではない。たしかに、月性は安政三年八月、西本願寺門主の召命で上洛、翌年七月まで帰らなかったから、しばらく塾は開店休業の状態となった。しかし、帰国後、彼は再び集まってきた弟子たちに、前にも倍して熱心に教えており、またこの間、閉塾した事実はない。不在の期間を除き、開塾年代を安政五年の夏まで、さらに一年数カ月間延長すれば、前出の塾生五、六〇名説が一層説得力を持つことになるだろう。

一年間に及ぶ先生の不在が、塾の出入りに影響しなかったわけではなく、いったん帰郷した塾生も何人かいたが、そのまま塾内に留まったものも少なくない。初め月性は、比較的短期間で本山御用が終わると考えており、弟子たちもまた、同じような気持ちで先生の帰りを待っていた。このことを裏書きするように、すでに時習館生ではなかったが、父の病気見舞のため村塾から帰省した松崎（赤禰）武人は、萩城下に再遊するか、それともこのまま留まるべきかを迷い相談に訪れているが、月性は京都から、間もなく帰るからしばらく妙円寺に滞在するように言ってきた。おそらく松崎は、九月頃まで旧師の命を守り、寺内で後輩たちに教えたようであるが、一向に先生の帰らないのにしびれを切らし、友人たちの沢山いる阿月で子供に素読を教えると称して去った。萩の杉梅太郎にそのことを報ずる一〇月二二日付の叔父周邦の手紙に、「月性於今帰り不申困り入候」（「妙円寺書簡集」）とあり、月性本人のみならず、周囲の人びとも皆、早晩月性が帰国することを信じて疑わなかったようである。

松崎生の場合が典型的であるが、先生のいない寺内では、先輩が後輩に教える自主講座のような勉強が行われた。その間、寺子屋師匠の周邦が、余暇に塾生たちを教えることもなかったわけではなかろう。

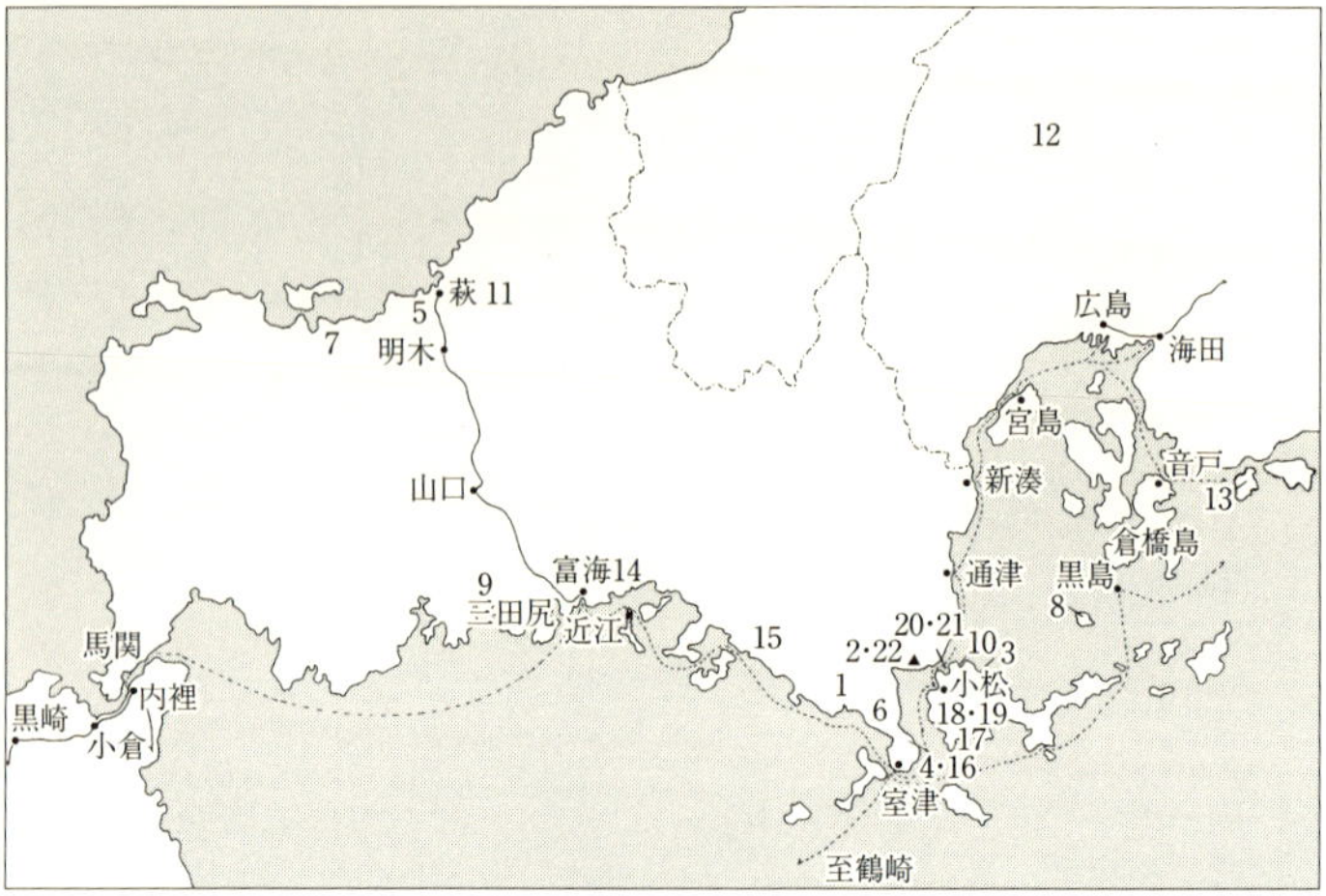

時習館の人びと

(1) 地図中の実線および点線は，月性遊歴の跡。
(2) 表中の氏名・年齢（数え年）は入塾時のもの。ただし（年齢）は，安政5年閉塾時のもの。
(3) 地名は，当時の行政区画による。
(4) 表の備考欄は，原則として維新前。

塾生の増え方から見て、清狂草堂、すなわち時習館の最盛時は、おそらく嘉永三、四年頃であったと思われる。年号を欠くため、その時期は特定できないが、塾生数をうかがわせるような発言を、月性自身がしている。すなわち一一月九日付の観海山主宛の手紙は、「先達而《せんだって》御噂被遊候寒中講尺之義ニ付此頃追々塾生入寮仕り十五六人も滞留仕居候。只今之様なれば来月に相成り候ても十人許《ばかり》ハ居合可申哉と被存候。就而《ついて》ハ拙僧渡海仕てハ留守中諸生共丸遊ニ可相成乎と其段至極気の毒ニ被思どふでも御断り申さねバなるまいかと案申居候。尤《もっと》モ仏書講尺の様ニ自炊ニて諸生共滞留致候様なら空屋ニ

	氏　名	身　分	入塾年	年齢	出　身　地	備　考
1	円立寺真道	僧侶	嘉永元・4	19	熊毛郡田布施村	叔母織江の子，従弟。嘉永2・1・6病没。
2	西　藤馬	陪臣	嘉永元・4	10	大島郡遠崎村	妙円寺檀家の子，嘉永2・7・10病没。
3	大洲鉄然	僧侶	嘉永元・9	15	大島郡久賀村	神武場，真武隊，護国団，第二奇兵隊参謀。
4	秋良雄太郎	陪臣	嘉永3	10	熊毛郡阿月村	秋良敦之助の子。第二奇兵隊総督心得。
5	土屋恭平	陪臣	嘉永4春	19	萩塩屋町	土屋蕭海の弟，村塾生。
6	松岡弁之助	僧侶	嘉永4		熊毛郡平生村	
7	和　真道	僧侶	嘉永4	19	大津郡三隅村	不老渓塾主宰，金剛隊総督。
8	松崎門平	地下医	嘉永5	15	玖珂郡柱島	赤禰武人。村塾生。奇兵隊第3代総督。
9	大楽源太郎	陪臣	嘉永5	19	佐波郡台道村	忠憤隊隊長，西山書屋主宰。
10	中司修蔵	庄屋	安政元	20	大島郡椋野村	世良修蔵。奇兵隊書記，第二奇兵隊軍監。
11	福原三蔵	八組士	安政2・5	28	萩城外福井村	来原良蔵甥，村塾生福原又四郎の兄。
12	富樫文周	地下医	安政2	15	芸州山県郡加計村	のち月性の紹介で村塾生となる。
13	天地哲雄	僧侶	安政2	13	同安芸郡下蒲刈島村	父の弟子僧黙霖の紹介か。
14	入江石泉	町年寄		(34)	佐波郡富海村	文学塾主宰，有為隊隊長。
15	金山仏乗	僧侶		(34)	熊毛郡金山村	真福寺の結隊に参加。第二奇兵隊士。
16	芥川義天	僧侶		(12)	熊毛郡阿月村	僧練隊を組織，第二奇兵隊書記。
17	大谷周乗	僧侶		(17)	大島郡戸田村	護国団器械方，慶応2・6・11久賀村で戦死。
18	浪山真成	僧侶		(25)	大島郡小松村	金剛隊小隊長，のち熊毛郡光井村教栄寺住職。
19	三國貫嶺	僧侶		(34)	大島郡小松村	寺子屋，英武場主宰，南奇兵隊輜重方。
20	田村探道	僧侶		(30)	大島郡三蒲村	寺子屋，第二奇兵隊・健武隊書記。
21	河野智俊	僧侶			大島郡三蒲村	寺子屋。
22	富田孫一	庄屋			大島郡遠崎村	妙円寺檀家の子。

ても一軒御かり被下此方より夜具共持参ニて引連れ参候ても可然候はば」（「書簡集」一、以下同）などと述べている。文中の渡海云々から、おそらく対岸大島（屋代島）の知り合いの寺から法談の依頼があったものであろう。十数人の塾生を置き去りにしたままでは寺を空けにくいから、塾中を挙げて一緒に御地へ参り、空き家の一軒に住まわせ自炊生活をさせたいとの趣旨であり、もし不可能ならば、この件はお断りしたいとも言っている。

追伸でわざわざ、「諸生は所化《しょけ》（修業中の僧）と違ヒ美男子多ク候へハ御地の処女並ニ御秘蔵の下女共ウチヨフテンにならねバ宜《よろしい》がと至極気遣ニ奉存候」というのは、塾生の自慢話というより、万事に洒脱《しゃだつ》、サービス精神の旺盛な月性一流のユーモアであろう。

塾の大きさや収容能力から見て、『山口県教育史』のいう二、三〇名はやや多すぎる感がないではないが、最盛時には、似たような数の塾生が一堂に会したことは、十分あり得る。放浪癖のあった月性にしては珍しく妙円寺に落ち着いて何処へも出掛けなかったのもこの時期であり、それだけ塾生を相手にした教育活動の盛んであった情景がうかがえる。

安政年間に入ると、月性は藩の巡回講談師としてしばしば出張し、短くても半月、長ければ一、二カ月不在のこともあった。またその間、本山公用で上洛し、各地で活躍している。そのため多忙を極めるようになったこともあり、自然と塾生の教育に従事する時間は少なくなった。もっとも、そのことが塾の衰微を齎《もた》らしたわけではなく、吉田松陰に拮抗する、あるいはそれ以上に盛名を博していた月性の許に、直接・間接の弟子入りを希望する者が後を絶たなかった。前出の天地や富樫が遠く芸州の地から来たのも、その辺の事情を物語ってくれるが、入塾年不明の人びとが時習館に学んだのも、おそらくこの時期のことであろう。先生である月性の他出が多くなり、しばしば不在ゆえに修学のスタイルが短期間、もしくは断続的になったのは止むを得ないが、この点については後述する。

学校財政――束脩と謝儀

民間在野の学校、なかんずく私塾は経費の一切を自弁しなければならず、したがって塾生の側に応分の負担を求める、いわゆる受益者負担主義が普通であった。要するに、私塾は生徒が納める束脩や謝儀、すなわち入学金や授業料で維持・運営された。日田咸宜園のような江戸時代最大の私塾になると、これに関する細かなルールを確立していたが、時習館にそうした事実があったのかどうかははっきりしない。この時期の多くの学塾がそうであったように、おそらくこれに関する定則はなく、先輩が後輩に範を示す慣習的なやり方で済まされていたと思われる。金額の大きさは、生徒側の経済的事情や授業への出席の頻度によって一人ひとり異なるのが普通であり、時習館の場合も似たりよったりであろう。

戊申清狂堂出入会計録（妙円寺蔵）

現在、妙円寺に残されている「戊申《ぼしん》（嘉永元年）清狂堂出入会計録」や「嘉永辛亥《しんがい》（四年）之分　清狂堂出入簿」は、表紙のみで中身が欠

御暑見舞・時習館諸生中（妙円寺蔵）

落しているが、タイトルから見て、開塾間もない頃の塾経営に関する金銭出納簿であったことは、おそらく間違いない。当時の私塾では、盆、暮の年二回、中元や歳暮の名前で教師の許へ授業料を呈するのが一般的であり、同じようなことが時習館でも行われていたのであろう。塾生の授業料らしきものとして、もう一つ、「御暑見舞・時習館諸生中」と記した金壱封の包紙が現存する。これは、定時の学費納入である中元や歳暮などとは別個に行われた、暑中見舞や寒中見舞と称する謝礼であり、時候の挨拶程度を出ないささやかなものであった。日田咸宜園でも銭一〇〇文か二〇〇文ぐらいであったというから、これもそのタイプであろう。事実、入塾者一同の名で書き損じた反古《ほご》を裏返してそそくさと包み、謝儀袋としているところから見て、大した額ではなかったことが分かる。

教師の側からいえば、もっとも大きな収入となる束脩、すなわち入学金と年二回の謝儀、すなわち授業料の有無、金額についてははっきりしないが、私塾である以上、まったく無報酬ということはありえず、時習館においても、何がしかの金銭の授受はあったと考えられる。この頃、柳井村辺りの寺子屋が束脩として清酒一升、もしくは米一升、また謝儀は五節句ごとに米一升を差出す程度であったというから、若干高かったとしても、それほど大きな金額ではなかろう。因みに萩城下の私塾では、束脩として青銅二〇〇疋（銭一五〇文）、謝儀として藩札四匁三分（銭三七八文余）を盆暮二回納めるのがもっとも多かった。妙円寺周辺の寺子屋のそれと大差がない、極めて低い額である。なお、遠隔地から来た寄宿生は、食費その他の費用を全額自弁するのが普通であり、時習館の塾生たちもこれに準じたと思われる。

出入り自由、さまざまな勉学スタイル

もともと私塾は、幕藩権力の支配を受けない、民間在野の学校であるため、入・退学や修学の期間、授業形態などに一定のルールがなく、むしろ教師や生徒各人の事情に応じて自由に取捨選択されたが、とりわけ時習館では、教師月性が世間一般のいわゆる学者先生と異なり、しばしば法談や講筵に各地を飛び回って席の暖まる暇がなかったため、そうした傾向が一層強かった。ここでは入塾年が判明し、その後の出入りや学習形態が比較的明らかな人びとを中心に見てみよう。

嘉永元（一八四八）年春、熊毛郡田布施村から来た円立寺真道は、妙円寺から嫁入りした叔母織江の子であり、月性より一三歳年下の従弟にあたる。入塾時はすでに一九歳の立派な大人であり、今さら遊学する年齢とも思えないが、わざわざ縁戚を頼って来たというより、円立寺に度々現われた月性の発言や行動に刺激され一念発起したものであろう。同じ頃来た西藤馬は、遠崎村に土着の陪臣西源次兵衛の子であるが、妙円寺の檀家という親しい関係から入塾したものである。前述したように、早くから叔父周邦の寺子屋に学んでいたから、月性の人と為《な》りに接する機会は幾らでもあり、ごく自然

に師事するようになったものであろう。もっとも、真道は翌年正月六日に病没、在塾一年足らずで終わり、また藤馬も、やはり同年七月一〇日に病死したため、一年余の在塾でしかない。妙円寺の「過去帳」を見ると、藤馬については、死去の日付の他何も記されてないが、真道の場合は、縁戚関係のためか、その余白に、「去年春ヨリ風邪気アレトモ入塾シ出精シケルカ労症ニモナルヘキヨウ見ヘケルユヘ六月ニ退塾サセ伊藤大進ノ薬ニテ両度モ快気ノ様ニナリタレトモ極月（一二月）ヨリ床ニツキ拙寺ニテ寂去《じゃっきょ》スルヘシ」と、詳しく記述してある。入塾早々健康を害し、いったん退塾、再入塾して病み付き、そのまま死亡した様子が知られる。

同年九月に入塾した大洲鉄然は、それまでいた佐波《さば》郡右田村の学文堂を退去、帰郷して時習館の門を叩いたものであり、前二者とはいささか事情が異なる。鉄然の故郷である大島郡久賀村と遠崎村が地理的に近く、同じ西本願寺系の覚法寺の子であったから、月性に関する情報は早くから承知していたと思われるが、学文堂における彼の師大田稲香《とうこう》は咸宜園の出身で、月性の叔父周邦とは相識の間柄であり、また恒遠醒窓と前後して高島秋帆に西洋砲術を学んだことがあり、月性を知る機会は十分あったから、いずれかのルートで入塾したのであろう。ただ、鉄然の在塾は僅か二カ月余にすぎず、同年末には再び学文堂に戻った。当時まだ一五歳の鉄然に月性の過激な政治的主張を理解するだけの力がなく、もう一度学文堂で修業し直すことにしたのか、それともたまたま長期の帰省中に月性の教えを乞うたのかはっきりしないが、いずれにせよ、この退塾は、月性や時習館の教育に失望したためではない。その証拠に、鉄然は嘉永四（一八五一）年五月、一八歳のとき、再び時習館に現われ、一〇月頃まで五カ月余在塾して学んでいる。

嘉永三年に入塾した秋良雄太郎は、浦家の家老で、月性と肝胆《かんたん》相照らす仲であった秋良敦之助の子であり、父の勧めで来たことは言うまでもない。生家のあった阿月村は通学圏内ではなく、寺内かその近辺に寄宿して学んだと思われる。浦家の郷校克己堂の生徒でもあったから、時おり現われ集中的に学んだのであろう。

嘉永四年春、江戸へ上る途中、時習館に現われた寄組佐世氏の臣土屋恭平は、萩城下で八江塾を主宰していた兄蕭海《しょうかい》が、広島の坂井虎山塾で月性と机を並べ親交があった関係から来たものである。二月二四日付の土屋蕭海より月性宛手紙に、拙弟恭平が貴塾に行くので宜しく御教誨を賜りたい、愚頑ゆえ存分に御痛扑《つうぼく》を加えて頂きたいなどと述べており、しばらく滞在して学んだことが分かる。一時期、松下村塾に学んだことがあるのは、やがて来る松崎や富樫の場合と同じであり、おそらく月性の影響であろう。

同じ年、熊毛郡平生村から松岡弁之助、大津郡三隅村から西福寺和《やまと》真道が入塾している。松岡の出身地平生村からは、文政八（一八二五）年に真覚寺西証、同一〇年に真覚寺僧譚が相次いで咸宜園に入学し、すでにいた周邦と机を並べた。あるいはその関係で月性を知ったのかもしれない。和真道は、豊前薬師寺村の梨花寮から帰国、その足で時習館を訪ねたものであり、月性の旧師恒遠醒窓に勧められて来たことは間違いない。翌年暮までいたが、その後、梨花寮に再入学し、塾頭に挙げられている。松岡についてては僧侶であることのほか何も分からないが、おそらく真宗西本願寺派の寺の子であろう。

嘉永五年には、松崎門平（幹之丞）、後の赤禰武人が入塾している。柱島の村医松崎三宅の長男として生まれた彼は、当然家業を継ぐはずであったが、これを嫌った彼は、村の祭りの日、混雑に紛れて島を脱出、そのまま時習館の門を叩いたものである。一五歳のときであり、おそらく月性の評判を聞き、何とか医師とは異なる新しい道を歩もうとしたのであろう。翌六年、月性の紹介で阿月の克己堂に入学した。安政三年夏には、月性の紹介状を持って幽室で教えはじめた松陰を訪ね、八月頃まで学んでいるが、阿月村に帰省の度に時習館に現われており、月性が長期の不在のときは教鞭を執ることもあった。間もなく浦家の家臣赤禰忠右衛門の養子になり、赤禰武人と改めた。これも月性の仲介で実現したものである。武人に「天下の人材」（安政四年正月二六日付月性宛手紙、「全集」第七巻、四七六頁、以下同）たることを望んだ松陰は、この養子話を、「敦木（阿月）一邑《いちゆう》に籠牢」する消極策であるとして喜ばなかったが、月性は、陪臣ながらも武士身分になることで、武人の将来が大いに期待できると考えたようである。

萩城下に生まれ、のち吉敷《よしき》郡台道村に移り住んだ寄組児玉氏の臣大楽《だいらく》源太郎は、初め家に近い萩平《ひ》安古《やこ》で開塾していた吉松淳蔵に師事し、長じて右田村の学文堂、時習館、日田咸宜園などに学んでいるが、入塾年は必ずしもはっきりしない。大田稲香の学文堂には、一五、六歳、すなわち嘉永二、三年頃に入塾、しばらく学んだというから、時習館に現われたのは、嘉永五年頃であろう。大洲鉄然が学文堂の同窓であったから、彼から月性の評判を聞いた可能性が強い。いつ頃までいたのかはっきりしないが、安政二年七月、二二歳のとき、旧師大田稲香の紹介状を持って咸宜園に向かっており、在塾が長くても二年以上を上回ることはない。

安政元年に入塾の世良《せら》修蔵は、大島郡椋野村の庄屋中司家の生まれであり、初め村内にあった大呑《おおのみ》許義《もとよし》の咬菜学舎に学び、次いで新庄村（現・柳井市）の国学者岩政信比古《いわまささねひこ》の塾に入った。岩政塾には月性もしばしば出入りし、門人録にも名前を列ねる間柄であり、ここで時習館について知ったと思われる。世良家に残された稿本の表紙に、「安政二年乙卯《いつぼう》三月ヨリ『訳文草稿』削正、重富康蔵再拝伏乞」（谷林博『世良修蔵』一八頁）とあるのは、先生から与えられた漢籍を読解し、添削を求めたものであり、比較的学力の高い年配の塾生たちに課せられたもののようである。安政三年頃まで在塾、翌年春には江戸へ出て、のち安井息軒の三計塾に入った。なお、世良は幼名を鶴吉といったが、時習館にいた頃は重富康蔵と称している。在塾中、師月性の仲介で須佐の領主益田氏の家臣重富家の養子になったためである。江戸に出てからは、大野、戸倉、世良と次々に改姓したが、時習館時代は初め中司、のち重富姓である。

安政二年に入塾した天地哲雄《てつゆう》、松下村塾への転入の時期から見てほぼ同じ頃の入塾と見られる富樫《とがし》文周《ぶんしゅう》は、いずれも芸州人である。天地は安芸郡下蒲刈島の真宗寺弘願《ぐがんじ》寺の子であるが、月性の親友で妙円寺に度々現われ、長期滞在することも珍しくなかった僧黙霖が、父円識が自坊で創めた樹心斎塾に学んだことがあり、彼の紹介で来たことはおそらく間違いない。山県郡加計《かけ》村の医師の子富樫文周は、前出の黙霖や広島城下藩医の子木原慎斎、坂井虎山らのルートが考えられる。在塾期間は両名ともはっきりしないが、翌三年八月、月性は本山御用で上洛、四年七月まで一年間不在であったから、この前後に退塾したのであろう。なお、富樫は安政五年三月、増築工事が完成した頃の村塾に現われ、八月中旬まで約六カ月間いた。この年三月に始められた須佐育英館への塾生派遣の一人であり、四月二九日付の松陰より小国剛蔵宛手紙に、「此の度塾より五名参上、御遠慮なく御切瑳《せっさ》下され候様頼み奉り候。内、富樫文周と申す人は広島人にて、月性の門人に御座候」（『全集』第八巻、五六頁）とあり、月性の紹介で来たことが分かる。

安政二年夏頃、萩城下から大組士《おおぐみし》（八二石）福原三蔵が来た。嚶鳴社の同人として早くから月性と交際のあった来原良蔵の甥であり、後の村塾生福原又四郎の兄である。六月晦日付来原良蔵より秋良敦之助宛手紙に、「愚姪《ママ》福原三蔵事先日より月性師え相頼彼方差遣候処追々御薫陶ニ預《あずか》り候様ニ申越誠ニ御厚誼之程不浅致拝謝候。乍此上《このうえながら》不被捨置御引立重々致御頼候（中略）、月性師より本月一日同十五日之書両通慥《たしか》ニ相届愚姪誘導ニ付種々苦心之様子幾重にも厚情之程辱《かたじけな》キ次第」（『書簡集』一、以下同）とあるから、遅くとも五月頃までに来塾していたことが分かる。また七月二〇日付来原より月性宛手紙に、「再白、三蔵へ差送候孔方子（金子）今日迄ニ調《ととのい》不申心底ニ任セヌ次第其内重々御厄介ナガラ何卒《なにとぞ》可然御取計奉頼候」と学費送金の遅れを気にしており、その後も寺内に寄宿して学んでいた様子がうかがえる。一〇月初めに起こった江戸大地震のその後を伝える、つまり一二月二二日付の杉梅太郎手紙に、「先日福原帰省之節被差贈候高論並歳寒窓放言三冊黙霖書其外一封共早速同氏より為持来無浮沈落手仕候」（『妙円寺書簡集』、以下同）とあるのは、年末の一時帰省をいうのかどうかはっきりしないが、翌三年三月二一日付の杉梅太郎からの手紙に、「福原生貴塾え被出候由にて先達《せんだって》発足の由」などとあるから、この間、しばらく萩に留まり、再度時習館をめざしてやって来たことが分かる。

入塾年不明の人びとのうち、富田孫一は周邦の寺子屋に三人の子供を送り込んだ村の庄屋富田家の子である。妙円寺檀家の関係で、早くから出入りしていたことは間違いない。小松村妙善寺の三國貫嶺は、兄憲嶺が天保五（一八三四）年に月性の紹介で恒遠醒窓の梨花寮に入っており、この兄の勧めによるものであろう。芥川義天は、宛名、年月日共に欠くが、安政二年春と推定される月性の手紙に、「拙僧儀昨年十月阿月円覚寺え誦導師として罷越外寇防禦之儀致教諭候」とあるように、月性がしばしば現われて法談を行った阿月村円覚寺の子であり、ごく自然に時習館にやって来たものと思われる。

その他の人びとについては、ほとんど何も知り得ないが、大半が西本願寺系の寺の子であり、寺同志のつながりがやはり一番の理由であろう。たとえば田村探道の徳正寺は、妙円寺と同じく柳井誓光寺の末寺であり、日頃から頻繁に往来があった。徳正寺のある三蒲村からは、かつて龍泉寺天龍が月性の紹介で梨花寮に入塾したことがあり、そのルートも考えられる。三蒲村からもう一人来た河野智俊も定光庵の住持であり、似たような関係が推測できる。浪山真成《なみやましんじょう》の浄蓮寺、金山仏乗の真福寺、大谷周乗の照林寺、いずれも西本願寺系の真宗寺であり、この方面でしばしば催された月性の法談を聞いた可能性もある。佐波郡富海《とのみ》村から来た入江石泉は、土地の名望家、農商を業とする家の子であるが、「家世々浄土真宗の檀徒にして家厳《かげん》特に屈指の信者たりし故に其の信仰は家訓の薫陶与《あずか》りて力ありき」（「富海村史稿」）といわれるように、真宗篤信の家の子であり、やはり彼も、そうした方面から月性の評判を聞いたのであろう。

教育活動の実際

時習館における月性の教育とはいかなるものであったのか。民間在野の私立学校である時習館には、入塾生の年齢や学力などについて別段改まった規則はなく、秋良雄太郎のように年少一〇歳で来るもの、あるいは世良修蔵のように二〇歳に達した立派な成人もいた。その学力は当然のように各人バラバラであるが、しかし、多くは寺子屋卒業の年齢に相当する一四、五歳前後の者で占められ、少なくとも読み、書き、ソロバンの基礎的教養は習得していた。たとえば秋良雄太郎は、六歳のとき浦氏の郷校克己堂に入学し、四年間文武を学んだ前歴があり、また秋良と同じ頃、一五歳で入塾した大洲鉄然は、一年前から佐波郡右田村の大田稲香の学文堂で学んでいた。いずれも時習館入塾までに、相当程度の学力を身につけていたことが分かる。

カリキュラム構成、テキストや勉強方法が、年齢の高低や学力の程度によって異なったことは想像に難くないが、現存するテキスト類を見ると、寺子屋教育プラス・アルファではなく、かなりハイレベルの教育が行われていたようである。妙円寺には現在、叔父周邦の署名入りの写本が多数残されている。その中には、彼がかつて学んだ咸宜園の師広瀬淡窓の「約言」や「野詩鄙文」などもある。これらがテキストとして用いられたのかどうか明らかでないが、月性自身が編んだ「杜子美詩集」や「訳文原稿」、また清狂堂蔵版の「鴉片《あへん》始末考異附評」、月性が編者となり大坂の本屋から出版された漢文総集、「今世名家文鈔」八巻などは、随所に句読点が付され、時おり朱筆のコメントが見られるところから、授業で使用されたテキストではないかと推定される。その他、無署名の写本であるが、「唐宋詩醇李太白鈔」「杜工文集」「杜子美詩集」二冊、「採題得赤馬関竹枝」「武家評林抜萃」「本願寺大秘録石山軍鑑」四冊などがある。おそらく必要に応じ、取捨選択しながらテキストとして使用されたものであろう。原本は失われて存在しないが、友人知己と往復した手紙類を見ると、古賀侗庵《どうあん》の「海防臆測」二冊や「資治通鑑」二九四巻を購入したり、僧龍護「護法小品」、僧超然「歳寒窓放言」三冊、斎藤拙堂「海外異伝」などを周囲に読むように勧めて送った事実がある。これらもテキストの一部であったかもしれない。月性自身が著した「護法意見封事」や「内海杞憂」、あるいは二度に及ぶ藩主への建白書などが教材化されたことも十分考えられる。

　未整理のまま雑然と残されているこれらの書籍や資料類から、系統的な教育課程はうかがうべくもないが、開塾当初に一〇歳で入塾した西藤馬の場合は、月性自身が、「吾れ暗誦を為《な》すを教ゆれば、児亦善く之を記す。賈生の過秦論、蘇子の韓公碑、琅々《ろうろう》として書に背《そむ》きて読み、一字も遺す所無し」（「清狂遺稿」巻上）と述べているように、かなり程度の高いテキストを使って授業が行われている。月性の編集になる前出の「訳文原稿」は、唐宋八大家の一人である蘇洵《そじゅん》の漢文を仮名混じりの読み下し文にしたもので、まだ漢学的素養のあまりない年少の生徒を対象にしたものと思われるが、西生が暗誦した教材の中に、賈誼の「過秦論」や蘇子の「韓公碑」があるところから、この「訳文原稿」などもテキストとして使用されたことが十分考えられる。なお、これらのテキストの欄外には、所々に課業の日付が記されている。それによれば、一日一葉、あるいは数葉進む場合もあって、必ずしも一定しない。「已下隔日課業暗誦」などという書き入れからすれば、テキストの暗誦、すなわち素読を中心にした、ごく一般的な授業形態であったらしい。

年齢の高い、したがって学力も相当にある多くの塾生たちに対しては、四書五経や唐詩選などの原典を使った講義が行われた。しかし、何よりもこの塾の特色は、史書や兵書、その他時事問題に関連した教材を盛んに取り上げ、尊王攘夷から討幕へ展開する政治論の注入・鼓吹に熱心であったということである。その教育の一端は、嘉永三（一八五〇）年の月性の詩稿「春日偶成」に、「郷党春深くして俊髦《しゅんぼう》を育つ。門に満つる桃李方袍《ほうほう》に映ず。禅を学んで生涯の淡を悟ると雖も、武を好んで意気の豪なるを存す。院を繞《めぐ》る禽声、人未だ起きず、簾《みす》に上る花影、日初めて高し。仏堂例として三経を誦して罷《や》み、又生徒に対して六韜《りくとう》を講ず」（「清狂遺稿」巻下）などと述べられる。

毎朝本堂で三部経を誦した後、塾生たちに「六韜」の講義をしたというのだが、将来僧職をめざす寺の子が圧倒的に多い塾中で中国古代の兵書をそのまま教授したとは考えにくい。おそらく眼前の内憂外患を打開・克服する時務論や経世論の類いを「六韜」という書名として象徴的に表現したのではなかろうか。アヘン戦争の成敗をまとめた「鴉片始末考異附評」などは、その種の授業にかっこうのテキストであったはずである。

意図的に編まれたテキスト類のほかに、各地の風説書や沙汰書・町触・覚書などの写しも教材に使われたふしがある。その多くは諸国遊歴時代に得た友人知己との情報交換の成果であるが、妙円寺に現存する「幕末期諸記録覚書」二九点の中には、「沼田利右衛門函館風説聞書」「天保山海浜固人数付立」「ホーイッスル筒その他大砲覚書」「アメリカ官吏国書持参江戸参上ニ付順達写」などのホットな情報が盛り沢山にあり、これらが折に触れ機会に応じて教材化されたことは、その後の塾生たちの言動から見てもうなずける。たとえば大洲鉄然は時習館の教育を、漢学が中心であったが、学問よりむしろ思想、思想より断然気魄を重視したといい、尊王攘夷とか討幕論が盛んであった時代、僧侶の自分があまり人後に落ちなかった、というより、その指導的な役割を果たすことができたのは、月性先生の教えを受けたお蔭であると述べているが、政治的教育に著しく傾斜した当時の授業風景を描写して余りある。

「武を好んで意気の豪なるを存す」と自負する月性その人の性向もあったが、読書研鑽の暇には武を練るため撃剣の稽古も行われたようだ。妙円寺に残された立派な木刀は、その頃門人たちが使用したものの一つという。安政元（一八五四）年九月某日、ロシア軍艦が大坂湾に侵入した報を聞いた秋良敦之助は、壮士三十余人を率いて妙円寺に駆け付け、境内一杯を使って日頃鍛練の武技を演じて見せたが、この時、月性や塾生たちが、単なる観衆でなく、共に「武を演じ刀槍を試した」ことは想像に難くない。

文人・名士の来訪

教師月性の頗《すこぶ》る多彩な交友関係のおかげで、時習館には頻繁に各地から訪問者があった。「金蘭簿」や往復書簡を元に作成された「年譜」で、嘉永元年四月から安政二年末までの訪問者を抽出して見ると、前後八年間に全国一二カ国から延べ三八名の来訪者があった。開塾早々の頃は諸国遊歴時代に知り合った人たちの来訪がほとんどであるが、年代が下

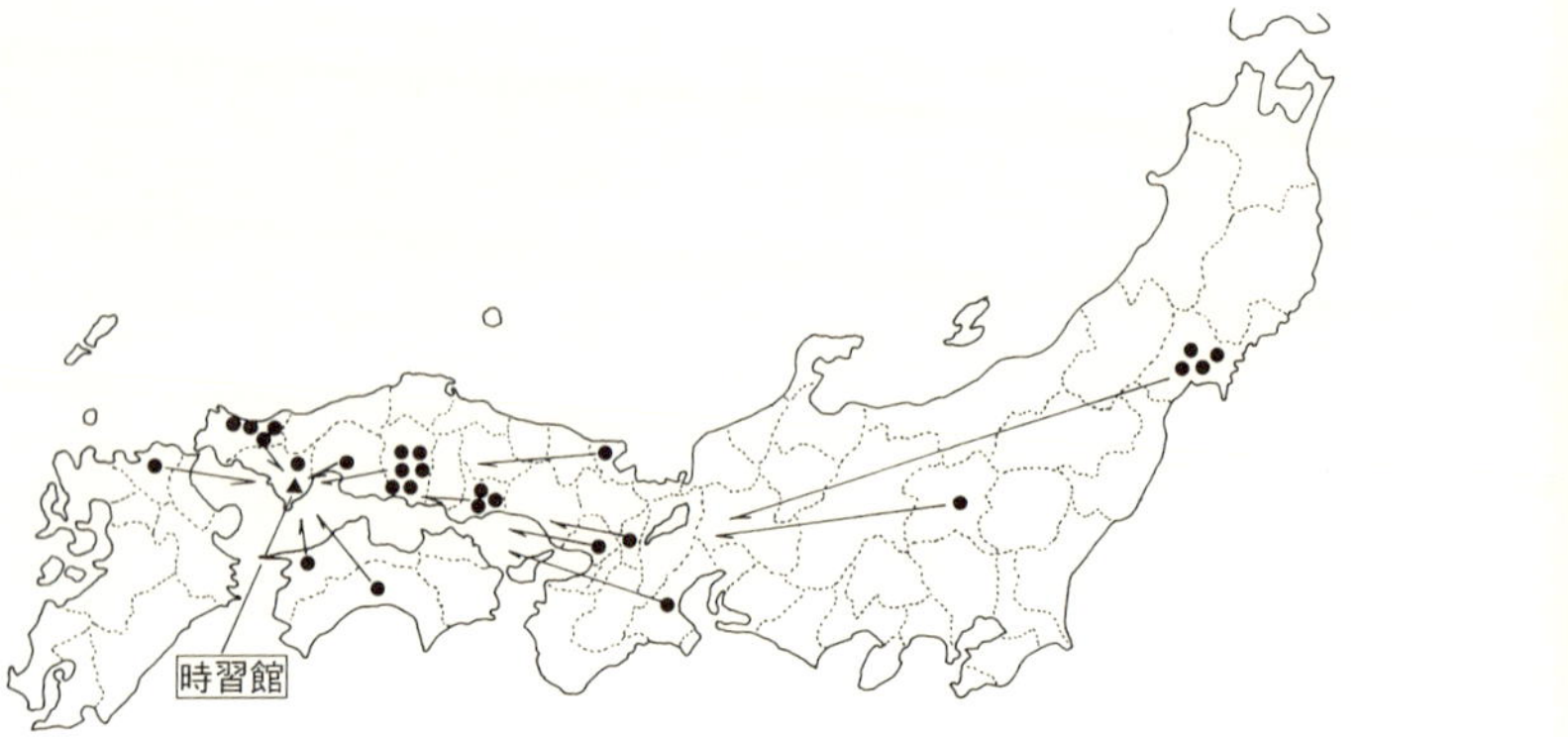

文人・名士の来訪
嘉永元(1848)年4月〜安政2(1855)年12月

がると、月性の藩内での活躍と相まって土屋蕭海や赤川淡水、口羽《くちば》徳祐ら萩城下の人びとの来訪が増えてくる。

時期的にはやや後れるが、たとえば安政四（一八五七）年八月一五日付吉田松陰より月性宛手紙に、「幽囚録」を松浦松洞に持たせてやるとあり、また翌五年正月一〇日付手紙には、同じく松洞が御地を訪ねるゆえ、よろしく御教示されたいとある。松洞は村塾に近い魚屋の子であるが、幼時から画に巧みで、長じて四条派の小田海僊《かいせん》に学び、村塾に来たときは寄組根来氏の家臣であり、画師として仕えていた。時習館に現われたのは、広島城下に足を延ばしていわゆる忠臣義士を描く旅の途中である。野山再獄から江戸檻送へ至る慌ただしい時期、松陰の画像八幅を描いたのはこの人である。

安政四年夏、萩城下を発った松洞は、大津に向かい、この地の義婦登波《とわ》の肖像を描いたが、この後、遠崎村に現われ、本山御用から帰ったばかりの月性を写した。八月四日付の松陰より岸御園《みその》宛手紙に、「烈婦写貌の事誠に好都合に行われ、御周旋忝く候。月性図丈《だ》け出来候、則ち貴披に入れ候」（『全集』第七巻、四九五頁）とあるのがそれであり、「狂僧西錫《せいしゃく》之図」と題する画に、松陰は賛を付して月性に贈ったが、今は失われてない。

亡兄玄機が月性と親交があった関係で、早くから月性の許に出入りしていた久坂玄瑞《げんずい》は、安政三年春、九州遊学に出発、筑前行橋《ゆくはし》の村上仏山《ふつざん》や豊前薬師寺村の恒遠醒窓らを訪ねている。「醒窓日記」三月一一日の項に、「萩人久坂（名誠）玄瑞持月性書来」（『資材』一）とあるように、いずれも月性の紹介である。この年一一月二六日付玄瑞より月性宛手紙に、「吉田氏再復書之説甚得僕心」（『書簡集』一）とあるのは、帰国後すぐ始まった松陰との前後三回に及ぶ書面の往復でようやく入塾を許された経緯を述べたものである。村塾に行くように勧めたのが、月性であることは言うまでもない。なお、この時、月性は本山御用で上洛中であった。

松浦や久坂だけでなく、村塾生の時習館訪問はかくべつ珍しくはなく、江戸や上方方面に往復する途中遠崎村に立ち寄り、なかには数日間滞在する者もあったが、一方、時習館からは松崎武人、後の赤禰武人がすでに村塾生となっており、間もなく土屋恭平や富樫文周らも月性の紹介でやって来る。彼らの存在が両塾の関係をますます緊密なものにしたことは、改めて述べるまでもない。

ところで、「年譜」は遠崎村周辺の人びと、たとえば阿月村の秋良敦之助らの来訪についてはすべて省略し、また僧黙霖のように、しばしば出入りした人物については必ずしもその都度記載していない。したがって、延べ三八名の訪問者は、ごく控え目の数字でしかなく、実際にはこれをはるかに上回る人びとの往来があったものと考えられる。しかも、この「年譜」に登場する人びとの場合、単なる儀礼的訪問でなく、多くは数日、なかには一カ月を超える長期の滞在者もあった。

嘉永元（一八四八）年四月二三日には、阪谷希八郎（備中）、山鳴《やまなり》弘蔵（備中）、針生《はりう》大八郎（仙台）、田中謙三郎（上野）ら四名が一度に来訪し、二八日まで六日間留宿している。阪谷は広島城下の坂井虎山の百千堂で僧黙霖らと机を並べたから、その頃からの知り合いであろう。山鳴は坪井信道の日習堂出身の蘭法医で、大坂時代の友人である。針生と田中は、阪谷らが二人を伴い紹介したものであり、この時初めて知り合った。その一人山鳴が、医学にとどまることを喜ばず、博く蘭書を渉猟してイギリス、フランスなどの虜情に詳しく、盛んに海防論を主張したと言われるように、彼らはいずれも豊かな学識経験の持ち主であり、連日のように月性と活発な議論を交わした。斗酒なお辞さずの月性の議論は、いつも酒宴になったが、その一端は、彼らを送る餞別の詩に、「既に酔い故態を発し、主人狂し客また狂す。劇談文武を論じ、声気風霜を挟む」（「清狂遺稿」巻上）などと述べられる。

長期の滞在者たち

時習館での滞在が長かったのは、筑前博多の林道一と芸州出身の僧黙霖《もくりん》の両名である。林道一は庄林（荘林）道一ともいい、林藤橘と称したこともある。号は紫海、拳法の達人として知られたが、画にも堪能であった。安政元（一八五四）年五月二九日に初めて来たときは留宿数日で去ったが、翌二年六月二六日に再訪したときは、八月九日まで実に一カ月半も滞在している。萩城下から荘林の去就を問う中村九郎が、その拳法の腕前を高く評価しながら、「戦之積りなれば日々豪飲させて留置度人也」（七月一〇日付手紙、「書簡集」一）といい、また来原《くりはら》良蔵が、「荘林生八已ニ帰国之由、拳法之妙手大抵御伝授被成候段為国重畳《ちょうじょう》之御事奉欣喜候」（七月二〇日付手紙、同前書）などというように、周囲の人びとがそもそも彼に何を期待していたのかが分かる。この頃、在塾中の赤禰や世良らは彼について得意の拳法を学んだというが、余暇には、阿月の克己堂にも出張して教えた。

妙円寺に残された「月性剣舞の図」は、留別にさいし林が清狂草堂北窓の下で描き、「琴石山頭風琴を鼓し、曲調の流水龍吟を発す。山下の豪僧剣舞を能《よく》し、独り皇国を憂て丹心を謁《えっ》す」（『僧月性顕彰会会報』第一号、四五頁、以下同）という賛を付して贈ったものである。なお、左上に見えるもう一つの賛は、明治二〇（一八八七）年一一月、三六年ぶりに妙円寺を訪ねた友人源雄綱、実は僧默霖が追記したものであり、「一剣の歌舞、光を千古に添う。鼓海之浦、琴山之土。青き攸観《ゆうかん》を知《さと》る、名は海宇《かいう》に動《どよも》す」などとある。

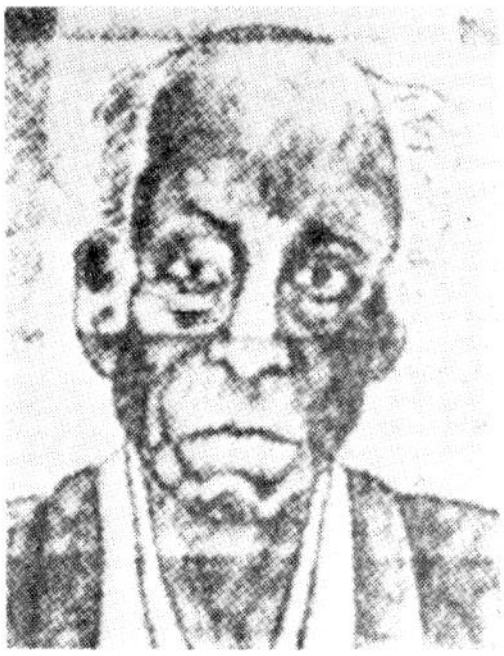

僧默霖画像
（知切光歳『宇都宮默霖』所収）

芸州賀茂郡広村出身の僧默霖は、広島城下の坂井虎山の塾で月性や土屋蕭海らと同窓の関係で、早くから防長の人びとと交際があった。二十代の初めに病のため聴覚を失い、聾者となっており、月性らと出会った頃は、会話が満足にできず、筆談でやりとりすることが多かったようだ。いつ頃妙円寺に姿を見せたのか、その時期ははっきりしないが、安政二年九月末に阿武郡須佐村の遊説から帰った月性に伴われ、そのまま一一月頃まで滞在したらしい。一一月一日付松陰より月性宛手紙に、「黙霖師今に貴地滞在の由、因つて一書を贈り候間御示し下さるべく候」（『全集』第七巻、四〇〇頁）とあり、また同月一〇日付月性からの返書に、「黙霖実ニ希世ノ人物、今ニ於テ弊塾ニ留マル。宜シク飲食ヲ与ヘ衣服ヲ裁ツベシ。近辺ニテ少々潤筆ノ周旋モ致シ遣《や》リ候。此ノ節ハ岩国辺ヘ遊錫《ゆうしゃく》」（『宇都宮黙霖』一六七頁）、稀に見る優れた人物ゆえ、今だに時習館に滞在して貰っており、飲食を供し衣服の手当てもし、いささか筆耕の斡旋もしているが、現在は岩国方面に出掛けているなどとあるのが、その間の事情を伝えてくれる。

万事に行動的な黙霖の場合、時習館内に閉居するのでなく、ここを拠点に各地に遊歴の足を延ばしているが、滞在の長短を問わず、次々に現われる訪問者と月性は、活発な議論を交わし、互いにその信ずるところを高調して止まなかった。六月二六日付の手紙で松陰は、「聞く、林隠士猶ほ貴地に留り、秋敦介も亦其の邑に在りと。計るに旦暮《たんぼ》往来し、益々其の気勢を張りて、其の語声を壮《さかん》にせらるるならん。僕の如きは気益々折《くじ》け、勢益々阻み、其の語勢の細弱なる、蚯蚓《みみず》の如く、蟋蟀《こおろぎ》の如し。強ひて東に向ひ一叫せんと欲して、而《しか》も能はざるなり」（『全集』第七巻、三七〇～一頁）と、林道一や秋良敦之助らのいる御地の意気軒昂な有様にひきかえ、自らはミミズやコオロギのように弱々しく、さっぱり気勢が上がらないことを嘆き、それゆえにまた、黙霖の安否を問う手紙の中で、「僕文事の交甚だ少なく切瑳の功闕如《けつじょ》に困り居り候処、此の人を得、饑渇《きかつ》の飲食におけるがごとし。何卒往々反《なにとぞゆくゆく》復仕り度き存念に御座候」（同前書、四〇〇頁）、議論すべき相手に恵まれない今、黙霖の存在はあたかも餓え渇《かわ》いている人が飲食を目の前にしたのと同じであると、なお一層の親密な交遊を望んだ。

松陰が羨んだ頻繁な名士・文人の来訪、彼らとの交遊を通しての切瑳琢磨が時習館生の教育と無関係であったはずはない。一カ月の長期間にわたって滞在した林道一や僧黙霖らの場合、時には月性に代わって教授することもあったようだ。なかんずく、「ソノ足跡は、四十余国ニ偏《あまね》く、面晤《めんご》ノ学者諸龍象《りゅうぞう》三千余人ト、王伯ノ論ヲ闘ハスコト六千余回」（前出『宇都宮黙霖』四三頁）と自称する黙霖のごとき人物が、塾生たちと長期間生活を共にしたことの意義は大きい。直接教授を受けなかったとしても、その人と為《な》り、日常の言動を目の辺りにすれば、自然とさまざまな事柄を学び影響を受けたであろうことは、十分に予想されるからである。要するに、時習館の教育は、教師月性がテキストを手にしながら塾生各人に対する、ごくありきたりの教育関係にとどまらず、しばしば出入りする来訪者を交えた複数の人びとによる、いわば集団的な教育活動の類いであった。

他塾への出講、教育圏の拡大

萩城下に現われるたびに松陰の生家杉家を訪れ、宿泊することも珍しくなかった月性の松下村塾の人びとに対する影響のほどは想像に難くない。村塾で彼が直接教えることはなかったらしいが、前述のように、安政五（一八五八）年の春、萩城下数カ所の寺院で開いた彼の法談には、松陰の命で塾生全員が出席して聴講しており、事実上講筵を設けたのと異ならない。この村塾だけでなく、月性が関係した私塾や家塾、あるいは郷校は藩内各地にあったが、なかでも熊毛郡阿月村の寄組浦氏の克己堂、また阿武郡須佐村の一門益田氏の育英館などは、彼の来講を見ることが多かったという。

克己堂との関係は、浦氏の家老秋良敦之助との交友に始まる。「秋良貞温履歴書」嘉永六年の項に、

「是時ニ当リ来原良蔵、来島又兵衛、吉田寅二郎（松陰）、中村牛荘、桂小五郎、村田次郎三郎、其他有志ノ士ト共ニ攘夷ノ策ヲ講シ、各藩及ヒ天下有志ノ士ト往来奔走シテ、攘夷ノ説ヲ唱フ」とあるように、早くから尊攘の志の篤い人物として知られていたが、月性の住む遠崎村とは地理的に近いこともあって、しばしば往来し肝胆《かんたん》相照らす仲であった。これより早く秋良は、浦家の武芸引立掛および異賊防禦手当掛に任ぜられ、毎月三度各所に出張して講釈を行った。「家中一同ハ申ニ及ハス、末ハ百姓ニ至ル迄、聖道ノ大義ヲ解得スル様和解教諭ヲ命セラル、又北方村御本手領（萩本藩領）ヘモ出張教諭」を命ぜられたというように、その足跡は、領内全域に及んだが、彼の背後に海寇防禦の法談に活躍する盟友月性の存在があったことが、やはり決定的であろう。

月性と秋良との出会いの時期は必ずしもはっきりしない。秋良はかつて新庄村の国学者岩政信比古の塾に学んだことがあり、月性もここにしばしば出入りしているので、かなり早くから面識があったことは間違いない。弘化二（一八四五）年に浦家の家老職となり、嘉永三（一八五〇）年には長男雄太郎一〇歳を時習館に入塾させた。この頃から両者の交友関係は益々緊密となり、ペリー来航の嘉永六年には、秋良の推薦で月性は時習館生の松崎武人を伴って、阿月の克己堂に講筵を設けた。初め浦氏家臣団の教育機関にすぎなかった克己堂は、間もなく社寺、豪農、網元の子弟に入学を許し、ついには農兵引立のため広く一般庶民に門戸を拡大したが、いずれも早くから月性が主張してきたところである。「執政浦大夫父子延見賦此呈下執事」と題する詩の中で、「文に賓師あり武に壮士。両道研磨す克己堂。更に民兵を募りて隊伍を編む。農工商漁剣槍を学ぶ。人々義に赴くこと猶《なお》渇《かっ》するが如し。奮励唯《ただ》期す犬羊を殺さんことを。巨砲将《まさ》に成らんとし大艦造らる。足れり、家軍を以て一方を守らんに」（「清狂遺稿」巻下）と述べたのは、そうした情況を何よりもよく説明してくれる。

松崎はその後も、月性に代わってしばしば克己堂に出講したが、安政三（一八五六）年にはついに月性の仲介で、浦家の家臣赤禰忠右衛門（雅平）の養子となり、赤禰姓を名乗った。「爾後《じご》阿月に移りて、克己堂に入り、日夜文武を励み、傍ら郷党の子弟を訓督すること懇切なり、郷党深く之を徳とす」（史談会編『国事掌報効志士人名録』第二輯、一九一頁）と言われるように、領主浦靭負の信頼を受けて克己堂の文武教育に貢献するところが大きかった。

同じ頃、時習館にいた重富康蔵、後の世良修蔵や秋良雄太郎らも克己堂に出入りし、赤禰を助けて共に多くの子弟の文武講習にあたっている。安政三年一二月、梅田雲浜《うんぴん》が阿月を訪問したさい、克己堂の練武場で刀槍の稽古をつけていた上記の三人が応接した事実があるが、この時月性は本山の徴に応じて上京し不在であった。おそらく時習館生の多くを克己堂に送り込んでいたのであろう。

阿武郡須佐村の益田氏の郷校育英館でも、月性の講筵が開かれた。月性は萩へ行くたびに益田邸に出入りしていたので、とうぜんその家臣とも交際があり、教授する機会があったが、前述の須佐浄蓮寺での法談のさいには、育英館にも出講した。須佐との関係は早くからあり、安政二年春には、彼の奔走で時習館生の中司、後の世良修蔵を益田氏の家臣重富家と養子縁組させることに成功している。この重富が仲介したことも考えられるが、もともと育英館学頭の小国剛蔵は月性と交際があり、その人と為《な》りを高く評価していたので、育英館内に月性を歓迎する人びとが少なくなかった。いずれにせよ、月性の出講により育英館生の月性に傾倒する者がこれまで以上に増えた。後の松下村塾と育英館との交流、数次にわたる塾生の交換は、月性の両者への働き掛けなくしては考えにくい。領主の益田弾正が松陰の兵学門下生であったことも無視できないが、それ以上に両者をつなぐ月性その人の存在が大きい。育英館側の交流の発起人が小国剛蔵であったこと、また安政五年四月末に村塾から派遣された塾生五人の中に、かつて時習館に学んだ富樫文周がいたことなども、そうした説明を裏書きしてくれるであろう。

熊毛郡大野村の一門毛利氏の郷校弘道館への月性の出講については確証がないが、祭酒生田箕山《いくたきざん》の子良佐《りょうすけ》が国事に興味を持つようになったのは、月性の影響であるといわれており、この地方でも何らかのかたちで月性の出講があったようである。箕山はもと平生村真覚寺の子であるが、ここで月性は何度か法談を行っている。また亀井南溟《なんめい》の高弟として有名な箕山自身、各地に出講したが、大島郡久賀村では、大てい時習館出身の大洲鉄然の覚法寺を会場にしていた。月性との接点は幾つもあったわけである。

ところで、良佐は二二歳になった安政五年七月、村塾に入るため萩城下に向かった。父箕山と親交のある月性が早くから松陰の人と為りを推奨していたのは間違いないが、月性本人はこの年五月に急死しており、直接紹介の労を執ったのは、阿月の秋良敦之助か赤禰武人、あるいは時習館から移ったばかりの富樫文周であろう。「奮興録」と題する、この年作成した名簿で生田は、同志士、準同志士、議論を戦わした後意見の一致した者の三つに区分した五〇名を挙げているが、その中には圧倒的に松下村塾や時習館の関係者が多く、また大谷茂樹や荻野時行《おぎのときゆき》ら育英館生の名も見える。いずれの出会いにも、月性の存在が大きく、直接、間接の影響を受けていたことは想像に難くない。

安政五年末、松陰が野山獄に再投獄され、時を移さず村塾グループへの取り締まりが行われたが、同志中の重要人物の一人と目された生田は、久賀村覚法寺の大洲鉄然を訪ねて帰宅したばかりのところへ突然の藩命があり、一年間の自宅幽閉の処分を受けた。月性はすでに病没して居らず、周南地方において松陰のいわゆる「吾党之士」を形成しつつあった彼が、弾圧のかっこうの標的になったようである。

第九章　幕末勤王僧として世に出る

1　本願寺御用に応ずる

西本願寺門主の召命

安政三（一八五六）年二月某日、本山御用僧より四月六日から一二日まで本願寺御堂において月性に法談を命ずる書状が来たが、これに月性の側が応えたような形跡はない。たまたま叔父周邦が、宗祖六百回忌執行準備のため上洛中であり、御用僧から直接この命を受けたと思われるが、間もなく帰国した周邦が月性の上洛を勧めたり画策したような事実は何もない。その理由は分からないが、月性、もしくは妙円寺内に上洛を妨げる何らかの事情があったようだ。周邦はすでに隠居し、月性は新しい住職の免許を受けてまだ日が浅く、門徒への配慮から簡単に寺を空けるわけにいかなかったことが一番の理由らしいが、この頃、月性が巡回講談師となり、藩内各地に出掛けてしばしば不在であったことも無関係ではなかろう。

五カ月後、七月七日付で本山より御用の儀あり急ぎ上洛するようにという呼び出し状が来た。今回は、西本願寺門主の名による召命であり、以前の法談を断ったようなわけにはいかず、直ちに旅支度を始めた。このことはすぐさま萩城下へ報されたらしく、七月二四日には、早くも松陰は、「浄土真宗清狂師の本山に応徴するを送る序」（『全集』第二巻、四一八頁、以下同）を書いている。何のための召命か、御用の内容については、月性自身もまったく知らず、前出の送序が、「今茲《ことし》丙辰《へいしん》八月、本山特に命じて師を徴《め》す。蓋《けだ》し其の宗門に功あるを以て、遍くこれを天下に施さんと欲するなり」といい、また同じ時期の松陰より久保清太郎宛手紙に、「一向僧月性、京師より御用召申し来り候。渠《か》れが法話、名教に益あるよし、其の聞え高き故の事と相聞き候」（『全集』第七巻、四三六頁）とあるように、月性を含め周囲の人びとも、御用の筋を本願寺御堂における法談の類いと考えていたことは、おそらく間違いない。

八月一〇日、月性は遠崎村より海路出発した。大坂に着いたのは二九日であり、通常の旅程の三倍近い日数を要しているが、これは途中、広島で木原慎斎を訪ねたり、また福山で江木鰐水《がくすい》と共に城西草戸村里正の家に招かれ、しばらく滞在したりしたためである。京都には九月一日に入り、直ちに本願寺に到着を報せているが、このとき藩政府より許可された出国願いの日限が迫っているので、早々に御用の儀について伺いたいと申し出ている。つまり月性は、短期間で御用が終わると考えていたらしいが、事実はまったく異なった。九月九日面会した御用僧教宗寺は、今回の仕事が一朝一夕で済むような簡単なことでなく、藩政府には日限の延期を申し出、改めて僧超然と同道で出頭するように命じている。

数カ月前、叔父周邦が宗祖六百回忌執行準備のため上洛中も僧超然と度々会っており、先の法談、また今回の御用呼び出し、いずれの場合も彼が斡旋役であったことは間違いない。「反正紀略」一三巻の大著を編し、三業惑乱《さんごうわくらん》の後始末に功績のあった学僧として、本山門主広如《こうにょ》上人の信頼のとくに篤かった彼が、月性を推薦したことが在野の無名の僧を一挙に晴れ舞台に押し出すことになった。「僧超然事略」に、「安政以降尊王佐幕ノ論漸《ようや》ク盛ナルニ及ビ大ニ勤王ヲ唱ヘ頼三樹等ト共ニ画策スル所アリ。周防妙円寺ノ月性初メテ宗主ニ謁見シテ志ヲ陳ズルニ至リシモノ実ニ超然ノ斡旋ニ依ルト云フ」（「資材」一）とあるのは、この間の経緯を述べたものである。

両者の出会いは、これより十数年前の弘化元（一八四四）年五月に遡《さかのぼ》るが、早くから超然は、この二五歳年下の若い月性の人と為《な》り、なかんずくその学識を高く評価しており、ようやく今回、これを最大限に活用する機会が訪れたわけである。

本山御用とは何か

ところで、御用僧に会ったさい、本山より下された辞令は、「防州遠崎村妙円寺、御用之儀有之候ニ付暫在京被仰付候間其段相心得国方之儀不都合無之様申下し可有之事」（「妙円寺諸達」）、本山御用でしばらく京都滞在となるから、国元政府に届け出るように言うのみで、御用の中身については何も説明していない。九月一七日付の叔父周邦宛手紙で月性は、「何《なに》茂《も》此次第なれば百日トモ二百日トモ相分リ兼候事故ニ其段早速申下可然候。尚又御用之儀ハ、御門主エ申上置候間追々御仰出サレ可有之と申事ニ御座候（中略）、右の次第ニて急ニ帰国モ不相成大

翠紅館跡（京都市東山区高台寺南舛屋町）

当惑仕居候。衣類等も冬物モ不用意ニて至極気之毒ニ存候。居処モ旅宿ニ居リ切ラレモ不為《ならず》、右等の事委曲《いきょく》高尚坊様迄御歎出致置候間近日ニ有無の御返答振可有之と相待居候」（「書簡集」二）、冬物の用意もないまま宿屋暮らしも続けられず、御用が百日になるか二百日で済むのか、今後の見通しが何も分からず、大いに困惑した様子を縷々と訴えている。

萩藩京屋敷への滞在延期を願う手続きに支障はなかったが、問題はいつまで滞在するのか、まったく見当がつかなかったことである。着たきり雀のこのままでは、冬も越せないから、着替えを近辺の法中上京の便に託して欲しいと頼んだのは、そのためである。住居は間もなく六条御前通下ル西中筋金屋孫兵衛方に決まった。金孫の名でしばしば登場するこの地の宿舎であるが、超然が江州福堂から出京したときの定宿であり、二年前の弘化元（一八四四）年夏、北陸旅行から帰った月性らが草鞋を脱いだ旅宿でもある。かねてなじみの金孫に移り住んだものであるが、一〇月四日には、本願寺の命で藤蔭亭、また同月九日には、翠紅館《すいこうかん》へ住居を移した。翌年六月まで約八カ月間、津城下や紀州遊説のような若干の不在を挟みながら、ここに住んだ。

九月一三日には、出京した超然を訪ねており、一緒に御用僧教宗寺とも会ったはずであるが、御用の筋については、この時点でもまだはっきりしなかったらしい。叔父周邦へ宛てた同日付往信の返書である一〇月二二日付杉梅太郎の手紙に、「御本山御用向も未タ確《しか》と相分り不申由、乍併《しかしながら》尋常之事ニハ無之趣ニ遠察被仕候。虞淵《ぐえん》老師之学ヲ以テ根拠トナシ上人ノ才識弁舌トヲ以テ鼓舞動作被成候はば河決ノ勢誰カ能拒《よくふせ》カン、僕窃《ひそ》カニ恐ル天下ノ権尽《ことごと》ク真宗ニ帰セン事ヲ。併し真宗にても僧徒ニテモ何ニテモ尊王攘夷ノ功ガ神州ニテ調《ととのい》候へバ誠に目出度事候。御勉励を奉祈候」（「妙円寺書簡集」）、本山御用はまだ不明らしいが、簡単なことではなかろう。虞淵老師（超然）の学識に月性の弁才が加われば誰一人叶うものはなく、真宗の天下といってもよいが、尊王攘夷の実が挙がれば、真宗でも僧侶でも全然構わないなどというのが、そのことを説明してくれる。

　本山御用が簡単には済まず、長逗留になりそうだという手紙に、留守を預かる叔父周邦は一向に納得しなかったらしく、「重き御用被仰付尚昇階被仰下候段寺内門徒中一同恐悦存入申候南無阿祢陀仏」（一〇月一日付手紙、「妙円寺書簡集」）、「五十日と申心得にて罷居候故皆々大当惑に候」（一〇月二二日付手紙、同前）、昇階は有り難いことだが、寺内も門徒も皆五〇日ぐらいの不在と考えていた事情を考え、ともかく年内に一度帰国して周囲にきちんと説明し、冬物も用意して再度上洛すべきであると何度も手紙を寄越している。いずれの手紙も、宛名が妙円寺月性様、差出し人が隠居、もしくは老僧などとなっているのは、月性、お前は住職の責任ある立場にあることを忘れるなということであろう。たまたま急逝した長光寺龍護の葬儀に参列するため上坂中の光山寺泰成（呑阿、月性の四番目の叔父）と一緒に遅くとも年末までには帰国せよ、どうしても本山の許可が出なければ親の病気を理由にすれば宜《よろ》しいとまで言っており、矢継ぎ早の催促をしているが、月性がこれに応じたような気配はない。

たしかに、上洛してすでに一カ月近く経ったにもかかわらず、本山側の御用の内容が未だにはっきりしないというのは、いかにも弁解がましく理解に苦しむ。御用の筋を言い募る月性の手紙に妙円寺内の人びとが疑心暗鬼になったのも分からないではないが、おそらく月性は、本山の意図がはっきりせず、御用が長引きそうだとだけいい、帰国の日限についてはあくまで言葉を濁したのであろう。御用の中身が何であれ、あまり早く帰国したくない、できるだけ長く京坂地方にいたいというのは、いったん遊歴の旅に出るとなかなか帰ってこない、これまでの彼の行動パターンから見れば、いかにもありそうなことである。叔父周邦はそれを承知していたからこそ、しきりに早い帰国にこだわったのかもしれない。

三本木の酒楼で勇名を馳せる

本山御用が提示されないとすれば、その間、一体月性はどこで何をしていたのであろうか。九月二〇日、三本木の酒楼月波楼で行われた伊勢へ帰る斎藤拙堂の送別会で、中村水竹が座興にメリケン踊りを披露したのを怒り、いきなり傍らにいた秋良敦之助の剣を抜いて提灯を切り落とし墨夷討つべしを叫んだのはあまりにも有名であり、萩城下の松陰へはむろん、あちこちの友人知己に報じられたが、事の顚末を森春濤の実見談でやや詳しく見てみよう。

一カ月に及ぶ城崎での湯治《とうじ》の帰途、京都に立ち寄った拙堂を囲む会に集まったのは、月性や秋良の他に梁川星巌、貫名海屋、頼三樹三郎、池内大学、家里松嶹、森春濤ら錚々《そうそう》たる人びとである。主催者は尾張一の宮の医師、当時星巌門で学んでいた春濤であったらしく、「春濤先生逸事談記」に、「さて僧月性は清狂と号し、頗《すこぶ》る慷慨家を以て聞えたる人なりければ、酒、やや酣《たけなわ》なる頃、かの拙堂氏の海防策に就いて大いに非難する所あり。席上の談、何となく殺伐に渉《わた》りければ、中村水竹と云へる人自ら起ちて当時流行せし大津絵節「あめりかが来て云々」の一曲を舞はれける。その様、善く外国人の情状を模して、真に逼《せま》り、一座興に入りし折から、月性忽《たちま》ち眼を瞋《いか》らして「水竹は日本人にして夷狄《いてき》の行をなすものなり」と呼ばわりつつ、誰が剣にや傍にありけるを取るより早く抜き打ちに釣燈籠《とうろう》を斬り落しければ満座尽《ことごと》く色を失い、あわてまどひて詮《せん》すべを知らず、月性はひた狂ひに狂ひて既に人を傷けむず有様なれど」（前出『斎藤拙堂伝』二五〇頁）などとある。

拙堂が天保一二（一八四二）年に書いた「海防策」は、民治に努めて兵力を充実し、邪教の侵入を防ぐために仏教の効用性をいうなど、月性の主張とほとんど変わらないが、問題はペリー来航にさいして拙堂が公にした「制虜事宜」である。攘夷か開国か、和戦いずれかの幕閣の問いに彼は、条件つきの開国を唱える。互いが仲良くしようという和親を拒む理由はない。米夷が望む交易は五年を限って認め、もし相互に利益があれば続ければよく、わが国に不利ならば止める。通商は認めるが宣教師が来ることを禁止すれば、邪教の侵入は防ぐことができる。その間にわが方はしっかりと軍備を整え、断固たる姿勢をとればよいではないか。いずれにせよ、今戦争になれば、彼我の圧倒的な戦力差で、日本は清国のアヘン戦争の轍《てつ》を踏むことになる。

要するに幕府の開国政策を支持するだけでなく、通商条約についても条件付きで認めようという主張であり、正真正銘の攘夷家であった月性が、酒の勢いもあり思わず声を荒げて罵ったのも分からな

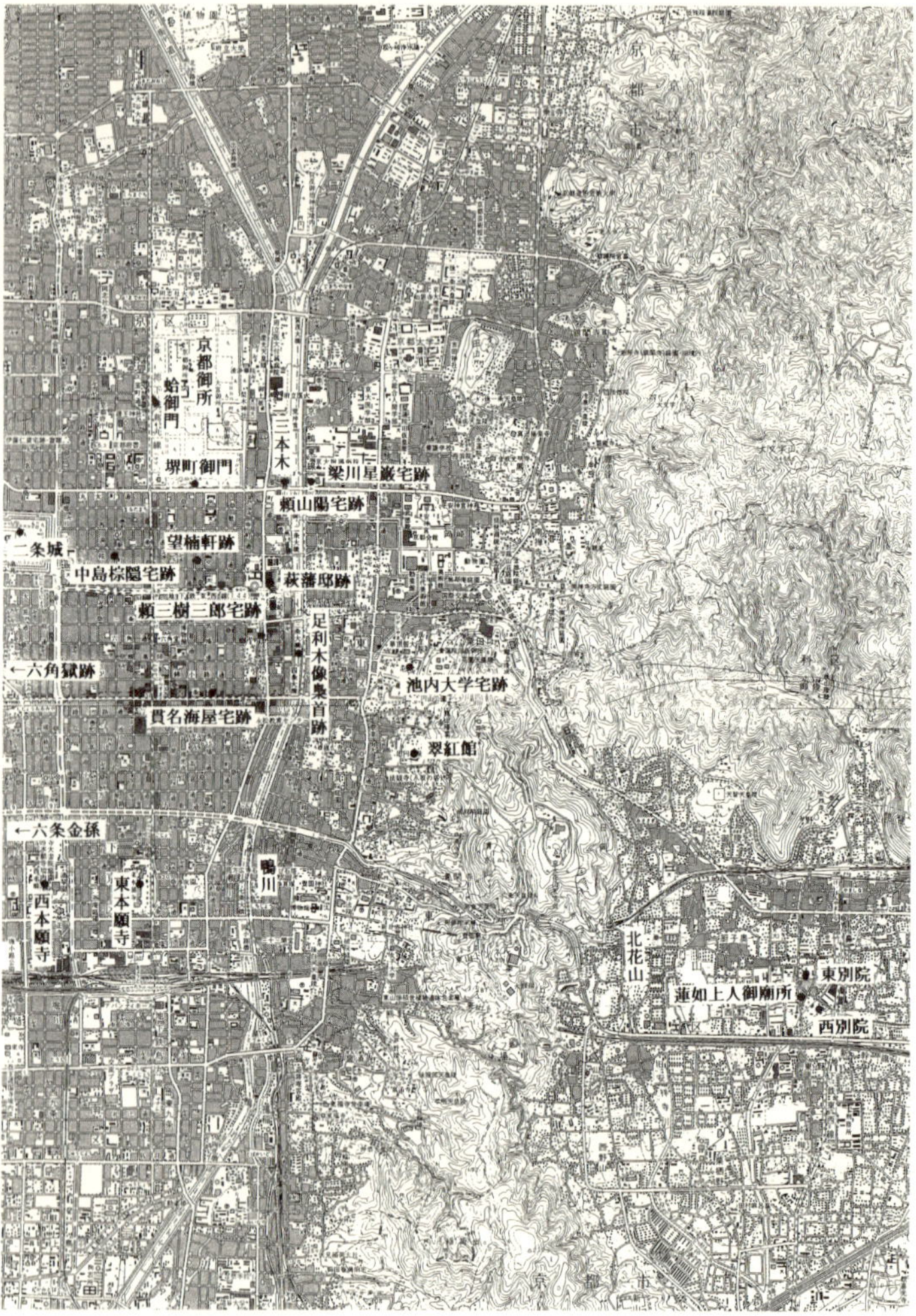

京都市内図（出典：国土地理院発行1：25000地形図）

いではない。中村水竹は近衛家の諸大夫であり、険悪になったその場の雰囲気を和らげるために、あえて座興を演じたものであるが、これを月性が夷狄への阿諛追従《あゆついしょう》として怒ったものである。事の意外な展開に驚いた春濤が、咄嗟《とっさ》に機転を利かし、大声で詩が出来たと叫び、筆を取って白紙の上に七言絶句一章、「風雨楼頭燭涙催《うなが》す、此の筵今夕是れ離盃、君酔ひて王郎の剣を抜くに従《よ》り、莫愁《ばくしゅう》を驚殺し莫哀を歌はしむ」（同前）を記したため、座中の人びとはその敏捷さに驚き、また怒心頭に発していた月性も思わず面を和《やわ》らげ、ついには笑い興じたという。

この頃、似たような会合に月性はたびたび姿を見せ、文人名士らとの交際を大いに楽しんでいる。紹介状を貰った梁川星巌との出会いを報ずる、おそらく一〇月中の松陰宛手紙に、「（前文欠）代氏及び広氏以下と出でて東山梅林亭に飲む。南禅寺山中石橋上に及び放吟暗誦して、雅興きわまりなし。陪行したる町人某の云ふ、藩邸開闢《かいびゃく》以来御留守にてこの雅遊なしと。十一日また教宗寺に見《まみ》え、機密要事を論じる。午後星巌翁を訪ひ事務を論じ且つ聞くに諸公卿の人品をもつてす」（『全集』旧版、第五巻、四二六頁）などとあるのも、そうした生活の一コマを伝えるものである。代氏云々は、京都藩邸出仕の役人たちを指すものらしく、出入りの商人が、前代未聞というから、宴席の後、かなり派手に盛り上がったものと見える。この後、御用僧教宗寺と会い、おそらく本山御用の打ち合せをし、その日の午後、梁川星巌を訪ねて時務を論じ、公卿連中の人物評をしたというわけである。

「護法意見封事」の執筆

帰国の時期はともかく、本山御用の内容は本当にはっきりしなかったのだろうか。そうではなく、京都に来て間もなく月性は、門主広如上人への建白書の執筆を始めており、夷狄の脅威が増大しつつある今、本願寺を中心とするわれわれ仏教徒は何をなすべきか、真宗の教義をいかにして役立てるのかといった時事問題に関する意見聴取が、御用の第一であったことは間違いない。この間の経緯について月性自身が、「意《おも》ハザリキ、校書ノ命ヲ受ケ年俸ノ賜ヲ辱《かたじけな》クシ、以テ東山ノ別館ニ寓セシメ、又不次ノ選ヲ以テ学階一級登リ特遇優待望外ニ出《い》ントハ、海岳ノ大恩之ニ報ユル所以《ゆえん》ヲ知ラザル也。コノ頃更ニ命アリ意見ヲ書シテ以テ之ヲ献ゼシム」(「護法意見封事」、利井興隆『国体明徴と仏教』、一一三頁)というように、上洛直後は校書、すなわち諸書の異同や正誤の調査に従事していたが、やがて護法護国について存念を聞かれ、これを意見書にまとめるように命じられたことが分かる。学階一級云々の中身は不明であるが、学階の最下位得業の位に叙せられたことを指すものであろう。賓客をもてなす本願寺別邸翠紅館の一室を与えられ、若干の生活費も支給されていたようである。

意見書とは、一〇月一日に脱稿、本山へ提出された「護法意見封事」のことであり、この間の熱心な作業の成果に他ならない。後に西本願寺刊本として世に出た「護国論」、別名「仏法護国論」の原本であるが、その内容は必ずしも同じでない。というのは、「護法意見封事」が宗門の腐敗・堕落を痛烈に批判し、その改革を大前提にしながら護法護国に言及しているのに対し、「護国論」はこの部分をすべて削除、もしくは改編した上で、攘夷論の沸騰する時局下の本願寺がめざすもの、すなわち護法護国の何たるかを、宗門門徒の僧俗に向けて説明したにとどまるからである。

宗門の腐敗・堕落の指摘は、当然のことながら、本願寺積年の弊制改革を真正面から主張していた

西本願寺（京都市下京区門前町）

が、具体的にはどのような要求であったのだろうか。水戸学を先頭にする排仏論、なかんずく真宗攻撃にはあえて逆らわず、むしろ一々納得した月性であるが、そうだとすれば、彼は何をどのように改革しようとしたのか。かくべつ難しいことを求めていたわけではない。門主に直接迫る本山改革の中で、「伏シテ願《ねがわ》クハ今ヨリ以後大法主益《ますま》ス智荘厳《しょうごん》ヲ盛ンニシ、学徳ヲ挙ゲ賢才ヲ用ヒ言路ヲ開キ下情ヲ通ジ土木ヲ興サズ、宮室ヲ崇《とおと》フセズ、賄賂請託ノ道ヲ防ギテ、以テモロモロ福荘厳ノ国家ニ害アルモノヲ除カバ、則チ天下ノ門徒信心シ行者、靡然《びぜん》トシテ風動シ一心敵愾ノ誠ヲ生ジ、大挙シテ勤王ノ義ニ赴クモ難《かた》カラザルナリ。果シテ然ラバ則チ夷狄ハ防グニ足ラザルナリ、皇国ハ護ルニ足ラザルナリ。而シテ宗門以テ国ト為スベシ」（同前書、一一二～一三頁）というのは、優れた人材をどんどん登用し、広く宗徒を含めた世俗一般の声に耳を傾ける、不急の土木工事は止め募財を避ける、賄賂請託は断固排するなど、いずれも長年に渡る宗門の悪弊であり、これらを一掃すれば、巷に溢れる真宗への非難・中傷を克服し、信頼を回復することも決して夢ではないというのである。民心を得ないまま、人心の収攬なしにいくら護法護国を唱えてみても、単なる絵に描いた餅でしかない。まず宗門改革がすべての議論の大前提になるというわけである。

では、宗門改革が実現した後、護法と護国はどのように結びつくのだろうか。彼のいう護法護国論の何たるか、「封事」の原本や「護国論」によりながらもう少し見てみよう。

護法すなわち護国

「護法意見封事」に先行する議論がなかったわけではなく、月性は宗門に関係する沢山の先輩たちの著作や言説を参考にしながら、建白書の執筆に取り組んでいるが、そのさい、なかんずく叔父龍護の「護法扶宗論」と超然の「護法小品」に影響されたようである。

「護法扶宗論」は、真宗が現世に背を向けた出世間的な教えではなく、立派に治世に役立つ教えである、たしかに他宗のように、鎮護国家の祈禱こそしないが、天孫降臨、皇統連綿の国体の尊厳性をはっきりと認め、儒教思想とも矛盾することなく、相補の関係にあるなどという。一世を風靡《ふうび》した水戸学の排仏思想、とくに真宗撲滅論を強く意識し、その非難・攻撃に応えようとしたものである。天保一四（一八四三）年の刊行であり、男児出関の詩を残して上坂したばかりの月性が、これを真っ先に目にしたことは想像に難くない。

当代本願寺学僧の中核的位置にいた僧超然には、「真宗法要典拠」一八巻の校補など真宗の教義に関する多くの著作があるが、弘化三年一〇月、帰国する月性への送序として書かれた「護法小品」は、護法が護国につながる理由を一層鮮明に説いたものであり、さまざまな発想や言葉遣いがほとんどそのまま月性の主張となっている。「仏子は儒を排せず。唯《ただ》に之を排せざるのみならず、亦《また》之を資して吾が道を荘厳にし、以て護法の助となさんと欲す」「皇国固《もと》より日月を奉じ神明となす。十善の君称して天日嗣《あまひつぎ》となす。皇統一系、万国の表に特立す」「儒の道たる、綱常を守り、気節を尚《たっと》ぶ。故に教は支那に出《い》づと雖《いえど》も、皆よく皇国を知り、支那を外にするを知る。仏子《ぶっし》の皇国に於けるも亦然《しか》り」（「資材」二、以下同）などというのは、神道的国体論を下敷きにしながら、儒と仏二道が互いに相補う関係にあることを認める、つまり前出の「護法扶宗論」と同じ立場である。すぐ続けて、「瑞穂国《みずほのくに》は三道鼎立《ていりつ》各々正法をなす」ともいうのは、古来わが国では、神・儒・仏三道は役割分担こそ異なるが、いずれも正しく治世に役立つ教えとして受け継がれてきたことを、強調したかったのであろう。

同じ仏教のうち真宗は、宗祖親鸞に絶対的に服するという意味で、俗権をないがしろにし、もっぱらあの世的な事柄に関わる宗教として誤解されやすいが、そうではなく、「真俗二諦の説は、其の国政を輔翼し、以て風俗を正す」といわれるように、一方でまた、すぐれて現世的なものに関わる、社会的に有用な教えであることが強調された。

いうまでもなく、ここで護法は、日本進出をしきりに窺《うかが》う西洋の教え、キリスト教の排除をテーマにしていたが、仏陀を奉ずる仏教と天主を崇《あが》めるキリスト教は、同じ外来の宗教であり、よく似た教えであるにもかかわらず、なぜ一方は断然拒否されるのか。それはキリスト教が、「西洋の教をなす、貨を分ち薬を施し、天主の仁に託して以て拓土の餌となす、故に西洋諸国常に他州を侵伐す」といわれるように、天主の愛や恵みに託して、財貨を施し薬を与えながら、常に西洋列強の植民地獲得の先兵となり、他国に対する軍事的侵略の道具として機能してきた、まさしく邪教に他ならないからである。

とすれば、西洋列強の領土的野心、侵略を防ぐのになぜ仏教、この場合真宗の教義が役立つのか、護法が護国につながる理由はそもそも何であるのか。孟子の「天の時を知るは地の利を知るに如《し》かず、地の利を知るは人の和するに如かず」を引用しながら、今日焦眉の急の海防策として大砲を並べ、兵力を増強し、地勢を利した要害の守りなどあるが、いずれも万全とは言い難い。兵の強弱、国防の成否は、何よりも民心が一致団結して国を守る気概を持つかどうかにかかっている。「上下同心、内外一体、誓って吾が神州英霊の気を奮わす」ならば、砲術、兵力、要害の険すべてがうまく働き、護国につながることに疑問の余地はないと説明された。

「護法小品」を読んだ坂井虎山が、「彼若《も》し盛行すれば此はまさに衰滅せん。故に悪《にく》みて之を去らんと欲す。其の起念護国にあらずして護法に在り、大抵の釈氏の護法の甚しき、君父を棄てて顧みざるに至る。豈《あに》本末倒置に非ずや」（村上論文、『維新の先覚月性の研究』二〇二頁）というように、キリスト教が栄えれば仏法は必ず滅びるという観点から、いくら声を大にして護国を唱えても、仏法の当面の敵、キリスト教の排除が最大の関心事であり、護法に重きを置いたのはやはり否定しがたいが、これを月性はどのように克服したのだろうか。

水戸学が急先鋒となった排仏論について月性は、少なくともわが真宗の教義に関しては当たらないという。なぜなら、わが宗祖親鸞は真諦、俗諦の二門によって法を説いたが、これを後世の俗僧どもがその教えに背き、間違った法を説いたからである。真宗が神社仏閣を拝礼しない、義によって賊を討つ者を法敵として非難するなどというのも、一向宗の真義を知らない俗僧たちが犯した大きな誤りであり、もともと宗祖にそうした考え方はない。正俗の分を明らかにすれば、自ずから理解される立場である。一向一揆のごときは正法から逸脱した外道《げどう》、異端の徒の仕業であり、真宗の教義とは無関係である。

たとえば中興の祖、蓮如上人の「御文」に、「守護地頭方にむきても、吾は信心を得たりと言ひて、疎略の儀なく、愈々《いよいよ》公事を全くすべし。又諸神諸仏菩薩《ぼさつ》をおろそかにすべからず。これ皆南無阿弥陀仏の六字の内にこもれるが故なり。殊に外には王法を以て表とし、内心には他力の信を深く貯へて、世間の仁義をもて本とすべし。之即ち当流に定むるところの掟の趣なり」（同前書、二六九頁）などとあるように、王法をもって本とし、公事を粗略にせず完全に行う、領主の定めた法や掟をしっかりと守り、その支配に服する、また諸々の神仏を大切にするなどは、むしろわが一向宗がもっぱらめざしてきた宗是といっても決して過言ではない。

ところで、仏門に帰依するかどうか、信心の有無とは無関係に、人民一般はすべからく公事を勤め、国家の洪恩《こうおん》に報じなければならないが、今われわれにとって公事とは何であるのか。「今日公事ノ最モ大ニシテ汝等粗略ナク全クスベキモノハ、海防ヨリ急ナルハナシ、何トナレバ則チ夷狄ハ神国ノ寇ニシテ王ノ愾《がい》スル所ナリ。将軍ノ憂慮スル所ナリ。国主地頭奔命ニ疲ルル所ナリ」（「護法意見封事」、前出『国体明徴と仏教』一〇六頁）、夷狄は神国日本の敵であり、天皇、将軍、諸大名がその撃ち払いに懸命になっている文字どおり公事であり、この国に住む人民すべてが力を尽くすのは当然であるというのが、月性の答えである。海防問題の緊急かつ重要なことを、天下の僧徒が力を合わせて国内すべての人びとに、根気よくしかも分かりやすく教える。そうすれば、「億万一心、敵愾ノ誠ヲ生シ、大挙シテ勤王ノ義ニ赴クモカタカラサルナリ。果シテ然《しか》ラハスナハチ夷狄防クヘク、皇国護スヘシ。而《しか》シテ仏法以テ国ト永ク存スヘシ」（以下すべて「仏法護国論」、前出『維新の先覚月性の研究』による）、皇国侵略を窺う夷狄の脅威は自ずから解消し、わが国家は安全となり、また仏法も永く栄える、つまり護法と護国が両立することも可能になるというのである。

坂井虎山が批判したように、護法と護国の密接不可分をいう宗門の先輩たちの議論は、しばしば護法そのものに関心があり、護法のための護国であることが多かったが、月性の場合はどうであったのか。「護法意見封事」の建白を受けた本願寺当局が、あえて護法の二字を削除し、書名を「護国論」、もしくは「仏法護国論」と改めたことから分かるように、護法と護国を取り上げる月性は、護法がすなわち護国であり、護国がそのまま護法である、両者の不即不離の関係をいうが、そのさい、護法よりむしろ護国にアクセントがある、つまり護国のための護法であったといってもよい。「仏法無上トイヘトモ、独立スルコトアタハス。国存スルニ因テ、法モ亦建立スルナリ。皮ノ存セサル、毛ハタイツクニカツカン。未タソノ国ホロヒテ、法ヒトリヨク存スルモノハアラサルナリ」、仏教がいかに素晴らしい教えであってもそれ自体で成り立つことはできない。国家が存在してこそ、法も存在が可能となる。国が滅びるならば、法もまた同じ運命を辿ることになろうというのが、それである。

護法護国の主張は、西洋列強の侵略が常に軍事力とキリスト教の布教とセットになっていたという歴史認識からくる。「カレ既ニ人ノ国ヲ取ニ、教ト戦トノ二ヲ以テスレハ、我ノ彼ヲ防クモ、亦教ト戦トヲ以テセスンハアルヘカラサルナリ」という観点から、外夷のやり方をそのまま防禦の法にしようというのである。軍事面では征夷大将軍、諸大名、幕府諸藩の士大夫がその任にあり、砲台を築き、軍艦を造り、銃陣を習い、槍剣刺撃の技を磨けばよろしいが、それだけではむろん十分ではない。キリスト教に対抗する正しい教がなくてはならない。「今日海防ノ急務ハ、教ヲ以テ教ヲ防クニシクハナキナリ。而《しかして》ソノ責ニ任スルモノハタソ。曰八宗ノ僧侶ナリ」と言われる所以である。

ではなぜ、その任に当たるのが八宗の僧侶、宗派を超えたすべての僧侶でなくてはならのか、「仏法正大、以テ邪ヲフセクニ足ル」という以外に、その理由は何も示されないが、一方でまた、彼らに「宗判」の権を与え、邪教に迷う民の教導を担当させるとも言っており、江戸時代に普及した檀家制度を念頭に置きながら、そこに配した八宗の僧侶たちによる広汎な教化活動を考えていたことは、おそらく間違いない。

護法すなわち護国は、要するに教と戦の二つであり、その順序や内容は、「法ヲ以テ国ヲ護スルハ、教ヲヨクセスンハアルヘカラス。教ヲヨクスルハ他ナシ、民心ヲ維持シ、士気ヲ振興スルニアリ。民心維持スレハ、以テ国ヲ護ルヘシ。士気振興スレハ、以テ夷ヲ攘フヘシ」などと説明される。民心が一致団結して国を護る気概を持ち、また士気を振るわし、身命を惜しまず敵兵と戦うことであり、このことに関して人民の誰一人例外はない。すなわち銃後にある者は、「中興法主作ルトコロノ掟ノ文ニ根拠」を置きながら、「一心堅固ナラシメ、カノ邪教ニ蠱惑《こわく》セサラシメン」ことをひたすらめざし、また戦場で武器を執って戦う者は、「死ハ均ク死ナリ。衾蓐《きんじょく》ノ上ニタフレ、イタツラニ草木ト共ニ朽《くち》ハテンヨリ、寧《むしろ》銃丸矢石ノ下ニ斃《たお》レ、生《いき》テ勤王ノ忠臣トナリ、名ヲ千歳ノ後ニ耀《かがや》カシ、死《しし》テ往生成仏シ、寿ヲ無量ノ永キニタモツニ如《しか》ンヤ」の覚悟を決して失わない。畳の上で死んでも野山に屍《かばね》を曝《さら》しても死に変わりがないとすれば、戦場で命を捧げ忠臣の名を永く後世に残す方が本望ではないか。人民すべてがこのような覚悟を持てば、いかに強大かつ多数の敵が押し寄せて来ようとも、恐れる必要はまったくないというのである。

「護国論」の上梓

ところで、「護国論」はいつ頃から、またどれくらいの範囲で読まれたのであろうか。月性没後、すぐ土屋蕭海らと「清狂吟稿」などの遺稿集の刊行を考えた松陰は、大坂もしくは萩城下のどちらかで「護国論」を上梓《じょうし》しようと奔走したが、文中危激の箇所が少なからずあり、時事に抵触する恐れがあるという理由でなかなか実現しなかったようだ。刑死直前に江戸伝馬町牢内で記した彼の遺著「留魂録」に、「清狂の護国論及び吟稿、口羽の詩稿、天下同志の士に寄示したし」(『全集』第六巻、二九五頁)とあり、また獄中にいた水戸藩士鮎沢伊太夫宛手紙に、「此の僧、仏法護国論と申すもの一小冊之れあり、上梓仕る筈に御座候。上梓出来候はば関東の一向宗信者へ与へ度《た》く存じ奉り候」(『全集』第八巻、四二七頁)などとあるから、この時期まで出版の事実はない。おそらく筆写本のまま有志の間で読まれていたのであろう。門主に呈した「護法意見封事」でなく「護国論」、もしくは「仏法護国論」の書名で知られていたようである。

西本願寺刊本の「護国論」が全国一万カ寺に頒布された時期ははっきりしないが、万延元(一八六〇)年四月二四日付赤禰武人より秋良敦之助宛手紙に、亡師月性の三回忌を無事済ませたことを告げながら、「護国百弐拾冊丈《だ》ケ奉差贈候」(一坂太郎編『史料赤禰武人』二一頁)とあり、これ以前に出版されていたことは、おそらく間違いない。国元から一二〇冊もの大量の刊本を一括して送ったのは、江戸に滞在中の秋良から、「護国論何卒《なにとぞ》便次第多分御仕送可被下候」(四月七日付手紙、「書簡集」二二)と送付を依頼されたからである。秋良の手を通じてこの地の友人知己に広く配布するためであろう。

2 紀州遊説の旅——南游日記

紀淡海峡の防衛を策す

「護法意見封事」の建白の後、翠紅館にいた月性は一体何をしていたのだろうか。「年譜」安政四年の項に、「二月下旬、本願寺の用件にて京都を発し伊勢に向かう」(『維新の先覚月性の研究』二八頁)とあるのは、正確な行き先や用務の内容などが分からないが、正月二五日付杉梅太郎より月性宛手紙に、「大坂之御法話大愉快と奉察候。一席拝聴仕候儀不相成遺憾遺憾」(「妙円寺書簡集」)とあるように、この頃、月性は本願寺門主の名で、京都や大坂方面で何度か法談を行っており、今回もそのタイプであろう。三月一日、津城下に現われ、一七日まで斎藤拙堂の家にいた。おそらく本山御用を終えた後、足を延ばして旧知の拙堂を訪ねたものと思われる。

この後すぐ、紀州遊説の話が具体化している。四月一日付周邦より月性宛手紙に、「紀州行延引ニ付其間ニ帰省仕度段願出候所其儀不相叶右三十日許《ばかり》之間ニ勢州御用被仰付候趣承知仕候」(同前)、紀州行が延期となり、この機会に帰国を願い出たがうまくいかず、その後三〇日の間に伊勢行の御用

津村別院図（宗政五十緒『大阪の名所図会を読む』所収）

を命じられたという件は承知したとあるから、もともと紀州行は、伊勢へ出発する前、おそらく年初に計画されていたものらしい。前年暮より国元から矢の催促を受けていた月性はいったん帰国を願い出たが許可が下りず、そのまま伊勢や紀州へ出掛けることになった。

これより先、正月二六日付松陰より月性宛手紙に、「石山・鷺森の法話、中興上人垂蹟の地、上人の苦心想ふべきなり、竊《ひそ》かに賀す、竊かに賀す」（「全集」第七巻、四七五頁）とあるのは、大坂石山の本願寺、実は西本願寺北御堂、今の津村別院（大阪市中央区本町四丁目）と和歌山城下の鷺森別院で法談を行うことを聞き、蓮如上人由緒の地だけに、いつもの海防論のみで終わるわけにいかず、さぞかし苦労があろうと案じたものである。少なくとも松陰は、紀州行を正月早々の手紙で知っていたことになる。

ところで、紀州行はいつ、どこで計画されたものか。「南游日記」によれば、この話は僧超然や梅田雲浜と時事問題を論じているさい、当今防衛の急務は、大坂湾への出入り口となる紀淡海峡、和歌山領から見れば加田海門であると結論したことに端を発したものらしい。前年の一一月三日、超然と酒を汲み交わしながら劇談したさい、雲浜も在席していたというが、同月二六日には、雲浜は出京、長州へ向かっており、この間にまとまった話であろう。本山御用の身である月性は自由に行動できず、改めて紀州遊説の許可を願い出ており、津村御堂や鷺森別院での法談はそのさい出てきたもののようである。

発錫《はっしゃく》の時期は故あってしばしば変更となり、因循《いんじゅん》半歳を過ごしてしまったというが、理由はおそらく本願寺側と受け入れ先の和歌山藩の双方にあったらしい。この時期の詩稿に、「鉄錫山を出でて南海に行く。清和四月雨始めて晴る。俗児の譏《そし》りは新蟬の語るに似たり。緑陰に付与して意のままに鳴かしむ」「維《こ》れ歳丁巳《ていし》夏四月、将《まさ》に紀藩に赴かんとして議論竭《つ》きたり。顧みず紛々たる児輩の譏り、単身奮って帝都より発す」（「清狂遺稿」巻下）などとあるから、本願寺内に緑陰で喧《やかま》しく鳴き競う蟬のように、今回の紀州遊説をあれこれ批判する声があったことが分かる。僧侶の身で法談に名を借りながら、実は加田海門の防衛などという兵事を論じ、政治問題に関わることを危険視し、反対する人びとが結構いたということである。

これに先立つ二月二四日付の御用僧教宗寺の沙汰書に、「紀州表御用向先方都合有之暫時延引に付其内勢州え出張被仰付候間」（「妙円寺諸達」）とあるように、和歌山藩の方でも、事は必ずしもスムーズに運ばなかったようだ。もともと徳川御三家五五万石の大藩の格式やプライドがあり、どこの馬の骨か分からない一介の真宗僧をどう処遇すべきか、重役陣の誰が会えばよいのか、議論錯綜したことは想像に難くない。由比正雪《ゆいしょうせつ》の慶安事件以来、他藩人との接触、とくに政治的談議を禁じていた藩の方針も、無関係ではなかろう。斎藤拙堂の門下生で月性とも相識の松坂の人家里新太郎（松嶹）の紹介した藩士小浦惣内（松坂奉行時代に拙堂に師事した）が世話役となるはずであったが、彼が突然江戸出府を命じられたりして、なかなか受け入れ準備が整わなかったことも、理由の一つのようである。

遅れた出発

紀州行きは何度も遅延を重ねながら、出発は四月一八日と決まった。「南游日記」に「未牌《みはい》旅装成り遂に発つ」とあり、午後二時頃に旅装を整え、宿舎を出たことが分かるが、すぐに京都を後にしたわけではない。いったん三条街に出て梅田雲浜に会ったのは、紀州行を最初に相談した人物だからである。すぐ近くの萩藩邸に行き留守居役の宍戸九郎兵衛らと会い、別杯を交わした後、六条に住む御用僧教宗寺を訪ね、鷺森別院などへ宛てた添書、および旅費を受け取った。夕方、伏見の萩藩別邸へ向かい、ここから午後一〇時頃、淀川を下る夜舟に乗った。相州警衛を終え帰国する三人の萩藩士がたまたま一緒であった。

壮行の席で出会った人びとが、使僧の身で何たる奇妙な格好をしているのかと笑ったというから、相当にひどい身なりで現われたようである。月性自身は、「この行、法主の命に非ず、いわゆる使僧とは大いに異なるを以て」（「南游日記」、前出『維新の先覚月性の研究』三二七～八頁。以下同）と弁解しているが、本願寺門主直々《じきじき》の命を体した使僧でこそないが、本山の添書を持ち、若干の旅費も給されたほとんど公用の旅であり、それなりの服装は当然要求されたはずである。

「南游日記」に、「行色打袍中、六字尊号一幅を収む。藩の先君邦憲公手書并に袈裟直衲各一領と、別に筆硯及び友嶋地図をもたらす。梅田（雲浜）恵むところ、吉田猛士（松陰）のくれし単衣《ひとえ》を衣《ちゃく》し、浪華名妓阿清施すところの袍破れたるを表に被《かぶり》、頭剃らざるは三十五日、竹笠をいただき（上に清狂二大字を題し、并に崑崙《こんろん》、妓画、皆土井幾之助筆に係る）、鉄杖を携え（宮本彦助恵むところ）、布脚絆《ぬのきゃはん》を穿《は》きて出行す。自ら顧みこの状形を以て堂々大藩に赴き、国家の大事を議し以て王畿の守りを固めんと欲す、狂亦《また》甚だしき哉《かな》」とあるように、月性自ら、奇妙な姿格好であることを十分承知していたが、このスタイルは、これまで各地を旅した彼のいわゆる乞食坊主のそれと変わらない。着ていた単衣は、幽囚中の松陰より貰ったというのだから、古着の類いであろう。この上に、浪華の馴染みの芸者が恵んでくれた、あちこち破れた袍を羽織っていた。一カ月以上も頭を剃らず、ハリネズミのような頭の上に派手な文字や画を描いた竹笠を被り、鉄の錫杖を鳴らしながら物々しく進むのだから、これ以上目立つ光景はなかっただろう。従者のいない一人旅であり、袈裟や直衲、筆記用具、地図など諸々の手回り品は、笈を背負うか振り分け荷物にしていたはずである。要するに、本願寺使僧云々とはまったく似て非なる不恰好な旅姿で出発したわけである。

伏見から出た淀川を下る夜舟は翌一九日の朝五時頃、八軒家浜に着いた。大坂城代邸に公用人大久保要を訪ねたのは、本願寺添書の威力であろう。大久保は大坂城代の職にあった土浦藩主土屋寅直に従い、大坂湾の沿岸防備にあれこれ活躍していた人物であり、おそらく紀淡海峡の防衛に関する情報や意見を求めたものと思われる。

この後、たまたま大坂に滞在していた藤森弘庵（恭助）をその旅宿に訪ねた。先月来、上洛中の彼とは何度も会い酒を汲み交わした親しい間柄である。宿の主人が月性の詩作を激賞するのを聞き、大いに気をよくしているが、むろん、これは弘庵が周囲の人びとに彼の詩を推賞したものである。藤沢東畡《とうがい》や奥野小山（弥太郎）ら市中の高名な儒者を含む大勢が集まり、弘庵を囲んで歓談の一時を過ごした。

四月二〇日、大坂まで同行した三人の萩藩士や弘庵の門人らと大坂南郊の免角亭に遊び、夜には信濃楼に登り、かねて馴染みの芸妓阿清を招いて酒宴を催している。宴酣《たけなわ》となった頃、三人の萩藩士が突然槍を取り上げ、実戦さながらの演武で月性の紀州遊説の前途を励まし、満座の人びとの度胆を抜いたという。狭い酒席に槍を持ち込み振り回すなど、いかにも不粋かつ場違いであるが、この日、彼らは玉造《たまつくり》まで槍の試合に行った後、月性を送別する会に現われたものである。

四月二一日、積小館（書肆《しょし》河新の別宅らしい）で藤森弘庵、松坂の人世古格太郎、土佐藩士福岡某らと会している。免角亭で昼食を摂り、住吉まで共に歩を進め、三文字亭でもう一度別れの酒を汲み交わした。ここで一行と別れ、ようやく紀州をめざして発った。すでに申時《さるのとき》、午後四時になっており、いくらも歩くことができず高石駅に泊まった。高麗橋（現・大阪市中央区）を起点にし、住吉大社前を通る紀州街道へ出て、今の大和橋、堺市大道筋、浜寺公園東側などのルートを来たものである。

四月二二日、早朝に発した月性は、酉刻《とりのこく》、すなわち午後六時、和歌山城下に着いた。紀ノ川を渡ってすぐ、和歌山城からさして遠くない場所にある鷺森の本願寺別院に向かい、輪番円光寺に会っている。現在の城北地区、和歌山市西布経丁鷺ノ森の地である。別院の一角を占める宿坊に泊まったらしい。

和歌山別院（和歌山市鷺ノ森）

和歌山城下における法談

四月二三日、頼三樹三郎《らいみきさぶろう》の書を持ち、藤堂英弥太を訪ねている。京都の人であるが、初め山鹿素水《やまがそすい》に兵学を学び、その後西洋兵学に進み、大小の武器の製造に詳しいことで知られた。この頃紀州藩に招かれ大砲鋳造を指導していたものであり、海岸防禦について専門家の意見を聞くためであろう。

四月二四日、小浦惣内の仲介で友嶋奉行松平九郎左衛門に会い、加田海門の防衛について述べた。持参した地図を拡げながら、紀淡海峡に浮かぶ沖ノ島、地ノ島の二つの島を合わせた友ヶ島や対岸の加田湾のどの辺りに、どの程度の威力を有する砲台を築くかを縷々《るる》説明したが、この地を支配する奉行から見れば、いかにも差し出がましい主張であり、素直に了解できるものではない。いろんな障害を挙げながら、実現がいかに難しいかを綿々と語ったようだ。何度も押し問答を繰り返した後、ようやく納得を得たというが、その場で月性は、友ヶ島の地図を細かく破り裂いている。軍事機密が漏れるというより、一国の防衛問題に他国の真宗僧が口出しをした、そのあまりに不遜な行為を憚ったものであろう。

四月二五日、どこにも出掛けず、前日、友嶋奉行より依頼された海防問題に関する意見書の執筆に終日取り組む。

四月二六日、意見書の執筆を急ぐように小浦の使いが来る。藩政府内の有志が月性の主張をもう少し詳しく知りたいという趣旨である。藤堂英弥太が訪ねて来る。酒を汲み交わしながら兵制を激論して大酔したという。

四月二七日、意見書の草稿を小浦宛に提出する。午後四時、別院の対面所において法談、夜には本堂仏前でもう一度法談を行う。いずれも別院輪番の依頼によるものである。説教の形式はとるが、得意の海寇防禦を述べたことは言うまでもない。

四月二八日、国学を好むと称する藩士夏目某が来る。今日の急務は国体を確立し、神州の復興をめざすことであり、国学者流の責任は極めて重いと述べる月性の説明に、頗《すこぶ》る感服して帰る。この後、前日と同じく本堂仏前で法談を行う。

四月二九日、小浦惣内が江戸へ発つのを見送る。小浦は、過日受け取った意見書を読んで大いに感服したので、これを藩政府内に披露するため、もう一通作成し早急に江戸に送るように言い残して去った。

五月一日、午後二時、別院出入りの商人上田吉兵衛宅で法談を行う。吉兵衛に伴われ執政留役（当役）白井忠次郎を訪ねる。藩士茂田一十郎も来会する。加田海門防備の重要性についてかねての持論を述べる。この後、酒宴となり盛り上がったが、席上、例によって月性は、禁忌も憚らず大言壮語し、参会者を大いに刺激し驚かしたという。

五月二日、終日、別院に滞在する。前日の会で、藩政府の重役との会見を斡旋するので、しばらく待機するように依頼されたためである。

和歌浦を望む

五月三日、評定所より勘定奉行水野藤兵衛宅に出頭するように通知が来る。直ちに上田吉兵衛と一緒に罷り出る。友ヶ島一帯の防禦の策を説明して賛同を得る。水野は、出発をしばらく延期し、足を延ばして有田郡湯浅村の豪商菊池海荘を訪ねてみるようにいう。帰途、上田宅で酒宴となり、二更《にこう》、すなわち午後一〇時、宿舎の別院に帰る。

五月四日、和歌浦に遊び、法福寺を訪ねて僧南瀛《なんえい》の歓待を受ける。

五月五日、風邪気味のため外出せず、宿舎で小説を読んだり、輪番と歌論を交わして一日を過ごす。夜、上田吉兵衛より執政久野丹波守が会いたい旨を伝えて来る。

五月六日、月性は、今の和歌山県庁の地にあった家老久野丹波守邸に出頭した。「友嶋熊野海岸防備緩急利害あるを論じ、慷慨劇談、膝前を覚えず、太夫の膝亦前尺ばかり」（「南游日記」、以下同）というから、興奮した月性は久野と膝をぶつからせんばかりに迫り、滔々《とうとう》と持論を述べた。感銘した久野は、他国の一介の僧侶ですらこのように国家のことを憂いているのに、われわれ政治の衝にある者が、何ら為すことなく高禄を食《は》んでいるのは、まことに恥ずかしいかぎりと述べている。この席で、先に本山へ建白した「護法意見封事」を久野に示したところ、再三復読し、これを周囲の人びとに見せながら、「教を以て教を防ぐの論、今時の情実に最切、われ甚だその識の高遠なることに服す。同志とともに相謀《はか》りたきもの、或は上人を煩《わずら》わすことあらんか、しかれば幸いに国家のためにその労に任ぜられんことを」、教えをもって教えを防ぐ主張は今人民にもっとも必要なものであり、これを同志と図って藩内全域に広めたいから、しばらくとどまり、各地で法談を行って欲しいと述べたが、前年来、国元から帰国を迫られていた月性にその気はなく、固く辞退している。久野はまた、菊池海荘を訪ね、辺備策略を議するように勧めている。

会見は二更、午後一〇時頃まで続いたというから、久野もよほど月性の議論に動かされたのであろう。この後、酒肴を供され、夜遅く帰ったが、途中、同行した吉兵衛宅に立ち寄り、再び酒宴となり、大いに気炎を挙げ、そのままここに泊まった。寝たのは四更、午前二時頃というから、ほとんど夜を徹して盛り上がったことになる。

五月七日、久野より昨日参館の労を謝する使いが来る。上田吉兵衛が現われ、久野や水野の意を受け、ぜひ菊池海荘に会うように再度勧める。

菊池海荘を訪ねる

五月八日、旅装を整え、輪番、吉兵衛、藤堂らに別れを告げ和歌山城下を発つ。和歌浦へ出て舟に乗り、海路三里、塩津村に上陸する。ここから小原坂、宮原村、有田川、糸我《いとが》山などを経て栖原《すはら》村に入る。陸路四里の行程である。この辺りは柑橘類の産地として有名であるが、時あたかも一斉に花が咲き、村中紛々たる香気に包まれていた。湯浅村の別宅に出掛けて不在の海荘を訪ねていく途中、偶然路上で彼に出会う。久野より報せを受けていた海荘は、月性の来訪を大いに喜び迎え入れている。

菊池海荘宅跡（和歌山県有田郡湯浅町栖原）

菊池家はもともと砂糖や薬種などを扱う土地の豪商で、この家の次男孫輔、号海荘（渓琴）は早くから詩書を学び、時事問題にも関心があった。寛政一一（一七九九）年生まれだから、この時すでに五九歳、月性より一八歳年長である。天保飢饉のさい、大塩平八郎らと窮民救助について要路に建白する傍ら、私財を投じて土木工事を起こし、荒地開墾を行うなど活躍している。郷党の青少年の教育にも熱心であり、自宅に剣槍の道場を設け、全国各地から高名の武芸者を招き教授に当たらせた。紀州藩ではもっとも早く海防攘夷を唱え、とくに紀淡海峡の防備の重要性を言い、嘉永三（一八五〇）年には、藩より有田・日高二郡の文武総裁を命じられている。農兵を組織し、その訓練のために私邸に稽古道場を造り、千疋谷に射撃場を設けたのは、そのことと無関係ではない。ペリー来航の頃には、郡内寺院の梵鐘を集めて次々に大砲を造り、広浦天王の浜、今の天皇山の辺りに配備した。海防問題に関しては、まさに紀州藩を代表する人物であり、月性と意気投合したのは言うまでもない。この日の酒宴には、すぐ近くの称名寺（正明寺）の住職を招いて時務論を闘わせているが、おそらく梵鐘供出に協力した有志の一人であろう。

月性が訪ねた海荘の本宅は、湯浅町栖原にあった。今はすべて建物が取り壊され、柑橘園となっているが、総面積五八三坪、立派な土塀に囲まれた敷地跡は、往時の繁栄を窺《うかが》わせるに十分である。バス停栖原入り口にある幸神社側の小路を入るとすぐの鹿島祠や芳雲碑は、かつて屋敷内に海荘が祀ったものである。

頼山陽が激賞したという詩作や文章だけでなく、海荘には海防問題に関する著作も多く、藩主に上書した「海防建議」「献芹微誠」「国政要論」や家老久野丹波守に建白した「海備余言」「海回蟲語」「七実言」などかあったが、この日、月性はその一つ、安政二（一八五五）年に書かれた海防策、「海回蟲語」を読みながら眠りに就いている。

五月九日、栖原漁港に近い極楽寺に行く。住職冷雲は、海荘に詩を学び、「冷雲詩鈔」三巻で知られた詩僧であるが、梵鐘供出にはとくに熱心で、早くから自坊の鐘楼に名札を掲げ、大砲御用の梵鐘であることを明示したという。もっとも、たまたま上洛中で会うことはできなかった。海荘の湯浅別宅に行き、滞在中の各地から来た剣客らと会う。称名寺や本勝寺の住職らも参加し、別れの酒宴となる。午後八時に乗船したが、潮の流れや風向きが悪く、ようやく午後一〇時に出航する。

五月一〇日、夜明けに和歌山港に着き、陸行、鷺森の別院に旅装を解く。夜、藤堂英弥太や上田吉兵衛らを訪ねるも皆不在、空しく戻り寝る。

五月一一日、紀州藩の重役白井、水野、久野、小浦などを訪ね、名刺を差し出し別れを告げて帰る。吉兵衛家の人びとが別れの挨拶に来る。

京都へ帰る

五月一二日、紀ノ川を渡り、雨の降る中を川沿いに遡上する。山口坂まで来たところでようやく雨も止む。茶店で一休みし、新立駅で昼食を摂った後、樫井《かしい》村に出たというから、今の県道七号粉河加太線を山口地区まで来て根来街道に入り、泉南市信達《しんたち》を経て樫井に出たことが分かる。大坂夏の陣で武名を轟かせた塙直之《ばんなおゆき》（団右衛門）の墓に詣でた。国道二六号線に並行する旧街道の一角、樫井青年会場の近くに見ることができる。関ケ原の戦いで西軍に属し敗れた毛利藩の昔を想い起こしたのであろうか。

ここからすぐの安松村の根来喜右衛門《ねごろきうえもん》を訪ねる。一二年前、篠崎小竹に従って南遊したさい、泊まった家である。大いに歓待され、懐旧談に思わず時の経つのを忘れる。午後六時、堺に着き、宿を求めたが、あまりに汚く異様な格好のため、宿屋はどこも断られ、小竹先生と泊まったことのある薬種店吉野家の世話で、ようやく金屋某の家に草鞋を脱ぐことができた。夜、医師佐々木某を訪ね酒宴となる。午後一〇時、宿に帰る。

五月一三日、早朝宿を発ち、午前八時大坂に入る。免角亭に上り、土佐堀の萩藩邸から来た監察竹内某らと飲む。

五月一四日、浪華橋袂の河内屋吉兵衛家に泊まる。月性が編者となった「今世名家文鈔」八巻本の版元であり、梅花社時代に一時下宿したこともある親しい関係である。今は亡き篠崎小竹の旧宅に挨拶を述べ、その後、後藤松陰、広瀬旭荘らを訪ねる。午後六時、八軒家浜より舟に乗り淀川を上る。

五月一五日、未明に伏見に着き、午前六時、帰京。御用僧教宗寺に復命する。その後、梅田雲浜や萩藩邸の宍戸九郎兵衛を訪ね、二四日間に及んだ紀州遊説の首尾を報告する。

帰国の催促

本山御用の伊勢行から紀州遊説に至る経過を詳しく報じた五月二三日付の松陰宛手紙に、「帰国ノ義頻《しきり》ニ申立候へとも未許《いくばく》モなく一応江州え参り訪二虞淵（超然）一カヘレト申事ニテ今日出錫彼方エ参リ帰京来月二日頃ニ可相成候」（『全集』旧版、第五巻、四五四頁）とあるように、この後、超然を江州福堂に訪ねた。紀州へ出発する前、京都で何度も彼に会い、南紀一件について相談しており、その報告のためである。福堂行きを勧めたのは、誰かはっきりしないが、紀州遊説が本山御用の形式をとっていたことから、教宗寺辺りの意向のようにも思われる。

松陰宛手紙にある帰国云々は、月性自身の意思はともかく、国元の周邦から何度も催促の手紙が来ていたことを指している。四月一日、四月三日、四月一三日、五月二日、五月六日と立て続けに出された周邦の手紙は、いずれも一刻も早い帰国を促している。その一つ、四月一三日付の手紙に、「四月四日出府の衆へ被託候書状相届其後便り無之いつやらと案じ申候。紀州御用も三十日と見ても去月中頃には帰京可相成直に御暇出候様に候はば、当月二日三日迄には必ず帰寺なるべくと屈指《くっし》相待候へども無其儀いつやらと案じいかにしても今明日なるべくと日夜待居申候。万一当月中にも下着不相成候へば又々遽《にわか》に人指登《さしのぼ》せ不申ば惣門徒之手前も相済申間敷く書状にても度々下《くだ》し候へば宜敷事を所用所用とのみにて様子不相分皆々案じ暮し申候」(「妙円寺書簡集」、以下同）とあるように、四月初めには必ず帰ると指折り数えて待っていたがその気配もなく、今月中に帰らないときは呼び戻しの人を改めて上洛させると、極めて厳しい口調である。五月二日付手紙に、「過日の書中に紀州後大坂御坊にて教諭之御内諭御座候様相見へ申候、最其儀御座候とも此度は堅く御断申当月中に帰寺可被致候」とあり、当の月性は相変わらず津村御堂での法談などという本山御用を言い募《つの》っていたようだが、周邦の側にこれを認めるつもりは全然なく、手紙を参宮人や法中総代として上京した者に託し、国元の意思を口頭でも申し入れている。土産に買って帰る蛇《じゃ》の目傘や門徒中に配る扇子の類いまで細々と注文しており、帰国をこれ以上延期することはもはや難しかった。

3　蝦夷地開拓計画

出遅れた西本願寺

月性の本心はともかく、帰国願いは年明け早々、本山宛に度々出されていたが、一向に実現せず、これが正式に許可されたのは、閏五月一五日である。実に半年近い期間認められなかったことになる。この間、伊勢行や紀州遊説、京大坂における法談が行われた。本山御用という面からいえば、短期間にこれほど重要な仕事をこなしていた人物も珍しいのであるが、帰国を延期させたのは、それだけではなかったようだ。

閏五月二八日付の杉梅太郎宛手紙に、「扨而《さて》一変事者《は》蝦夷地方箱ダテ近傍五十万ツボ本山ヨリ開田人ヲ種《う》え寺ヲ建候様ニ幕府免許有之此節松井中務ナド其カカリニ相成リ使僧四人の内え狂禿《きょうとく》ヲ加へ申出ニ相成候由両三日中ニ其詮議相決候へハ帰国ヤメ直ニ此地飛錫セズテハ不相済ト只今松井方より内移リ相来リ候」(「書簡集」一) とあるように、帰国許可がおり、準備に余念がなかったまさにその時期、蝦夷地派遣使僧の候補者に擬せられるという新しい事態が生じた。すぐ続けて、「明午後ハ三樹、月波楼ニ而頼宗匠梅田(雲浜)巽(春日潜庵)池内(大学)、其外諸儒先生、狂生ヲ飲餞《いんせん》ト申ス約アリ、西帰の別酒か北遊の別レニナリソヲニ相成候」とも言っており、頼三樹三郎が主催する帰国送別の会が俄《にわか》に蝦夷地への壮行会に変わりそうな雰囲気であった。

ところで、この頃、蝦夷地の布教はどうなっていたのだろうか。この地を支配していた松前藩は、その領内において一宗一派の政策をとり、真言宗は古義、禅宗は曹洞宗などと決めていたが、真宗については大谷派、すなわち東本願寺が唯一進出を認められていた。ただ、寺院は、松前藩の城下町福山や奉行所のあった箱館に集中し、札幌や小樽などにはほとんど存在しなかった。

安政二(一八五五)年二月、蝦夷地を再び収公、直轄化した幕府は、従来の城下町中心の布教活動を大いに疑問視し、これまでの一宗一派政策を廃棄した。蝦夷地全域の支配権を確立するには、各宗各派の寺院が積極的に進出し展開することの必要性を強く感じていたからである。

蝦夷地で決定的に出遅れた西本願寺は、布教活動の情報収集のため、天保四(一八三三)年、但馬国平田（現・兵庫県出石郡但東町平田）の万福寺大蟲、嘉永年中には近江国榎木（現・長浜市榎木町）の浄願寺遠照を派遣していたが、幕府支配が発足した翌年、正式に蝦夷地布教の許可を願い出ている。安政四年春、幕府より小樽内（オタルナイ）に一万坪の土地を貸与され、本願寺休泊所、後の小樽別院を設けた。同じ頃、箱館の地蔵町（現・東川町）の奉行所そばに願乗寺休泊所と称する一宇、後の箱館別院をスタートさせた。

蝦夷地派遣はなぜ浮上したのか

かねて蝦夷地開拓に意欲を燃やしていた西本願寺は、安政四年五月、幕府より渡島《おじま》地方南部、今の函館平野西端の戸切地《へきりち》川左岸、濁川《にごりがわ》村（現・上磯町）に実に五五万坪という広大な土地を借用することに成功した。帰国準備中の月性に突然蝦夷地行の話が持ち上がったのは、こうした新しい情勢によるものである。帰国を必ずしも喜んでいなかった月性は、蝦夷地行に十分乗り気であったらしいが、なぜかこの話は間もなく立ち消えとなり、そのまま帰国することとなった。閏五月二九日、前出の手紙にある三本木の月波楼で送別の会が催された。六月六日には、梅田雲浜から送序を贈られている。またこの前後、交際のあった諸名士に次々に会い、書画を求めている。

突然浮上した蝦夷地行は、本願寺内の隠然たる勢力であった保守派、かねて月性の過激な言動を快く思わず、機会あれば彼を排除したいと思っていた連中の画策である、何かと目障りな月性を遠い蝦夷地へ追いやろうとしたとする見方もあるが、その真偽はともかく、月性自身がこれを望んでいたとすれば、派遣中止の理由はよく分からない。何度も帰国願いを繰り返し、すでに許可の沙汰書が出ていた事実を優先させたのであろう。月性本人は、いったん帰国して、再度蝦夷地行の話があれば、すぐにこれに応じたいと考えていたようだ。安政五年二月二〇日付の旧門生大楽源太郎宛手紙に、上洛する久坂玄瑞の面倒を見るように依頼しながら、「狂生モトヲカ再上の命下候様ニ承候間春夏の間ニハ孰《いず》レ飛錫可致候」(「書簡集」二)とあるのは、帰国後半年以上を経た時点でも、なお彼が再上洛、おそらく蝦夷地行を真剣に考えていたことを物語るものであろう。

それはともかく、帰国許可の沙汰書が出てから一カ月後、六月半ばになっても、まだ月性は京都にいた。水戸遊学を終え、この頃京都に現われた鳥取藩士安達清風《あだちせいふう》の日記によれば、祇園祭の最中の六月一四日、梅田雲浜、月性、池内大学、頼三樹三郎、宍戸九郎兵衛ら在京の志士十有余人と会合、大酔散ののち、四条河原で納涼、四条橋下の旗亭に行き、酔に乗じて妓楼に繰り出したという。連日連夜の飲み会、送別会のハシゴのような毎日を送っていたことが分かる。

七月九日、妙円寺に帰っており、京都を発ったのは、おそらく七月初旬、いつものように大坂から海路、船に乗ったものであろう。間もなく再上洛すると考えていたためか、月性は京都に沢山の借金を残したまま帰国した。結局そのことは実現せず、一二月一七日付の秋良敦之助宛手紙に、「宍翁(宍戸九郎兵衛)ヨリ来書ニテ承候へば赤根《ママ》君京都ニテ狂生負債御払却被下候趣キニ相聞」(同前)とあるように、雲浜の望楠軒で学んでいた旧門生の赤禰武人が、あちこち奔走して月性が残した借金の肩代わりをしている。完済したのではなく、後年、叔父周邦が上洛して残された借財の跡始末をした事実があり、赤禰一人ではどうにもならないほど大きな金額であったようだ。

第十章　月性——どのような人間であったのか

1　家庭人としての月性

寺を継ぎ結婚する

嘉永五（一八五二）年四月二五日、本山より住職免許の通知があり、月性は妙円寺第一〇世住職となった。叔父周邦はまだ四八歳であり、隠居するほどの年齢ではなかったが、一方、月性はすでに三六歳となっており、一寺の住職となることに何ら問題はなかった。というより、このままの状態では、放浪癖のある月性のことだから、いつどこへ出ていくか分からない、このさい責任ある住職というポストを与え、寺に落ち着かせようとしたらしい。寺の唯一人の男子、つまり後継者である月性に、これ以上ふらふらして貰っては困るというのが、家族の一致した意見であり、これについて門徒の人びとにもまったく異存はなかった。

月性が新しい住職になったとき、妙円寺には叔父周邦夫婦と娘梅野、彼の母尾の上がいた。祖父謙譲は、天保八（一八三七）年、八三歳で没し、また祖母オヨネは天保一三年、七三歳で亡くなっており、家族は月性を含めて五人しかいなかったことになる。その他、修業中の小僧が一、二人いたらしいが、全部合わせても六、七人である。ただ、この時期は、寺内の一角に時習館が設けられ、出入りする通学生の外に寄宿生も何人かいたから、それなりに活気に満ちていたことは間違いない。

住職となって間もなく、月性は叔父周邦の娘梅野、つまり月性の従妹にあたる女性と結婚した。彼女は天保八年生まれだから、このときまだ一六歳、月性とは二〇歳の大きな年齢差があった。十代半ばの幼い花嫁は、当時の女性としてはごく普通の嫁入りであるが、夫月性との二世代に及ぶ年齢差はさすがに極端であり、いくら周囲の勧めとはいえ、若干抵抗がなかったわけではあるまい。彼女が生まれたとき、月性はすでに立派な大人であり、親子のような関係で接してきたのだから、嫁入りしても、すぐにまともな夫婦生活は期待できなかったのではなかろうか。

月性はともかく、梅野の側にそうした違和感があったに違いない。誕生してからずっと一緒に暮らしてきた、親しいといえばこれぐらい親しい間柄もないが、それが素直に男女の感情に発展したわけではなかろう。しかも、当の相手は、僧侶のくせに頭も剃らず髪はいつもぼうぼう、服装にも一向にお構いなく、乞食坊主のような格好の月性であるから、好きになるとか、恋心を抱くような気持ちにはとてもなれなかったとしても不思議ではない。二人の間に、なかなか子供が誕生しなかったのも、そうした夫婦関係のせいかも分からない。

月性の方も、新婚早々の五、六月には萩城下へ出てしばらく帰らなかったから、夫婦生活どころではない。それに関係すると思われるが、この頃、月性は「水母《くらげ》」と題する詩作で、「旧友狂悖《きょうはい》を怒り、我を捨てて往来疎なり。新婦は老禿《ろうとく》を悪《にく》み我を捨てて姦夫に従う。奴婢《ぬひ》稍《ようや》く我を侮り、主人の愚を目笑す。弟子尤《もっと》も我を嘲り、竊《ひそか》に先生の迂《う》を晒《わら》う。東西倚《よ》る所を失い、孤立誰を傭《やと》うて扶けしめん。悠々たる天地の間、微軀を容《い》るべき処無し。母氏為めに労劬《ろうく》し多く反哺の烏に愧《は》づ。酒を飲んで憂を忘れんと欲すれば嚢空《のうむなし》くして沽《か》ふを得ず、詩を作って悶《もん》を遣《や》らんと欲すれば、情迫って却って歔欷《きょき》す」（「清狂遺稿」巻下）と言うように、周囲の人びととの確執に詩作もままならないほど悩み苦しんでいる。日頃元気潑剌な彼にしては珍しく意気阻喪しているが、この極端な落ち込みの原因は一体何なのであろうか。

「狂悖」というだけでは、旧友が敬遠して寄り付かなくなったのが、この頃俄《にわか》に過激の度合いを増した政治的発言のゆえか、それとも単純に月性の粗暴な言動によるものかはっきりしない。安政二（一八五五）年二月一六日と推定される土屋蕭海からの手紙に、「晩香御絶交之由上人之豪爽雖可称矣。しかし不経済不経済、御一笑御一笑」（「資材」二）とあるように、竹馬の友で、ほとんど兄弟同然に親しかった遠崎村の秋元晩香（佐多郎）と一時期絶交したことがあり、この種のもめ事はよくあったのかもしれない。

寺の使用人がとかく反抗的で自分の言うことを聞かない。門弟たちも先生を馬鹿にしており、今や自分は四面楚歌、一人ぽっちの状態であるというのは、いささか被害妄想の感があるが、問題は、新婦の梅野が姦夫を作ったという点である。夫婦生活が必ずしもうまくいっていないのを、象徴的に述べたにしてはいささか露骨な表現であるが、もし本当ならば、新婚早々、梅野は好きな男と手に手をとって逃げたということになる。恋人がいた梅野が、無理遣り月性の許に嫁入りさせられたため、我慢できなくなり駈落ちしたと考えると辻褄が合うが、相手が誰で、どのような結末になったのか、その後の経緯は何も分からない。新婦の家出という大事件が、離婚騒ぎにはなっておらず、周囲の説得で何とか一件落着したようであるが、夫婦関係がぎくしゃくしたままであったことは想像に難くない。その後も月性が新婚家庭を顧みず、門徒の苦情もあえて放ったらかしにしたまま各地の遊説に忙しかったのは、おそらくこれが一つの理由であろう。

「水母」という題材は、どこに目があるのかよく分からない、得体の知れない生き物のクラゲですら、無限に広がる大海原を遊泳し、目的地をめざして流れていくのに、自分はこの広い世間をどう渡ればよいのか、いかに生きるべきか、何も分からず右往左往するばかりであるという、いかにも自信喪失した月性の独白《どくはく》である。クラゲの奇妙な姿形やその動きに託しながら、詩人らしいイメージを膨らませたというより、新婦に去られて呆然としていた月性が、思わず嘘偽りなしに心の内を語ったとみるべきであろう。

簾子の誕生

最初に失敗した夫婦関係は簡単には元へ戻らなかったらしく、二人の間にはなかなか子供ができなかった。第一子、長女が生まれたのは、安政三年五月五日であり、簾子《みすこ》と名付けられた。月性が四〇歳のときである。結婚して実に五年ぶりに授かった子宝である。初老の父親からして見れば、限りなく嬉しい出来事であり、また可愛らしい存在であったはずであるが、このことについて月性は何も語っていない。日常茶飯、喜怒哀楽のすべてを詩作に託した彼にしては、子供の誕生に触れた作品は一つもなく、完全に沈黙したままであるが、その理由は今一つ分からない。夫婦生活が冷めたままであったのか、それとも生まれた子供の父親が誰か分からない、つまり梅野の男関係をまだ疑っていたのだろうか。いずれにせよ、この後すぐ、月性は本山御用で上洛し、一年ほど帰らなかった。また帰国後一〇カ月余で急逝するから、わが娘、幼い簾子を囲んだ和やかな家庭の団欒はほとんど味わっていない。

なお、安政五年五月一〇日、月性が死んだとき、簾子はまだ数え年三歳の幼児であった。以後は、後家となった梅野二二歳と再度住職を継いだ祖父周邦五四歳の手で育てられたが、文久二（一八六二）年九月二〇日、享年七歳で死んだ。妙円寺過去帳に、「五〇余日医薬ヲ尽シタルモ甲斐ナク、衰弱至極ニシテ遂ニ愚老ガ膝ノ上ニテ息絶エタリ、悲歎究《きわま》リナシ」とあるから、長らく病床にあり、祖父周邦の腕に抱かれながら亡くなったことが分かる。他に子供はおらず、月性の直系はこれで絶えたわけである。

母尾の上の死

娘簾子が生まれて一時大いに明るくなった妙円寺であるが、これもあまり長続きしていない。帰郷してすぐ月性を悩ました出来事は、母尾の上が病の床に伏したことである。天保二（一八三一）年、一五歳の夏、九州へ旅立った月性は、時おり帰省して寺にいたことはあるが、この間、何度も遊学を繰り返し、弘化四（一八四七）年暮、大坂から帰った三一歳の頃まで、約一六年間ほとんど不在であった。母尾の上と一緒に暮らす日々は、一五歳の夏で終わったといっても過言ではない。

新婦梅野の不倫騒ぎで大きなショックをうけ、詩作も何も手につかず、悶々と酒で憂《うさ》をはらす毎日を送っていた月性を慰め励ましてくれたのは、この母尾の上である。自分の立場を一番よく理解し、懸命に支えてくれる母に対し、何一つ報いることのできない哀れな状況にあることを大いに恥じながら、「自今法暇を偸《ぬす》みて、読書三余を勉め、慇懃《いんぎん》に母氏を慰め、復然《またしか》く労劬《ろうく》せしむること勿《なか》らん」(「清狂遺稿」巻下)、寺務に熱心なのはむろんであるが、勉学に勤《いそ》しみ母への孝養に努めたいと言ったのは、早くに父と別れ、母の手一つで育てられてきた家庭環境からすれば、極めて当然であろう。

母尾の上の病気は、かなり以前から進行していたらしく、月性が本山御用で上洛中にすでに病気の報せを聞いている。安政三年一〇月二二日付周邦からの手紙に、「母病気と申来り候間急々罷下り度と歎願可被致候」(「妙円寺書簡集」、以下同)とあるのは、本山御用を断り帰国するための口実のようにも思われるが、時おり母病いの言葉があり、必ずしも嘘ではなかった。翌年五月六日付の手紙には、「母者御事も此節はまづは快き方に候へども追々衰《おと》ろへに御座候」と、病状が何とか落ち着いている様子を伝えている。ただ、すでに七十近い老齢であるから、今は小康状態の病気がいつ悪化するやもしれず、月性が案じたのも分からないではない。

月性が帰国して半年足らずの一二月四日、ついに母尾の上が死んだ。享年六七歳である。妙円寺過去帳は、「蓮操院妙正大姉ハ卒中風トカ云病ナルベシ、極月《ごくげつ》朔日イツモノ如ク早クヲキ御仏飯ヲタキ誦経参堂何ヤ彼ヤノコトマテ急《いそ》カシク済シ朝飯ヲモタベス御仏飯器ヲミガキカケ忽《たちま》チニ発病无言《むげん》シタマヒ薬汁モ通ラス四日七ツ半（午前五時）コロ遂ニ息タヘケル」と、急の発症で死んだようにいうが、年齢からみて持病の悪化、おそらく脳溢血の発作で倒れ、そのまま一語も発せず、薬も何も受け付けないまま、帰らぬ人となったのであろう。持病といっても、仏前の朝のお勤めがきちんとできるぐらいだから、それほどの重症ではない。家族の人びとが、「大姉君卒中風ニテ急死」と見たのは、そのためと思われる。

ところで、母尾の上は、長年、妙円寺ではほとんど主婦と変わらぬ重要な役割を果たしていた。八三歳で死んだ祖父謙譲は、晩年は老人病で寝たきり状態となり、また祖母オヨネは中風で三年病床にあったが、二人を看病したのは、いずれも尾の上である。年齢的に一番若い周邦の嫁、月性とは同じ年の義母となる人、過去帳には周邦室、法名蓮光院釈尼教定大姉としかないが、彼女は梅野を産んだ翌年、二一歳のとき、足萎《な》えの病気に罹り、種々医薬を施したが、遂に立つことができなくなり、背骨がしだいに屈《かが》み身体のみ太る、いわば身障状態となり、普通の生活はできなくなった。生まれたばかりの赤ん坊梅野は、ほとんど伯母尾の上の手で育てられたといってもよい。なお、彼女は、安政五年六月一九日急逝した。享年四二歳。月性の死後一カ月ほどのことであり、これで僅か半年の短期間に、妙円寺では三つの葬式を立て続けに出したことになる。残されたのは、再度住職となった叔父周邦を中心に、月性の未亡人梅野と娘簾子の三人のみであり、一時は十数人の家族がいた賑やかな寺内は、俄《にわか》に寂しくなった。

安政四年一二月一七日付秋良敦之助宛手紙に、「如命老萱《ろうけん》其後医薬無験泊□（欠字）長逝往生成仏仕り終天

ノ遺憾此事ニ奉存候。大喪中不怠仏事仕居候に而御垂憐可被下候」（「書簡集」一）、また一二月二四日付松陰宛手紙に、「先妣《せんぴ》ハ母而兼レ父候人ニ御座候所狂の不孝終身一日モ不レ能レ使二其安レ心、俄ニ永訣仕リ終天の遺憾此事ニ存候御垂憐可レ被レ下候（中略）、此節ハ大喪中仏事而已《のみ》修行読書歌詠モ廃シ酒モ不レ飲相慎居候」（「全集」旧版、第五巻、四八八～九頁）とあるのは、いずれも二人から来た丁寧な弔書への礼状である。日頃親しく出入りし、面識もあった秋良へはともかく、萩城下まですぐに報らせた理由は分からないが、悲嘆の度合いが大きかっただけに、その事実を自分一人で抱え込むことに耐えられず、諸方へ報せたのであろうか。母であり父でもある、何者にも替えがたい大切な人を失った悲しみで、詩作もせず好きな酒も断って、ひたすら仏前に手を合わせているというのである。しかも、この悲しみはなかなか癒されなかったらしく、安政五年二月二〇日、在京中の旧門人大楽源太郎に宛てた手紙に、「去冬老母西行大ニ愁傷仕居候」（「書簡集」二）とある。年が改まっても、事あるごとに亡き母を思い出し、しかもそのことを少しも隠さなかった。日頃豪快無比の月性の言動からすれば、いささか女々《めめ》しすぎる反応であるが、それだけ悲しみが大きかったのであろう。

2　全国各地に及んだ多彩な交友関係

すでに見たように、妙円寺に残された「金蘭簿」やこれを下敷きに作成された「年譜」には、全国一二カ国から三八名の人びとが遠崎村を訪ねた事実が記されているが、「金蘭簿」はもともと嘉永元（一八四八）年四月起筆、安政二（一八五五）年三月まで、僅か七年間の来訪者に関する記録であり、月性の交友関係のごく一部を伝えているにすぎない。四二年の生涯の半ば近くを旅の空で過ごした月性だけに、彼が訪ねた城下町、村や町は無数にあり、その足跡はほとんど全国津々浦々に及んでいる。しかも、月性は行く先々で驚くほどさまざまな身分や職業の人と出会っている。土地の学者や文人、名望家層はいうまでもなく、藩の重役、奉行や家老クラスまで気軽に面会しているが、これはおそらく、彼がもともと行動に制約のあるサムライ身分でない、つまり士農工商という封建的身分秩序から一定の距離を置く僧侶、いわゆる方外の人であったことが、かえって幸いしたように思われる。

サムライ身分の諸国遊歴を見ればすぐに分かるが、城下町における文武修業者の滞在はせいぜい十日以内に限られており、旅宿も藩が指定する場合が普通である。かなり晩《おそ》くまで他国人との面会、つまり接触を禁じていた藩も少なくない。東北遊歴中、秋田の城下で紹介状を呈したにもかかわらず、藩法を理由に重臣渋谷内膳《しぶやないぜん》との面会を断られた松陰などは、その典型であろう。藩校などの見学のさいには、いつもしかるべき案内人、実は監視役がついており、行動の自由はもともとなかったといっても過言ではない。

学塾を通しての交友

前後十数年間に及ぶ諸国遊学中の月性は、恒遠醒窓の蔵春園、広瀬淡窓の咸宜園、僧不及の精居寮、坂井虎山の百千堂、篠崎小竹の梅花社、斎藤拙堂の家塾、後の棲碧山房《せいへきさんぼう》など、いずれも全国的に名を知られた先生の主宰する塾に学んでおり、当然のように、そこに出入りする沢山の学者や文人と交際することができた。大坂最大の漢学塾として知られた梅花社の時代には、彼自身が師範代である都講に任じただけに、一層多くの人びとと接触があった。後藤松陰、藤沢東畡《とうがい》、広瀬元恭、野田笛浦《てきほ》、森田節斎、広瀬旭荘、梁川星巌、池内大学、頼三樹三郎ら、当代を代表する各界の有名人たちとは、いずれもこの塾で知り合った。

叔父龍護やその友人超然を通じて、宗教界にも多くの知人ができた。安楽寺祐存や東本願寺の学僧として有名な雲華院大含らも、彼らを通じて知った。安政三（一八五六）年夏、本山御用で翠紅館にいた時期には、家老の松井中務《ちゅうむ》ら本願寺上層部とは頻繁かつ親密な交際があった。門主広如上人には、「護法意見封事」の建白などで参殿したとき以外にあまり会うことはなかったようであるが、その跡を継ぐことになる明如《みょうにょ》上人、まだ幼少の新門は、しばしば翠紅館に遊びにきて、茶菓の接待を受けながら月性の話に耳を傾けたという。

もともと陽気で社交好きの性格もあるが、最晩年の京都滞在中は、機会あるごとに諸方へ出掛けて、大勢の人と会うことを日課のようにしている。一年間の本山御用を終えて帰国する直前はとくに忙しく、萩の杉梅太郎に、「此頃ハ藤森翁姫路より帰路過京滞留、野田笛浦モ滞京、日々二翁ニ周旋致居、水戸豊田小太郎モ同藩清水某ト同来京、是モ度《たびたび》来訪被致、議論相磨候。大津の書生矢野義太郎ト申ス天朝家モ、此間已来三度ハカリ来訪、大ニ論し候。外に肥後ノ松田某モ両度来遊、是ハ御賢弟知己の由ナレトモ、其為人《ひととなり》スコシ可怪様ニモ相見へ候。明日者《は》関白殿下諸太夫白井何某より被招、本山家老同伴ニ而参候筈《はず》ニ御座候」（五月二八日付手紙、「書簡集」一）と近況を報じたように、目まぐるしいほどの活躍ぶりである。

藤森弘庵（恭助）は江戸の儒者であるが、ペリー来航のさい、「海防備論」を著わし幕政を批判したことで知られる。たまたま故郷の姫路に招かれて帰ったものであり、すでに紀州遊説の前、大坂で会っている。丹後田辺の人野田笛浦は、月性が編者となった「今世名家文鈔」に名前を列ねる四大文章家の一人であり、早くから交際があった。豊田小太郎は、東北遊歴のさい松陰も教えを乞うた水戸学者豊田天功（彦次郎）の子である。排仏論の急先鋒である水戸人と度々会い、意見を闘わしたというのだから、かねての持論、真俗二諦論を引き合いに出しながら、真宗の教えがいかに正しいかを高調したものと見える。あまり評価の芳しくない松田某とは、熊本藩士松田重助のことである。松陰を佐久間象山塾に紹介した人物であり、江戸京橋の酒楼伊勢本で催された下田踏海の謀議の席にもいたが、のち池田屋事件で宮部鼎蔵《ていぞう》らと殺された。関白九条尚忠《ひさただ》その人との接触は不明だが、幕府に気脈を通じ、勤王派志士の動きに批判的な立場を取っていた、目の上のたんこぶ的な存在であっただけに、これを何とか説得しようとしたのであろうか。いずれにせよ、本山家老、おそらく松井中務を介してその家に招かれ、得意の護法護国論、なかんずく海寇防禦の主張を披露したのであろう。

梅田雲浜を知る

幕府のいわゆる「悪謀の四天王」、梁川星巌、梅田雲浜、頼三樹三郎、池内大学らを含めた、京洛で活躍する志士たちとも盛んに往来したが、その主義主張や行動の面でなかんずく意気投合し、胸襟《きょうきん》を開いて付き合ったのは、若狭小浜の浪人儒者梅田雲浜である。以下、やや詳しく彼との交友関係を見てみよう。

雲浜と親しくなった長州人の最初は秋良敦之助らしく、彼の交友関係を通じて雲浜の名がしだいに藩内に知られるようになった。出会いの時期ははっきりとは分からないが、雲浜が近江大津の湖南塾を閉じ京都に出て来たのが、天保一四（一八四三）年秋というから、それ以後のことであろう。もと若林強斎《わかばやしきょうさい》が創めた二条堺町通の望楠軒で教鞭を執っており、たまたま京都出張中の秋良と知合ったものであろう。二人とも梁川星巌や頼三樹三郎らと交際があったから、いずれかに紹介された可能性もないではない。

雲浜が京都に姿を見せた頃、月性は大坂の梅花社に在塾中であるが、両者が接触したような形跡はなく、おそらく出会いは、それより一三年後、すなわち安政三（一八五六）年夏に本山御用で上洛した時期と思われる。早くから月性と親交のあった秋良が、帰国のたびに雲浜の主張やその人と為りを詳しく知らせていたことは想像に難くない。月性と頻繁に往来のあった松陰の場合はもう少し早く、嘉永六（一八五三）年一一月、長崎でロシア軍艦の乗り込みに失敗して江戸へ戻る途中、京都で雲浜に会っている。旧師森田節斎に宛てた手紙に、「梅田源二郎に造《いた》り、細かに京師の事情を聴く」（「全集」第七巻、二一五頁）とあり、また萩の兄梅太郎にも、「京師梅田源二郎事務には甚だ錬達、議論も亦《また》正しく、事務上に付いては益を得るの事も多し」（同前書、二一三頁）などと報じたように、僅か四日の滞在中に何度も会っている。この後間もなく、江戸に出て来た雲浜と鍛冶橋外桶町にあった鳥山確斎の蒼龍軒塾で再会しており、松陰の口から雲浜に関するさまざまな情報が齎《もた》らされたことは、おそらく間違いない。

初対面のとき、雲浜はすぐ酒を出して月性をもてなした。松陰から「酒徒也」と評された無類の酒好きのせいであるが、月性もまた負けず劣らず酒呑みであることを秋良辺りから聞いていたのであろう。周囲から一癖ある曲者だから用心するように聞かされており、敷居を跨《また》ぐのに気が重かったという月性に対して、世の学者が皆一癖ある人物であれば、自分がこれほど時事を憂い苦労する必要もないのに、なんと世間にはお人好しの儒者どもの多いことかと答え、意気投合した二人は、互いに手を取り合って笑ったという。

小浜藩主の招聘を断り、しかも度々建白を出して、かえってお咎めを受け、士籍を削られ永《なが》のお暇となったという前歴から分かるように、雲浜は生来自尊心が強く、容易に人を寄せ付けないところがあった。性狷介《けんかい》、あるいは偏屈などの人物評があるのは、そのためである。たとえば森田節斎が、「其人頗《すこぶる》卓然タル道気、独立与人不通交、独来僕家、人皆怪之（中略）、此人偏クツナレド随分死節人也」（佐伯仲蔵『梅田雲浜先生』一五七頁）、極端な道理の持ち主のため他人とあまり交際がないが、わが家だけには出入りし、世間の人は不思議がっている。偏屈だが、志は大いに高い人物であるなどというように、日頃から社交性に乏しく、周囲に親しく付き合う友達はあまりいなかったようだ。

出身藩の若狭小浜藩とは絶縁状態のままであり、同じ浪人でも松陰が頻繁に江戸や京都の萩藩邸に出入りして一向に平気であったのとは、大違いである。大和十津川や奈良五条、備中方面への遊説はそれなりの成果があったようだが、有力大藩、すなわち水戸や福井、長州藩への働き掛けが必ずしもうまく行かなかったのは、そうした彼の頑固一徹、いささか偏狭な性格も影響したのかも分からない。

月性の紀州遊説は、雲浜や超然らと相談して決めたものであるが、もともとは雲浜自身が乗り込みたかったようだ。由比正雪の慶安事件に関与して以来、紀州藩では、他藩人との接触を厳しく取り締まっており、浪人身分の雲浜の遊説など論外であった。紀州城下に入っても行動の自由は何も保証されておらず、藩重役と会うことなど到底あり得ない。加田海門、紀淡海峡の防衛問題を取り上げながら、実は紀州藩を勤王派のシンパにしようとすれば、法談に名を借りた月性の遊説が最適であったというわけである。

雲浜の長州下向

安政三（一八五六）年末から翌年正月にかけて行われた雲浜の長州藩遊説は、京都藩邸留守居役の宍戸九郎兵衛と月性が画策したものである。一一月二四日、宍戸から翠紅館にいた月性の許に、「梾田（梅田）発足来ル廿六日に延引に付、明廿五日朝飯後より離盃、真の小酌相催すべく候間、藩邸まで飛錫是祈、昨日より御慎み出で弦歌は禁制也」（「妙円寺書簡集」）と案内してきた。何かの忌事で弦歌は不可の達しがあったというのだが、ささやかな別宴とわざわざ断ったのは、陽気な月性が加わると、いつもどんちゃん騒ぎになったためであろう。

いずれにせよ、わざわざ藩邸で雲浜の送別会を催すというのだから、すでにほとんど藩ぐるみの企て、いわば公用出張と同じである。直接の目的は、長州藩と上方の物資の交易ルートを確立するということであった。藩重役の坪井九右衛門が始めた勧農物産の中央集荷政策を推進するため、販売先の開拓や流通システムの円滑化などについて相談しようとするものであった。ただ、雲浜の本当の狙いは、そうした物産交易の斡旋を通じて、長州藩を勤王方に引き入れることであり、それについては月性らも異存はなかった。

長州入りした雲浜は、阿月の秋良敦之助を訪ねたが、たまたま秋良は、主君の浦靭負に従って萩城下に出ており不在であった。浦家の郷校克己堂で時習館生でもあった秋良雄太郎や赤禰武人らの武術訓練を見たのは、この時である。赤禰はこの出会いがきっかけになり、やがて雲浜に連れられ上洛し、望楠軒に学ぶことになる。

年末、萩城下に入った雲浜は、藩校明倫館で経書を講じているが、これは今回の長州入りが文学修業を名目にしていたためである。他藩のしかも浪人儒者の旅を合法化するには、これしか方法がなかったからであり、京都藩邸の宍戸が仕組んだことは、想像に難くない。安政四年正月二六日付の松陰より小田村伊之助宛手紙に、「京都梅田源次郎来萩、学校へも度々参り候よし、諸先生大いに感心の様子に相聞き申し候」（『全集』第七巻、四七三頁）とあり、また同日付久保清太郎宛手紙に、「去臘《きょろう》京師梅田源次郎来游、正月中頃迄逗留《とうりゅう》致し候。満城心服の様子に相聞き候。松下村塾の額面も頼み候て出来申し候」（同前書、四七四頁）とあるのは、そのことを報じたものである。二人はすでに相識の間柄であるが、幽囚中の松陰がいくら文学修業者とはいえ、他藩人の雲浜に何度も会うことはできず、村塾の表札は塾生の誰かを介して作成されたものであろう。なお、この表札は早くに失われてなく、現在村塾の正面に掛けられているのは、明治に入り土地の古老滝口吉良《よしなが》が書いたものである。

土屋蕭海が「梅田の正雪は得意にやらかす」（『妙円寺書簡集』）などと感服しきりであった、由比正雪を彷彿とさせる雲浜の弁舌爽やかな講義ぶりは、萩城下の人びとを圧倒し沈黙させたが、遊説の第一の目的であった物産交易の斡旋は、必ずしもスムーズに運ばなかったようだ。輸送手段を浦家一党に任せ、その軍船を用いることは合意されたが、多くの課題が懸案のまま残されており、帰京後改めて相談することになった。この件が目に見える成果につながらないことは、今回の遊説の最大の狙いである藩論の決定にも当然影響した。雲浜が期待した長州藩が勤王派の先駆けとなり、上方方面で政治的行動に出る、その確たる意思表示は結局なされず、重役連との会談は何度もあったが、もう一つ要領を得ないまま萩城下を去ることになった。

正月二六日付の秋良敦之助より月性宛手紙に、「梅翁西遊の事妙々至極、素《もと》より渇望の処、定めて宍九氏（宍戸九郎兵衛）と御迎談御密策にも候はん、萩表の儀も北条氏杯《など》と密計の上取計ひ候処、諸先生迄も皆感服にて、自ら諸老先生の間も和し候程に相成り、無形中に大益に相成り、近来の内祝此事に御座候、諸廉《しょかど》の儀は梅翁より御直々御承知なさるべく候」（『維新の先覚月性の研究』二一二頁）、京都藩邸の宍戸九郎兵衛らと計画した今回の案は、萩城下で北条瀬兵衛を中心とする政府関係者と話し合いが進み、具体的な取り決めはともかく、一定の成果があったというように、在藩の人びとは、雲浜の西下をそれなりに評価し、今後の展開に期待したが、事はそのような方向へは進まなかった。

一番の問題点は、物産交易の衝にあった坪井九右衛門が、雲浜の関与にしだいに疑心暗鬼となり、ついには手を退くように申し入れてきたことである。安政五年三月二二日付赤禰忠右衛門宛手紙で雲浜は、「兼而《かねて》御世話申上候御産物之義ハ下拙（雲浜）甚《はなはだ》深慮有之候事ニ而《て》、他日御国天朝ヲ御守護被成候基本ト可相成奉存候、然ルニ昨年夏、坪井君御上京之節、下拙ニハ最早産物御世話ハ退キ候様ニ御申故、表向下拙ハ退キ申候、是ハ例ノ坪井君ノ僻ニテ、下拙ノ功ヲ御忌ミ被成候故ト被存候、何之訳ケカ不分候」（「書簡集」二）と、この間の経緯に苦情を述べているが、物産斡旋の関係者はすべて自分の親類や門人たちであり、われわれが手を引き、このまま無関係となれば、将来交易は立ち行かなくなると警告した。雲浜排除の理由は不明であるが、少なくとも前年の夏頃には手切れ状態となっていた。すでに雲浜は、「反逆の四天王」として洛中に喧伝《けんでん》されるようになっており、幕閣に遠慮する長州藩の首脳が、彼との関係に一定の距離を置くことを考えたとしても不思議ではない。

吉田松陰との出会い

ところで、早くから次々と弟子を送り込み、村塾生も何人か面倒を見た萩城下の松陰とは、どのような友人関係であったのか。そもそもの馴れ初めから見てみよう。

月性と松陰の関係は、杉家の兄杉梅太郎から始まる。弘化三（一八四六）年、周布政之助や北条瀬兵衛らが萩城下で創めた嚶鳴社には、兄梅太郎も名前を列ねたが、月性も時おり招かれてこの社に出入りしており、かなり早い時期に知り合ったらしい。坂井虎山の百千堂で机を並べた土屋蕭海も同人であったから、彼を通じて友人となった可能性もある。いずれにせよ、萩城下に来るたびに月性は、大てい塩屋町で八江塾を営んでいた蕭海の家に泊まったが、時には松本村の杉家を宿にすることもあった。梅太郎の月性宛手紙に、「御都合次第御出懸ケ直に弊舎え御投宿被成下候而も宜敷御座候」（三月二〇日付手紙、「妙円寺書簡集」）、「御滞萩中は度々御枉駕《おうが》被成下誠に彼是御議論被仰付弥々《いよいよ》奉感銘候」（四月五日付手紙、同前）、ご都合がつけば杉家にお泊り頂いても宜しい。あるいは出萩中は何度もお出で頂き話を聞くことができ感謝しているなどとあるのが、それである。

野山獄中で月性の「建白書」の草稿を見た松陰は、そのあまりに過激な内容に驚きながら、公武合体論的立場から討幕の不可なる理由を綿々と説いた。すなわち安政二（一八五五）年三月九日付の月性宛手紙で、十年前からその名前はよく承知しているが会う機会がなかったと前置きしながら、「天子に請ひて幕府を討つの事に至りては、殆ど不可なり（中略）、我が藩、近年来大義を挙げて以て幕府を規諌するもの、至らずと為さず。然れども之れを成湯・文王に比せば、能《よ》く少しく愧《は》づるなからんや。今征夷職を曠《むな》しくすと雖《いえど》も、其の人才治績固《もと》より諸藩の能く及ぶ所に非ず。縦令《たとえ》天子の命を奉じ、天下の憤に乗じて、一朝にして之れを斃《たお》すとも、我が君相の為す所、或は大いに前人に過ぐることなくんば、則ち所謂《いわゆる》天下の兵を動かすのみなり。僕嚢時《のうじ》竊《ひそ》かに国の為に建白せしが、意は常にここに在り。上人乃《すなわ》ち遽《にわ》かに放罰を以て言と為す、抑々《そもそも》又何の説ぞや（中略）、兄弟墻《かき》に鬩《せめ》げども、外其の侮《あなどり》を禦《ふせ》ぐと。大敵外に在り、豈《あ》に国内相責むるの時ならんや。唯《た》だ当《まさ》に諸侯と心を協《あわ》せて、幕府を規諌すべく、与《とも》に強国の遠図を策すべきのみ」（『全集』第二巻、三一二〜三頁）などと述べた。

萩杉家跡（萩市椿東新道）

四月二四日付の兄梅太郎宛手紙でも、「大禁物は日本内にて相征し相伐すること」（『全集』第七巻、三六四〜五頁、以下同）であり、「幕府への御忠節は即ち天朝への御忠節にて二つ之れなく候。上人法話中、往々幕府・水府等を誹謗の口上之れありたる様、獄奴輩承り帰り誠に痛心仕り候。何分二百年来の大恩も之れある事、夫《そ》れは扨《さ》て置き、今幕府を易《か》へ置く事を反覆思惟仕り候へども、徒《いたず》らに天下を擾乱《じょうらん》するまでにて未だ其の人物出《い》で申さず候。幕府に御随従の上は、幕府に少しも隔意之れなき様仕らず候ては神州の不幸、外夷心を生ずる本に御座候」などと、従前の主張を繰り返した。

これら二つの主張に共通するのは、要するに、もし幕府に失政があったとすれば、これを諫め規《ただ》すのがわれわれ三百諸藩の務めであるが、長州藩をはじめ諸藩がそれを十分に行ってきたとは言い難い。また優れた人材が諸藩よりむしろ幕府に集まっている現状では、軽々に幕府に取って代わろうとするのは、国内に無用の混乱を招くだけのことである。夷狄の侵略を前にして国内が相争うなど、いたずらに敵を利するだけの愚行であり、今は国中が一致団結して外に当たるべきであるということであった。

ところで、いくら思案しても現時点で幕府を替えることなどあり得ないというのは、将

吉田松陰木像（京都大学附属図書館蔵）

松下村塾（萩市椿東新道）

来万《ばん》止むを得ないときは、幕府でなく新しい政権の樹立を考える、優れた人材の登場に期待するというのであり、見方によっては、すでに一種の討幕論であり、松陰の心中にささやかではあるが、確実に変化の生じつつあったことが窺《うかが》える。この間、何度も見る機会があった月性の強烈な主張に刺激されたことは言うまでもなかろう。

獄中の松陰に「岩楮《がんちょ》一束」、すなわち著述の用に供する岩国産の半紙を贈り、また時に常備薬の「薬物十品」を差し入れたように、頻繁に文通するだけでなく月性は、萩に来るたびにさまざまな形で松陰と接触している。彼が知り得た多くの情報も兄梅太郎を介して、すぐさま齎《もた》らされたことは想像に難くない。この頃、松陰が読んだ虞淵《ぐえん》（超然）の「護法小品」も、「浮屠師清狂、此の冊を寄せ示さる」（「全集」第二巻、三四一頁）と言うように、出所は月性である。

松陰が出獄し、生家に戻ったことを報せる安政二年一二月二二日付の杉梅太郎手紙に、「幽囚回顧の二録は御隠し置可被下候。本々他見を御断申上候（中略）、是迄座下え差出候頑弟書牘《しょとく》類は急々内火中可被下候」（「妙円寺書簡集」）、下田踏海事件に関する「幽囚録」「回顧録」の二冊は他人に見せないで欲しい、また弟松陰から呈した手紙類は早々に焼却処分して頂きたいなどとあるように、月性の方は、兄梅太郎を介して松陰の著述のほとんどすべてを読んでいたが、二人が相見《まみ》える機会はなかなかなかった。直接の出会いは、松陰が野山獄を出て周囲の近親者に「孟子」を講じた後、しばらく幽室で読書三昧であった頃らしい。この年三月末、幽室の授業が始まると間もなく、月性は時習館生の松崎（赤禰）武人を送り込んでおり、これ以前に面会したことは、おそらく間違いない。

討幕論には容易に賛成しなかったものの、松陰は月性が萩城下に来るたびにその講筵に村塾生を出席させている。久坂玄瑞や松浦松洞らのように、上方への往復の途中、妙円寺にしばらく滞在して学んだものも少なくない。つまり月性の主義主張に原則的に違和感はなかったわけである。安政三年夏、本山召命により上洛する月性への送序で、「浄土真宗の清狂師、慷慨にして義を好み、天下を以て己が任と為し、其の法を以て村里を激励す。村里信従して、寔《まこと》に繁《おお》く徒あり。蓋《けだ》し聞く、其の徒、内本朝を崇《たっと》び、外夷狄を憤り、入りては家に孝に、出でては郷に義にして、禍福を恤《おそ》れず、死生を顧みず、凡《およ》そ其のかくの如き者、奴隷婦女に至るまで、靡然《びぜん》として風を成せりと。事国庁に達す。庁、議して師をして遍く法を封内に説かしむ。封内漸《ようや》く化せり。今茲《ことし》丙辰八月、本山特に命じて師を徴《め》す。蓋し其の宗門に功あるを以て、遍くこれを天下に施さんと欲するなり」（「全集」第二巻、四一八頁）というように、その法談を通して尊王攘夷の思想が広く藩内一円、村里の隅々まで、また卑賤の身分や婦女子のすべてに浸透しつつあることを高く評価した。

村塾と江南派の調停

安政五年正月一九日、松陰より急いで萩城下に出て、村塾と反対派の間に持ち上がった紛争を何とか調停して貰えないかと依頼して来た。アメリカとの通商条約締結をめぐり、日本国中すべてが賛成しようとも、防長二国のみは断固として反対すべきをいう松陰に対し、来原《くりはら》良蔵や中村道太郎ら日頃同志として行動を共にしてきた人びとが一斉に批判的な態度をとり、松陰やその弟子たちが四面楚歌、ほとんど孤立状態となったためである。周囲の友人たちへの説得もあるが、実はその背後、政府の中枢で村塾グループの動向に神経を尖《とが》らせていた周布《すふ》政之助との関係改善が、このさい最大の課題であった。追伸で、「二十一回猛士（松陰）は大体膝を屈せぬ男子、事に沮喪《そそう》はせぬ男子なるが、此の度道太（中村九郎）・良蔵等に論をきき志気大いに沮喪、上人の前に膝を屈するを覚えず候」（『全集』第八巻、三四頁）などと珍しく弱音を吐いており、松陰一人の力ではもはやどうにもならない状態にあったことが分かる。

二月下旬の月性宛手紙に、「調停一事御心頭に懸けられ候段、実に感銘致し候。右に付折角の御厚情徒事に相成らず候様にと種々案労仕り候より同志へ申し談じ候処、孰《いず》れも同意に御座候。其の談は他事に之れなく、江南・松下相和睦するすると申したる計《ばか》りにては真情は終に貫徹仕らざる事に付き、松下生悉《ことごと》く周布を主盟とし毎々会集仕るべく、書生の妄論も尽し、政府諸君事実上の様子も承り候はば、真情相通じ真の和睦に相成り申すべくと存ぜられ候」（『全集』第八巻、四二〜三頁）などとあるから、出萩した月性の奔走で松陰のいう「困迫仕り候事体」、なかんずく江南派（明倫館派）と村塾の対立・抗争はとりあえず解消されたことが分かる。両派がただ口先だけで和睦したというだけでは心許《こころもと》なく、われわれ村塾派も周布政之助を盟主として集まり、互いに議論を尽くせば、真の和睦になることは間違いないと考える松陰は、事態を一層好転させるために、なるべく早い時期、周布邸に関係者が集まって話し合いする機会を作ってくれないかと頼んでいる。これが実現したのかどうかはっきりしないが、三月一日付の月性宛手紙で、「此の行実に国家の安危にかかり候事感銘浅からず」（同前書、四三頁）と、今回の出萩について丁重に謝辞を述べており、おそらくこの間、何らかの会合が行われたのであろう。

3　清にして狂、方外の奇男子

清狂の語源

月性の別称として人口に膾炙《かいしゃ》した清狂という号は、一体どこから来たもので、またどのような内容を持つものであったのか。九州遊歴時代の月性は一貫して烟渓（煙渓）と号しており、清狂という号は、二七歳、男児出関の詩を残して大坂に出た頃から使い始めたものらしい。月性自身は、宋の詩人陸游《りくゆう》の「詩酒清狂二十年」という句に感銘して名付けたものと周囲に説明したようだが、おそらく生涯、酒をこよなく愛し、詩作にひたすら耽《ふけ》る古人の脱俗的な生き方に共感を覚えたもので、清狂という言葉そのものにかくべつ深い意味を考えたわけではなかろう。

ところで、月性を喜ばせた清狂という言葉は、語源的にはどうなっているのか。漢和辞典には、「潔白すぎて気違いに似たもの。あまりにも清廉で、かえって一般の人からうとまれる人物」（貝塚茂樹他編『漢和中辞典』六二九頁）とあり、また国語辞典には、「狂人ではないが、言行が常軌を逸していて狂人に似ているもの。潔白すぎて常軌を逸しているさま。また、その人」（市古貞次他編『国語大辞典』一三九六頁）などとあるが、いずれも月性の人と為りを説明するには、いささか言葉不足であり、必ずしも正確でない。

では、月性の言動を目の辺りにした同時代の人びとは、清狂なる言葉をどのように受け止め、また説明していたのであろうか。幾つかの発言を聞いてみよう。

まだ月性が広島城下で学んでいた頃、「清狂説」を書いた坂井虎山は、「清狂とは何ぞや、狂せずして狂に似たるものなりと、是れ蘇林の説にして、最も月性に切《せつ》なり」（原出典「清狂草堂記、附清狂説」）と前置きしながら、「狂せずして狂に似たるもの」とは一体いかなるものかを詳しく説明する。真宗は肉食、妻帯して、僧俗の別がはっきりしない、他宗からみれば狂に似ているが、決して狂ではなく、その証拠に真宗の教えは天下に広まり、大勢の人びとの信仰を集め、月性のような優れた人材を沢山世に送り出している。現に月性は弊衣破笠、数十日も頭を剃らず、いつも髪ぼうぼう、僧俗いずれか分からない、一見狂に似ているが、歴史に詳しく詩作に巧みであり、言語爽やかで挙措動作《きょそどうさ》も決して非礼ではなく、狂していないことが明白である。他宗の僧が固陋《ころう》不文、戒律を守るふりをして実は酒色に迷う者が多いのと比べれば、どちらが狂しているのか一目瞭然であろう。他宗の僧が、狂してないように見えながら実は狂しているとすれば、月性こそ、狂したように見えるが決して狂ではないというべきである。

宗乗の先達として終生師事した超然は、「護法小品」送清狂道人序の中で、「清者《は》正也、狂者《は》奇也」（「資材」二）と言いながら、清すなわち正とは護法の志を有していることであり、また狂すなわち奇とは僧形の身で儒教を学び、高名な文人学者に交わり堂々と主張して少しも臆するところがないという。これは要するに、月性のいわゆる護法護国論を下敷きにしながら、宗教界のみならず世俗社会、とりわけ政治的世界に視野を拡大した活躍、それも藩内のみにとどまらず、広く全国一円を対象にした言動を指すものであろう。

早くから教えを乞うた斎藤拙堂は、安政四年三月、津城下を去る月性に贈った詩で、「月性師、月を以て性と為す、性は真如。狂を以て名と為す、名は虚ならず。清狂僧、狂にして狂にあらず、流俗を憤る。清や清や汚濁を厭ふ。吾が道同じからざれど猶《な》ほ相謀る」（前出『斎藤拙堂伝』三二七頁）といい、また「清狂草堂図巻序」では、「上人、清狂を以て自ら処す、区々として意を火宅《かたく》に留むる者に非ず。然れども清にして激せず、狂にして癲《てん》せず」（「清狂草堂記、附清狂説」）などという。月を以て性となし、性は真如、すなわち永遠の真理などという箇所は、今一つ分かりにくいが、狂にして狂にあらず以下は、先に坂井虎山が説明したのと変わらない。世俗に流されず、透明な心で悪に対し、間違いを正す生き方というのである。火宅云々は、煩悩の世界に一線を画しながら、決してあの世に逃げ込むのでなく、極めて真摯かつ前向きの態度を述べたものである。

親友土屋蕭海が「浮屠清狂伝」で、海防僧として名声赫々《かくかく》たる一方で、「或は之を譏笑《きしょう》して曰く、髡《こん》にして当世の事を談ず、狂の甚だしきに非ずや」と言うように、僧侶の身で政治的世界に関わることに違和感がなかったわけではなく、その言行をまさしく狂であると強く批判する声も巷にはあったが、月性は自分はもともと清狂と号しており、亡国の危機に瀕した今、一身の安穏のみ願って閑居する方がむしろ恥ずかしいことである。「濁にして愿《つつし》むと清にして狂なると、いずれが得、いずれが失なるや。何ぞ汝が輩の吠佐《べいかい》を顧みんや」、心が汚く濁っているが何事にも唯々《いい》諾々《だくだく》従順なことと、無心の境地で時に常軌を逸した行動をするのと一体どちらが人間としてまともか考えるまでもない。いかに非難中傷されようとも、自分は一向に気にせず、我が道をひたすら進むのみであると主張した。

多分に願望的な言辞をふくむ同時代人の証言はともかく、実際の月性は、果たしてどのような人物であったのか。日常的な出処進退に焦点を当てながら、もう少し見てみよう。

斗酒なお辞さず

清狂という言葉の由来となった詩酒、とくに酒は月性の人生のいつどこにでも登場する。酒客、酒徒、酒豪などという形容が、彼ぐらいふさわしい人物もそう多くはない。「酒を食《くら》ふ一升、飯を喫する又一升」（神根哲生『明治維新の勤王僧』二一九頁）との評は、多分に誇張的なところがないではないが、月性の日常は、三度の食事をきちんと摂るといった風なありきたりの生活スタイルとは無縁である。いったん文章を案じたり、詩作に興が乗ると、夜昼の別もお構いなし、時の経つのを忘れて没頭したから、突然空腹に気がつくと、今度は極端に飲んだり食べたりした。

酒好きの月性であるから、次々に試みた詩作にも、酒に題材を求め、また酒に言及したものが多いが、たとえば「作詩」で、「詩を作るも尋常の詩人たるを欲せず、放吟満腹経綸を吐く。酒を飲むも尋常の酒客たるを欲せず、一酔胸中に兵戟《へいげき》躍る」（「清狂遺稿」巻下）というように、尋常一様の詩人や酒飲みであることに飽き足らない。すなわち詩を案ずれば、いつも天下国家に筆致が及び、盃を挙げながら絶えず外寇に思いを致し、袈裟を甲冑《かっちゅう》に代え、如意《にょい》で指揮して敵船を粉砕することを願うというのである。梅花社にいた頃、篠崎小竹らと一夕、淀川に船を浮かべて新涼の景を楽しんだことがあるが、「一酔して万感を忘るるに如《し》かず。盞《さん》を洗い交《こもご》も酌んで豪興を発す。舷頭起舞し酔歌長し」(「清狂遺稿」巻上)と詠じたように、酔えば必ず大声で得意の詩を吟じ、また興が乗ると人前も憚《はばか》らず乱舞したという。

人と議論するときはいつも慷慨激越、滔々《とうとう》と懸河《けんが》の弁を振るい、一歩も退かなかった月性であるが、酒が入るとこの傾向はますますエスカレートした。紀州遊説から大坂に帰ったとき、初めて豊後日田の人長三洲《ちょう》と出会い、たまたま滞在中の斎藤拙堂や広瀬旭荘らと酒楼に上がったが、「席上上人は姿勢を正し我が沿海の警備の急務を数千百言縦横に説いた」(長三洲「清狂遺稿」序、以下同)といわれるように、例によって月性は海防論に口角泡を飛ばす熱弁を振るい、周囲の人びとを辟易《へきえき》させた。日頃温厚な拙堂もついに堪《たま》り兼ね、「上人の議論はよしとするも、口角泡を噴き、飛んで抔盤に入るは憎むべきである」と苦情を述べ、一座の人びとが大いに笑ったという。

酒席のエピソードは数多くあるが、酔えば奇行が多く、いささか酒乱の気がないでもない。月波楼の送別会で座興のメリケン踊りを怒り、剣をかざし提灯を斬ったというのは、すでに述べたが、似たような話はいくらでもある。ある時、叔父大敬が住職を務める萩城下浜崎の泉福寺に現われた月性が、酒を飲みながら得意の海防論を説き、大酔のあまり長押《なげし》に掛かる槍を持ち出し、天井や襖《ふすま》を突き始めたため、驚いた叔父が大声で叱咤したが、興奮した月性は、なおも本堂に乱入して暴れるのを止めなかったという。

早くから親交のあった阿月の秋良敦之助とは、しばしば酒席を共にしたが、いつも酔いに任せた失敗を繰り返しており、その都度、詫び言を並べた礼状を出している。たとえば、「拝啓夜前已来大勢罷出如例御厄害ニ相成候。殊ニ御病人有之事今朝一向不存昨夜ノ長飲今更後悔仕候」（初秋朔日付手紙、「書簡集」一、以下同）「過日は登館如例御厚待、殊ニ翌暁ハ欠面別抜駆仕候。失敬之罪千万不知所謝候」（五月一五日付手紙）「前日ノ劇談余興未尽近々再会縷々《るる》可申承候。後会ハ剣舞剣舞」（八月二二日付手紙）「再白、御闔堂《こうどう》様幷ニ赤根君及久子え可然御伝へ可被下候。先夜ハ酔中不覚対久子失言。定而後ニ而蔑棄《べっき》と今更奉後悔《ママ》候」（欠月二五日付手紙追伸）などが、それである。大勢の時習館生と共に押し掛け夜を徹して飲んだ、酔い潰れてそのまま寝てしまい翌朝挨拶もせずに帰った、余興が中途半端であったから次会は是非剣舞で楽しもうなどと言っている。久子は、秋良家の下女阿久のことであり、女ながら浦家の師範に学んだ槍の使い手として知られた。唄を披露するなど酒席の取り持ちがうまく、月性お気に入りの女性であったが、暴言を詫びており、酒に酔った勢いで戯れが過ぎたのであろう。

一〇月二〇日付秋良敦之助宛手紙に、「一昨日ヨリ円勝寺へ罷出酒バカリ呑過候。只今酔中」（「書簡集」一）とあるように、しばしば法談を行った阿月村の円勝寺や円覚寺でも、深酒をし何日も流連《いつづけ》することがあった。長年の講筵の労を賞して、領主浦靱負が長槍一筋を月性に贈ったことがあるが、浦邸の招宴で酔った月性は、そのまま円覚寺へ向かい、またまた酒宴となり、ついには拝領の槍を揮《ふる》って狂吟乱舞、庫裡《くり》の襖を突き破ったという。秋良へ呈された「鉄槍歌」に、「天下散乱す法王の場。如意を指揮して海防を論ず。八面の談鋒三尺の啄《たく》。鋭利槍の如く当るべからず。大声里人の耳に入らず。聞く者驚愕して走り且僵る《かつたお》」（『維新の先覚月性の研究』二二七頁）などとあるのは、この時の情景を伝えたものである。酔余の月性は長槍を供の者に担がせ、大声で詩を吟じながら意気揚々と寺に帰ったから、村人たちは驚き呆れ、ついに妙円寺の和尚乱心かと思ったという。

花柳界に遊ぶ

まだ二十代初め、佐賀の不及門で修業中、長崎の丸山遊廓に遊んだことのある月性だから、女性との関係は豊富である。芸者買いや登楼を窺《うかが》わせる言葉は、詩作はむろん、手紙や日記類のあちこちに見ることができる。たとえば弘化元（一八四四）年八月、北陸旅行から帰ったばかりの月性は、一夜島原遊廓に繰り出しており、女遊びは一向に珍しくなかったらしい。

安政四年三月二七日、翠紅館にいた月性は、江戸の儒者藤森天山の来訪を受け、松田縫殿《ぬい》や家里新太郎らも会したことがあるが、この日、たまたま鴨東《おうとう》の名媛来葉が来訪して座が大いに盛り上ったという。お座敷に呼ばれたわけでなく、突然遊びに来たというのだから、三本木辺りでよほど親しくしていた芸者であろう。

四月二〇日、紀州遊説の壮行会を催した信濃楼では、浪華の名妓阿清から餞別に一枚の袍を貰っており、やはりかねて馴染みの芸者であろう。阿清とは、前年八月晦日《みそか》、本山御用で上洛の途次、大坂の免角亭で後藤松陰らと飲んだとき以来、何度か出会っていたものであり、餞別のやり取りから、いわゆる一見《いちげん》さんの間柄ではない。

女遊びは友人たちから来た手紙にも窺うことができる。三月朔日《ついたち》付の津軽藩士伊東広之進の手紙は、

「尊師去テ以来社中甚蕭条僕ニ至而ハ　尤《もっとも》無聊《ぶりょう》に堪不申、時々篠崎両先生及ヒ高瀬等御噂申上如何にも賑やかな坊さんであったと申居候」（「妙円寺書簡集」、以下同）というから、弘化四年末まで在塾した梅花社時代の出来事であることが分かる。文中、桜宮辺りの舟遊びに出掛けた友人たちが遊所南方《みなみかた》（現・大阪市淀川区西中島）のお悦やお玉と一緒であったのは羨ましいかぎりであると言いながら、自分は先頃新地に遊びに行ったさい、「大酪酊ニ及ヒ僕閨中《けいちゅう》において牝戸を一見可致ト存候処大《おおい》にさわがれ且《かつ》婦人大声を発候故是に驚キ楼下の女とも罷出而大噪《おおさわ》キなり。毎々狂態御一笑可被下候」などと書いている。泥酔した広之進が閨中の女性と戯れて、女体を見たいなどと言い出し楼中大騒ぎになったというのだが、乱痴気騒ぎをかくべつ恥じている風でもなく、その情景を細々と報告しているから、月性が大坂にいた頃も似たような遊びを繰り返していたのであろう。

なお、広之進は津軽藩校稽古館教授、梅花社で机を並べた友人であり、早くから海防論に詳しい学者として知られる。一年後東北旅行に出た松陰が弘前城下で会い、時事問題について連日意見を闘わした人物でもある。

仏門に仕える僧侶の身の月性が、芸者遊びに後《うしろ》めたい思いをしていたのかというと必ずしもそうではなく、これをむしろ自慢していたふしがないではない。東山別院、翠紅館に暮らす身を詠んだ詩に、「花柳三春翠娥を伴う、風流更に謝公に比して多し。今朝東山を出でて去らずんば、天下の蒼生《そうせい》我れを奈何《いかん》せん」（「清狂遺稿」巻下）とある。花柳が研を競う春たけなわの時節、美人を連れて遊ぶわが風流は、晋の謝公の風流よりもずっと大である。このまま東山に留まっていては、世間の人びとからどんな非難中傷を浴びるか分からないとしながら、言葉の端々に実は今の境遇に十分満足している、芸者遊びは男の甲斐性的な言い分が見え隠れしている。

同じようなことは、友人たちに宛てた手紙においても変わらない。安政四年五月二三日付の松陰宛手紙で、「春来碌々《ろくろく》東山寓居、慨世飲酒、時々看妓ノ外格別相変候事無レ之」（『全集』旧版、第五巻、四五三頁）、常に時事問題を憂いて酒を飲み、時おり芸者遊びをする以外に大したこともしていないと書いた。詩人らしいレトリックで、多分に文を舞わせ誇張した面もあったと思われるが、手紙を読んだ松陰は、額面どおりに受け取った。酒は少々飲むが煙草はまったく嗜まず、女性問題に関しては驚くほど潔癖な松陰に、月性の不真面目な生活は到底理解できず、我慢しかねるものであり、遊びすぎを厳しく忠告している。あまりにも単純な反応に辟易した月性は、「僕花游御誡モ有リ御深切奉二満謝一候、去リナガラ濁ノ字ハ一点モ不レ受候、御安心可レ被レ下候」（同前書、四五四頁）と一応弁解してみせたが、前出の伊東がいうように、彼らの仲間うちでは、遊所通いはごく当たり前のことであり、濁の字に無関係どころではない。いかにも真面目そのもの、一点非の打ちどころのないストイックな生き方をした松陰先生と、まるで八方破れ、理屈よりもむしろ情の世界をほとんど放浪した感の強い月性との落差であろう。

狂せずして狂に似たるもの

大酒飲み、遊び人的な月性を理解するために、もう一度、清狂という号に戻って考えてみよう。月性なる人物を説明する清狂とは、辞典的説明を参考にすれば、清廉潔白に徹するというより、むしろ限りなく無色透明、天衣無縫な生き方をするということではなかろうか。常軌を逸していたのは清廉潔白ぶりではなく、その発想から行動の至るところで、自らに限りなく正直である。ありのままの自分を少しも隠さなかったという点であろう。世俗世界の毀誉褒《きよほう》貶《へん》に一線を画し、周囲の人がどう見たり言おうとも、それを大して気にせず、常に自らの心情や感性に忠実に考えたり行動する、極めて自由奔放な生き方に他ならない。見方によっては、いかにも傍若無人、頗《すこぶ》る大胆不敵な生き方である。しばしば月性が常人の判断で測ることのできない、常軌を逸した乱暴者扱いされたのは、その辺からきたものである。松陰にはどうにも理解しがたい遊所通いも、そうした観点からみると、案外納得がいくのではなかろうか。いずれも、清狂という号とは、本来何の関係もない。

ついでにいえば、この時期、狂という言葉は、狂人の形容でなく、清狂がまさにめざす「狂せずして狂に似たるもの」、日常性を排した非常、現状打破、すなわち革新性という意味で、しばしば好んで用いられた。松陰その人が狂生、狂士などといい、友人黙霖が史狂と号した類いであるが、時習館や松下村塾の門下生の中にも、狂を名前や号に取り入れたものが少なくない。山県小助改め狂介を筆頭に、高杉晋作の東洋一狂生、山田顕義の狂痴、品川弥二郎の春狂、芥川義天の周陽一狂などがある。

4　謎に包まれた突然死

死因は何か

安政五（一八五八）年四月二九日、月性は萩に出ようとして室津（現・熊毛郡上関町）で船に乗ったが、船中で急に激しい腹痛に襲われ、途中から引き返した。しばらく室津の医師長尾家にとどまり療養したが、一向によくならず、遠崎村の自坊に戻って病み付き、そのまま五月一〇日、帰らぬ人となった。享年四二歳である。法談に各地を飛び回っていた最中の突然の死であり、死因をめぐり議論が絶えず、暗殺説を唱える向きもあるが、本当はどうであったのだろうか。

叔父周邦が江州覚成寺の超然に宛てた五月一五日付の手紙には、「月性儀、四月二十九日より病気指し起り、種々療養仕り候得共相叶はず、当月十日夜死去仕り候。残念至極、一統泣涙慟哭《どうこく》致し候。初めは疝気《せんき》指し込み難渋、次は水気懐虫等にて腸満ち、両便不利など至る。これ難症にて、老医三、四人身心を尽くし候得共薬効これなく、終に落命し十一夜密葬、十四日本葬式、明日初度法事相営み申候」（前出『維新の先覚月性の研究』三四八頁）とある。同じ周邦が記した妙円寺の過去帳には、もう少し詳しく、「五月十日、夜五ツ時、当山第十世指教院得業釈月性上座」とあり、夜八時頃死んだことが分かる。「円龍（立）寺会後ニ強《しい》テタノマレ真覚寺ヲ廿七日マテ勤メ、廿八日自坊例月ノ御座ヲモ勤メ、廿九日室津エ出《い》テ長尾氏ニテ疾《や》ミツキ、二日ニ帰リ種々医療ヲ尽セトモ不治、短古一首ヲ賦シ絶息ス」とも言うから、発病直前まで極めて忙しく、人気講師並みに各地の法談を消化しつつあったことが分かる。真覚寺は、熊毛郡平生村の西本願寺系の寺であり、数日間ここで法談を行った後、いったん自坊に帰り、一日後再び室津へ向かい、船中で発病したものである。

月性の死はすぐに萩城下に報ぜられたらしく、五月一五日付梁川星巌宛手紙で松陰は、「僧月性本月二日より脚気上頭にて同十日物故《ぶっこ》致し候。方外の一義人を失ひ、弊藩の一衰に御座候」(『全集』第八巻、五九頁)と書いている。脚気の悪化で死ぬのは、当時はごく普通にあったが、松陰の聞いた情報は間違いのようだ。なぜなら、脚気が頭に上ったというのは、知覚が鈍化し、歩行困難となる末期症状であり、最後は心不全を起こして死ぬことになるが、これは月性の症状とは異なる。腹部の激痛に襲われ倒れたのは、やはり巷間よく言われる腸捻転の類いであろう。暴飲暴食が日常茶飯であった月性にしてみれば、消化器系の病気の急変が、もっともありそうな死因である。

周邦の手紙に疝気とあるから、下腹部の痛みに襲われたのは間違いないが、病名ははっきりとは分からない。急遽妙円寺に招かれた数人の医師たちは、腹部が腫れ、大小便も出なくなった月性の様子を見て、水気懐虫、寄生虫病の悪化と診断したようであるが、回虫が身体を蝕《むしば》み末期症状になると、腹部が異常に腫れ激痛が走ることがよくあり、案外正しい診断であったのかも分からない。

ところで、日頃の健康状態はどうであったのか。諸国遊歴時代は、病気に関する記事は、風邪引きの発熱ぐらいしかないが、嘉永四(一八五一)年、三五歳のとき、数カ月間にわたり、病床に就く大病を経験している。盆前に発病、初秋の頃まで寝込んだというから、簡単な病状ではない。「病中吟」と題する詩作に、「支吾《しご》猶ほ命を保ち、日を経ること四旬余、気は新涼と爽かに、熱は残暑と除く。虫声秋院に静かに、月影夜窓に虚《むな》し。早晩孤枕を攲《かたむけ》て、床頭試みに読書す」（『清狂遺稿』巻下、以下同）とあるように、秋風が立ちそめる頃、ようやく枕元で本を拡げるぐらい回復した。秋頃に作った「並頭蓮歌」は、熊毛郡三輪村から遠路はるばる見舞いに来た林某の好意に応えて詠んだものであるが、「枕に伏して久しく筆硯《ひっけん》を廃すと雖も」とあり、この間、詩文も一切廃してひたすら療養に専念していたことが分かる。同じ頃、大島郡代官の内藤万里助より病状を問う手紙が来た。見舞いの品として添えられた万歳飴《まんざい》は、不老長生の効能があるといわれた。郡代官が一小寺の住職の病気見舞いを贈って来るとはいかにも異例であるが、早くから郡内一円で講筵活動を展開していた月性ならではの待遇であろう。

この時の病名は分からないが、まだ三十代半ばの元気溌剌の月性が、突然発熱して数カ月も寝込んだのだから、生半可《なまはんか》な病気ではなかろう。消化器系の病気がすでに発症した、つまりこれが後の死因につながった可能性がないではない。林道一が描く月性剣舞の図は、「乙立秋の朝後日清狂堂北窓之下に於て此の図を作し」と添え書きされたように、安政二（一八五五）年八月九日、月性三九歳の姿を写したものであるが、年のわりにはいささか老け過ぎの感のある痩身、いかにも胃腸の悪そうな体型である。十代早くから酒を飲みはじめ、長年にわたり暴飲暴食を繰り返した不摂生が原因かも分からない。

一時は、萩城下でも噂された月性暗殺説はどうであろうか。一番強く囁かれたのは、幕府密偵による暗殺である。安政大獄の前夜、幕府密偵が何人も長州藩内に入り込んでいたことは想像に難くないが、情報収集を任務とする密偵が、探索中の他国でわざわざ危険を冒して毒を盛る必要などなく、もっともありそうにない話である。月性の過激な言動にいささか持て余し気味の藩政府が殺したというのは、この年暮の松陰の野山再獄から見てあり得ない話ではないが、暗殺という非常手段に出るほど事態が差し迫っていたわけではなく、大島郡代官所による自宅監禁など手段はいくらでもある。藩政府の中枢にいた周布政之助らがかねて嚶鳴社の同人で、親交のあった間柄からいえば、これも可能性としてほとんどあり得ない。西本願寺本山の保守派が仕組んだというのも、蝦夷地開拓事業に使僧として派遣すれば、半永久的に彼を中央から排除できるわけであり、暗殺などの荒業はまったく必要がなくなる。

いずれにせよ、どこから見ても暗殺説を納得させるような情況はなく、またこれを何ほどか裏付けするような証拠もない。要するに月性は、萩城下をめざして出掛けた途中、突然の病で急逝したというのが、本当のところであろう。

病の床で言い遺したこと

「過去帳」がいう辞世の短古、短い詩句とはどれか不明であるが、数日間の病の床で、意識は最後までしっかりしていたらしく遺言めいた言葉を幾つか残している。半年前に死んだ母尾の上の行状記を途中まで書いており、心残りであったことは間違いなく、これをしきりに残念がったようである。死ぬのは少しも惜しくないが、「但《ただ》恨むらくは朝家の御為《た》めに為患《かんとなる》を除き去らざる、是《こ》れ吾が恨みなり」（布目唯信『吉田松陰と月性と黙霖』一七四頁）、朝廷の患、つまり外夷の憂を除かないまま死ぬのは心残りであると家族に語りながら息を引きとったというのは、偉人伝にありがちないささか出来すぎの話であり、おそらく後世、月性を顕彰する人びとの創作であろう。

妙円寺の過去帳に死亡記事を書いた叔父周邦は、すぐ言葉を続けて、「月性母ノ行状月性コレヲ書ク。未タ上木セス。コノ君邦等カ大姉ニテ、邦ヲ子ノ如クシ玉ウユヘ、邦マタ月性ヲ子ノ如クシ、幼童トキノ教育ヨリ心ヲ尽シ、詩文ハ豊前ノ恒遠ニ学ハセ、宗乗ハ肥前ノ不及師ニ入門徒遊サセ、東遊モ高野長谷ノ内ニテ他部ヲ学ヘトテサセシニ、ソノ好ム処ニ流レ、大坂ニ逗留シテ儒者ニ交リ、邦ガ望ミトハ出来損シテ大儒武士等ニ交ルモノニナリタリ」などと記している。父親代わりの周邦は、月性のもっともよき理解者であったはずであるが、月性の妻梅野の父であり、また可愛い孫娘簾子の祖父として、四六時中どこかへ出掛けて不在の月性には大いに不満があった。妙円寺の前住職として門徒たちへの弁明にいつも追われていたのも事実であり、住職として落第と考えたのであろう。

清狂、「狂せずして狂に似たるもの」、まさしく革命家的な言動は、妻子を愛する家庭人、仏の道に仕える宗教家として安穏無事に生きることを、月性その人に許さなかったということであろうか。

終章　師の衣鉢を受け継いだ人びと

1　奇兵隊総管赤禰武人

時習館で月性に学んだ人びとについては、意外に知られていないが、よく見ると萩城下の松下村塾に決して退《ひ》けを取らない多くの優れた人材を送り出している。そのすべてを一々取り上げるわけにはいかないが、ここでは月性の教えを最も忠実に受け継いだと思われる、すなわち幕末維新の激動期にさまざまな分野で指導的役割を果たした幾人かを中心に考えてみよう。彼らの生年や出自、入塾の動機、学習状況などについてはすでに触れたので、以下もっぱら、時習館を去った後の活躍に焦点を合わせて見る。まず赤禰《あかね》武人《たけと》から始めよう。

志士としての活躍

安政四（一八五七）年春、長州藩遊説を終えて帰る梅田雲浜に伴われて上洛した赤禰は、堺町通二条にあった望楠軒で学んだ。前年夏に上洛した旧師月性は、まだ東山の翠紅館におり、しばしば会う

赤禰武人墓（山口県岩国市柱島西栄寺）

機会があった。帰郷した月性があちこちに残した借財の後始末に追われたのは、そうした宴席の場に彼も何度か居合わせたからであろう。

翌五年九月七日、師雲浜が安政大獄で捕われたとき、武人も獄に繋がれた。書簡類を処分して証拠湮滅《いんめつ》の罪に問われたものである。間もなく許されて帰郷し、阿月村の克己堂で浦家の子弟に教えた。一〇月初め、萩の村塾に現われ、旧師松陰から伏見獄舎破壊策を授けられた。京洛の同志や大和十津川の土民を糾合して獄舎を破壊し、雲浜ら政治犯を救出しようとしたものであり、上洛して諸方を説いて回ったが、期待した支援はどこからも得られず失敗した。京都藩邸が早々とこの計画を察知し、行く先々で武人の動きを封じたことも大きい。やがて身柄を拘束され、国元の阿月に送り帰された武人は、そのまま自宅謹慎を命じられている。したがって外部との接触は、万延元（一八六〇）年三月まで、約一年余の長きに及んでない。

謹慎処分を解かれた赤禰は、もといた克己堂に戻り、助教白井小助らと経書を講じた。克己堂恒例の文武御試で「書経」を講じて賞されるなど、しばらく平穏な日々を過ごしている。文久二（一八六二）年、主君浦靭負に従い上洛したが、八月には世子毛利定広《もうりさだひろ》に随行して江戸に出た。長州藩士が沢山いた斎藤弥九郎の練兵館で剣を習い、桜任蔵や羽倉《はくら》簡堂《かんどう》の塾で経学を学んだのは、この時のことであり、江戸にいた桂小五郎、来原良蔵、来島又兵衛らの知遇を得ている。

この当時の彼について、「身を商賈にやつし諸所を徘徊して陰に天下の形勢を探索す」「九段坂に於て某奸を斬殺せしことあり」（天野御民『維新前後名士叢談』五二頁）などと評されたように、大人しく勉強していただけではない。同年一一月一三日、久坂《くさか》玄瑞《げんずい》らが主導した「攘夷血盟」に名前を列ね、一カ月後、御殿山の英国公使館焼討事件にも参加した。翌三年正月五日、高杉晋作らと亡師松陰の遺骸を小塚原の墓地から荏原《えばら》郡若林村（現・世田谷区）に改葬した。

馬関攘夷戦を指揮する

文久三年四月一六日、攘夷期限決定を聞いて馬関へ急行した藩士三〇余名の中におり、久坂玄瑞らと光明寺党を結成した。五月一〇日に始まった数次の海峡戦に出撃し、六月初め、奇兵隊が結成されると光明寺党を率いて参加した。七月、白井小助らと本藩士雇に挙げられ、陪臣身分を脱する。「赤間関辺軍政取計」を命じられたのは、松門の同窓滝弥太郎や入江《いりえ》九一《くいち》らと総管高杉を補佐する地位にいたからである。九月、高杉が政務役に転ずると、滝と河上弥市が総管になったが、一〇月には河上が但馬の義挙を企て脱走したため、赤禰がその後任に補された。一代無給通士になったのは、その地位にふさわしい待遇を与えられたものである。

元治元（一八六四）年二月、滝が御納戸役となり、山口へ去ったため、総管赤禰が一人で奇兵隊を率いることになり、軍監山県小助（有朋）がこれを補佐した。八月一八日の政変により京都政界から排除された長州藩では、世子進発論を決め、大挙上方へ攻め登ることとなり、奇兵隊にも動員の命があったが、馬関防衛を最大の任務とする赤禰はこれを返上して来るべき海峡戦に備えている。七月の「奇兵隊血盟」は、「松蔭先師其他諸有志之素志」（『全集』別巻、二八五頁）を確認しながら、臨戦態勢にある人びとの結束を固めようとするものであり、総管赤禰以下二一名が名前を列ねた。

八月五日に始まった四国連合艦隊との戦いは、彼我《ひが》の圧倒的な戦力差で勝敗は初めからはっきりしていた。姫島沖に集結した一八隻の艦砲二八八門に対して、長州側の火力は、海岸軽砲と野戦砲を合わせて八〇門しかなく、開戦後間もなく長州側の砲台は完全に制圧され、上陸した敵兵との間で地上戦が始まるが、この時の赤禰の戦いぶりについて二説がある。壇の浦砲台の指揮官山県小助は、戦闘中赤禰は一令も発せず、早々に脱出したため、「兵士が総督遁走《とんそう》せりとて憤激したるハ、余の親しく知れる所にして、隊長たる鳥尾（弥太郎）などハ、長く赤根《ママ》を誹議して、武士に非ずと為したり」（山口県文書館蔵「赤根武人ノ事蹟ニ就テ」）などと回想しているが、前田砲台の本隊にいた白石正一郎は、「陸戦隊中のもの休足なしニ相戦い候得共終ニ引口相立一ト先引上ケ二三丁引退惣管赤根《ママ》ふミとどまり清水茶屋の処へ五六十人残り候得共終ニ夷人も不追来然内此方より陣屋へ火をかけ置候分もえ上り黒煙り立起り」（下関市教育委員会編『白石家文書』一一〇頁）などと記しており、まるで異なる見方をしている。

数次の海峡戦で連合艦隊の火力の強大さを熟知していた長州側は、初めから陸戦で勝敗を決しようとしており、したがって一連の撤退は予定の行動であった。現に山県らの壇の浦勢も前田の本隊と連絡しながら漸次退却を始め、長府方面で合流した。長府関門で山県が赤禰と出会ったというのは、かくべつ不思議ではない。その後、総管赤禰の地位や指導力に何の変化もなく、八日には大谷越方面に上陸した英兵を迎え撃つため、赤禰が奇兵隊を率いて急行している。戦闘状態を克明に記した「奇兵隊日記」が、なぜかこの間の記録のみ欠落するため、真相がいま一つはっきりしない。赤禰の功績を認めたくない山県が、その部分を破棄し、後で為にする発言をしたとする見方があるが、当たらずといえども遠からずであろう。

敵前逃亡などという批判が的外れであったのは、この後すぐ赤禰が、現職のまま政務役に挙げられ、藩政の枢要に与《あずか》るようになったことを見れば、明らかである。第一次征長令が発せられた危機情況下で、開戦か恭順かをめぐって藩論が沸騰したが、赤禰は情勢探索のため京坂方面に向かった。帰国後、馬関の奇兵隊に戻らず、なぜか辞意を表し阿月に帰った。持病悪化を理由にしているが、広島に行くなどしており、病床に伏すような状態ではない。高杉晋作を正使にした馬関講和が、当事者の奇兵隊には何の相談もなしに一方的に進められ、また藩政府はすべて恭順派で固められたことに不満であったというが、奇兵隊内の派閥争いにも嫌気が差したようだ。

初代総管の高杉、二代目総管の滝や河上、いずれも萩城下の士分であったが、わが身は陪臣、実はもと百姓医者の子であり、沢山いた士分に属する部下たちとの身分差は歴然としており、何かとやりにくかったのは想像に難くない。もと中間《ちゅうげん》、軽輩出身の軍監山県にしても、直参意識はあったはずであり、小隊司令三浦五郎（梧楼）のような譜代の士は、隊法を犯し謹慎を命じられても、素直に従わなかったようだ。「威厳ヲ示サント欲シ故《ことさ》ラニ倨傲《きょごう》尊大ノ風アリ」（前出「赤根武人ノ事蹟ニ就テ」）

という彼の回想は、多分に門閥武士の目に映った総管赤禰像と考えると理解しやすい。

辞職願いは結局認められず、奇兵隊に戻った赤禰は、幕府への恭順、すなわち三家老の切腹、四参謀の斬罪で沸騰していた藩内の動揺を押さえるべく、諸隊と藩政府との斡旋に奔走している。征長の大軍に対するには、まず国内の対立・抗争を解消すべしと考える彼は、諸隊鎮静を条件にしながら、武備恭順のため様々な建白をした。奇兵隊参謀時山直八ら数名を従え、萩城下に乗り込んでおり、事実上諸隊を代表する立場にあったが、たまたま筑前から帰国した高杉が暴発したため、この間の赤禰らの画策は、すべて水泡に帰した。馬関決起に逡巡する諸隊士を前に高杉が、たかが大島郡の土百姓でしかない赤禰と、三百年来譜代恩顧の士の自分とどちらの言うことを信じるのかと迫ったというエピソードは、赤禰のこれまで置かれていた微妙な位置関係を物語るものであろう。

脱走、刑死

挙兵翌日の一二月一七日、馬関に現われた赤禰は、当初必ずしも決起に賛成していなかった奇兵隊中に働きかけるなど、これ以上事件が拡大しないように図ったが、時すでに遅く、萩政府と諸隊の融和をいう赤禰の主張を支持する人びとは少なかった。九州脱走の時期については諸説があるが、「奇兵隊日記」元治二年乙丑《いっちゅう》正月二日の項に、赤禰武人馬関より脱走の記事があり、しばらく市中に潜伏して画策していたようだ。

三月下旬、禁門の変の残党、久留米藩士淵上郁太郎らと上坂した。薩摩、筑前両藩の人脈を頼り、大坂に集結していた第二次征長軍の進発を何とか阻止しようとしたらしいが、幕府密偵に怪しまれ捕縛された。長州藩士であること以外、ことさら言うべき罪名はなかったが、一一月初めまで獄に繋がれた。この後、広島まで護送され釈放となり、淵上と共に帰国した。幕府大監察永井尚志が、もと奇兵隊総管赤禰を通して、藩内の主戦論者に働き掛け、何とか開戦を避けようとしたらしいが、幕府討つべしを叫ぶ長州藩内にすでに彼を受け入れるような余地はなかった。

説得どころか、幕府のスパイ扱いされた赤禰は、いったん阿月に戻ったが、身の危険を感じ生家のある柱島に小舟で逃れた。もっとも、ここにもすぐ探索の手が伸び、一二月二七日、潜伏先の善立寺で捕らえられた。山口へ護送され、この間の一連の言動を「不忠不義之至」、裏切り行為であると断罪された。弁明は一切許されず、慶応二（一八六六）年正月二五日、山口郊外の鰐石《わにし》の地で斬られた。享年二八歳である。斬罪後すぐ、晒《さら》し首を何者か、おそらく奇兵隊士に奪い去られており、赤禰を支持する人びとが必ずしも少なくなかったことを示すものであろう。

維新後はかつての同志、山県有朋以下、明治の元勲たちが、赤禰の贈位叙勲に反対するなど、彼を取り巻く環境は相変わらず厳しいものがあったが、近年、その冤罪を主張する新しい研究が世に出るなど、再評価、復権の動きが著しい。椹野《ふしの》川沿いの斬罪の地、鰐石橋の近くに大きな鎮魂碑が建てられたのも、そのことと無関係ではなかろう。

2　奥羽鎮撫使参謀世良修蔵

三計塾に学ぶ

安政六（一八五九）年四月、世良修蔵《せらしゅうぞう》は江戸麹町にあった安井息軒《そっけん》の三計塾に入った。この頃、すでに益田家の臣となっており、江戸勤務中の出来事と思われる。では、彼は一体どこでこの塾について知ったのであろうか。三計塾に学んだ長州人の最初は、のち須佐育英館の学頭となる小国剛蔵らしいが、浦家の家老秋良敦之助も、かなり早い時期にこの塾に学んでいる。いずれも月性の盟友たちであったから、修蔵がこの塾について耳にする機会は幾らでもあったわけである。萩の松下村塾から、尾寺新之丞ら五名が前後して入塾したのも、松陰と彼らとの交友関係を考えると納得がいく。

ところで、三計塾の門人帳には、「長州、須佐、後復姓大野、戸倉修蔵」（若山甲蔵『安井息軒先生伝』一五六頁）とある。前述したように、修蔵はもと椋野村の庄屋中司家の三男鶴吉であり、師月性の仲介で須佐益田氏の臣重富家の養子となったが、何かの理由で家を出て大野家の人となっていた。戸倉姓を名乗った理由ははっきりしないが、在塾中に大野姓に戻ったようだ。もっとも、後にはこの大野家も出て浦氏の臣木谷家の養子となる。世良姓は、慶応二（一八六六）年正月、もと浦家の臣赤禰武人の処刑を機に、主君浦靭負より命じられて名乗るようになったものであり、この間、ずっと木谷姓である。

戸籍の確定した現代のわれわれから見れば、中司鶴吉から世良修蔵まで、複雑怪奇な改姓の連続であるが、家の後継ぎや嫁入りなどのさい、仮養子や名目上の親子関係が、金銭のやり取りを介して自由に行われていた江戸時代では、かくべつ珍しいことではない。

江戸では、旧師月性と親交のあった藤森天山（弘庵）の塾にも出入りしたようである。またこの頃、笠間藩士加藤有隣《ゆうりん》を明倫館文学教授として招聘するさい、世良が使者となった周布政之助を補佐して活躍した。この件は、もともと浦家の家老秋良敦之助が画策したものであり、時習館時代の人脈から世良が選ばれたものであろう。なお、木谷家との養子縁組はこの秋良が仲介したものである。

世良修蔵肖像
（三坂圭治『維新の先覚月性の研究』所収）

諸隊幹部となる

奇兵隊が結成されると間もなく、時習館で机を並べた芥川義天らと一緒に馳せ参じた。浦家の臣十数名が届け捨て、実は脱走の形で奇兵隊に投じたものであるが、かつての同窓、総管赤禰の勧誘に応じたことは言うまでもない。芥川は銃隊に入ったが、修蔵は間もなく書記に任じられており、初めから幹部クラスの待遇であった。

元治元（一八六四）年五月、世良ら奇兵隊にいた浦家の臣は、阿月に戻ったが、これは浦家家臣団の文武訓練みならず、各地に組織されつつあった農兵隊の調練に任じ、周南方面の軍事力を飛躍的にアップさせることをめざしていた。克己堂を改革して克己文武場とし、諸方の寺院その他に稽古所を設け農兵訓練を積極的に始めた。円覚寺・岩休寺境内の含章舎、阿月松浦の懲欲舎《ちょうよく》、阿月相ノ浦の抜茅舎《ばつぼう》、大島郡三蒲村の棟隆舎などには、しばしば世良が現われ、訓練を指揮したという。

世子進発軍では、世良を含む浦家の臣は斥候隊となり海路上京したが、兵庫まで来たところで、禁門の変の敗北を知り、そのまま帰国した。馬関戦争の敗北から第一次征長役の恭順の時期、世良の活躍はなく、むしろ正義派志士の一人として隠忍自重するほかはなかったが、高杉の挙兵、やがて藩内《はんない》訌戦《こうせん》が始まると、奇兵隊から派遣された富永有隣や白井小助らと協力して周南地方の志士たちの決起に奔走している。阿月の円覚寺にあった浦家の武器弾薬を奪い、久賀代官所を襲撃して真武隊を再編、組織したのは、この時のことである。「奇兵隊日記」二月一日の項に、「室積より穂神輝人、白井小助、周南太郎（世良修蔵）連名の書簡到来、南四郡県令ことごとく改め候、追々兵士室積《むろづみ》へ屯集熊毛三井住宅旧義勇隊総督秦野謙蔵（波多野健蔵）と申す者、一隊となり居り候由、大島郡より五六十名室積へ馳せつけ候由、ただ大野一家改心いたさず、岩国より二十人ばかり越しまかり候由、室積その名南奇兵隊と相い唱え候段申し来たる」（谷林博『世良修蔵』六四頁）とあるのが、この間の事情を伝えてくれる。南四郡、すなわち大島、玖珂《くが》、熊毛、都濃《つの》郡はいずれも正義派に服し、四散していた兵士も本営の置かれた室積村に次々に戻って来た。穂神らの率いる忠憤隊の一部や波多野の率いる真福寺（熊毛郡光井村）屯集の兵士に、大島郡より来た旧真武隊士や岩国の農兵らが合して一隊を組織し、名称を南奇兵隊と改めたこと、大野毛利氏の去就がいま一つはっきりしないことなどが報じられている。

真武隊を母体に新しく発足した南奇兵隊の総督は白井小助であるが、世良、実は木谷修蔵は軍監に任じた。もと奇兵隊書記の軍歴だけでなく、大楽《だいらく》源太郎が指揮する忠憤隊の若干名を借りて一隊を組織していた実績を買われたものである。その他、幹部クラスに書記大洲《おおず》鉄然《てつねん》、田村採道、輜重《しちょう》方三國貫嶺、司令士・隊惣務補佐芥川義天らの名前が見える。いずれも時習館の出身者たちである。

石城山《いわきやま》に本陣を置いた南奇兵隊は、間もなく第二奇兵隊と改称した。軍監世良の地位に変化はなく、四境に迫る幕軍に備える日々が続いたが、たまたま赤禰の脱走事件に関与し、第二奇兵隊を去ることになった。広島で釈放され阿月に戻った赤禰は、秋良敦之助や世良に対して征長軍との衝突を回避すべきであると説いたが、これが藩政府の知るところとなり、赤禰との関係を疑われ軍監免職、自宅謹慎を命じられたものである。この後、隊士の脱隊騒動、倉敷代官所襲撃事件が起こり、第二奇兵隊は混乱状態となったが、世良はこれを建て直すために復職を許された。上関の郷教文学係に任じた以外、しばらく役職名が分からないが、四境戦争時には軍監となっており、早々に復帰したようだ。慶応三（一八六七）年五月二二日、藩政府から諸隊の総督、軍監、参謀らに山口に出頭命令があった時は、第一奇兵隊軍監山県狂介と第二奇兵隊軍監世良が席を並べている。

東征軍参謀に抜擢される

鳥羽伏見の戦いでは、世良は第二奇兵隊改め第六中隊を率いて出撃した。東征軍の奥羽鎮撫《ちんぶし》使の編成にさいしては、初め参謀に薩摩藩の黒田清隆、長州藩の品川弥二郎が任命されていたが、途中で大山格之助と世良に変更されたものである。会津征伐に消極的な品川らが辞退したため、主戦派の世良にお鉢が回って来たというが、真相は分からない。慶応四年二月、総督九条道孝《みちたか》を戴く奥羽鎮撫総督府は、総勢五四六名の兵力で出陣した。参謀世良修蔵の指揮下にあったのは、長州隊士一三八名である。

仙台城下に本拠を置いた総督府の最大の目的は、鳥羽伏見戦で朝敵となった会津藩征討であったが、仙台藩を初めとする東北諸藩は必ずしも武力討伐に賛成せず、降伏恭順の道を探っていた。藩主の謹慎、責任者の斬罪、開城などの条件が満たされれば、これを認めてもよいというのが、世良らの意向であったが、奥羽列藩同盟の結成などを背景にしながら交渉を繰り返す中で、この条件はしだいに曖昧化した。錦旗を掲げながら僅か数百名の兵士しか持たなかった総督府の朝命が一向に内実を伴わなかったものであるが、こうした状況の中で主戦派の張本人と目された世良が完全に孤立無縁となった。彼を除けば事態は一挙に好転、列藩同盟の要求も通るに違いないと考える仙台藩士らにより、命を付け狙われた。すでに官軍の会津攻撃が始まり、戦火が諸方に挙がっている時期のことである。

総督府の命をことごとに無視し、すべてに非協力な姿勢をとる仙台藩らに業を煮やした世良が、もう一人の参謀大山に宛て、大総督西郷隆盛を動かし、速やかに「奥羽皆敵」の作戦を立て、まず海陸から仙台を攻撃し、次いで米沢へ進撃を計画する密書が奪われたことが、直接のきっかけといわれるが、福島藩関係者が、「仙米会熟議の末、ことここに決したる次第なれば」（前出『世良修蔵』一九八頁）というように、世良暗殺は仙台、米沢、会津、すなわち敵味方の間で早くから議せられており、密書の内容とは無関係に、遅かれ早かれ彼は殺される運命にあった。

暗殺時の情景について、世良の人格的評価を貶《おとし》めるため、妓楼で大酔し裸の女と同衾《どうきん》していたなど、さまざまな為にする話が伝えられているが、必ずしも信用しがたい。慶応四（一八六八）年四月一九日の深更、仙台藩士以下、目明《めあか》しの子分を含めた三十数名が福島市中の宿舎、金沢屋を襲撃したものである。寝込みを襲われた世良はピストルで抵抗したらしいが、衆寡敵せず、重傷を負って捕らえた。密書の中身に関する尋問の場で、体を震わせてひたすらこれまでの不心得を謝り、命乞いをしたというのは、いかにも作り話くさい。この後、阿武隈《あぶくま》川の河原に引き出され首を斬られた。享年三四歳である。

世良修蔵墓（右側），左は勝見，その他の墓
（宮城県白石市福岡陣場山）

首は仙台藩の本営のあった白石《しろいし》に送られ、検分後大平森合の月心寺に葬られたが、のち郊外の陣場山の墓地に改葬された。墓は一緒に殺された奇兵隊士勝見善太郎らと並んで立っているが、いずれの墓碑銘からも「為賊」の二字、つまり賊のために殺されたという箇所が削り取られている。また往時は斜めに倒れかけていたが、これも世良を憎む人びとの仕業という。白石大橋を渡り川沿いの左手に見えてくる丘の上の墓地は、現在は観光用に整備され、歪んだ墓を真っすぐに起

こし、由来を丁寧に説明する案内板が配されている。

世良が寝込みを襲われた金沢屋は、かつて奥州軍事局の置かれた福島市舟場町の長楽寺の近くにあった。京都へ凱旋する参謀大山らが、福島を通過するさい、すぐ近くの上町稲荷社境内に世良ら六人の殉難者の碑を建て祭典を行ったが、今は境内の片隅、ほとんど誰も気が付かないような薄暗い場所となっている。東北人にとっては、憎むべき存在でしかなかった世良であり、おそらく何代にも渡り白石の墓と同じ扱いを受けたのであろう。

3 西山書屋の煽動家大楽源太郎

遊学の旅

安政二（一八五五）年夏、大楽《だいらく》源太郎は豊後日田の咸宜園をめざした。入門簿に「安政二年七月廿六日、長州萩、大楽源太郎、山県信次郎男廿二歳、大田梁平」（『増補淡窓全集』下巻、九八頁）とあり、佐波郡右田村の学文堂の旧師の紹介で来たことが分かる。すでに台道《だいどう》村に移り住んでおり、長州萩は正しくないが、陪臣ながら城下に住むれっきとした武士身分であることをアピールしたかったのだろうか。紹介者となった大田梁平（稲香）は、文政一〇年、咸宜園に入り、数年間在学している。文政五（一八二二）年入塾の月性の叔父周邦が咸宜園を去った頃であり、机を並べたかどうかははっきりしないが、咸宜園には月性自身も二度ほど訪ねたことがあるから、大楽が、この塾や淡窓先生の人と為りについて聞く機会は何度もあった。詩文に優れ、その勉学にとくべつ関心のあった彼だけに、咸宜園を次なる遊学先に決めたのは、極めて分かりやすい選択と言えるだろう。

ところで、はるばる長州の地から来たにもかかわらず、入塾後の大楽の消息は、必ずしもはっきりしない。入門簿に登録した一カ月後の八月二五日の月旦評に、九名の人びとと入席扱いになっており、授業に列なったことは間違いないが、その後の月旦評には一切名前がなく、修学状況はおろか、在塾の有無についても定かでない。師の淡窓はすでに七四歳の高齢で、秋口から病床に伏し、授業とは無関係となり、後継の養子青村《せいそん》が教えるようになっていた。山陽に並び称された淡窓の詩名に憧れて来ただけに、期待を著しく裏切られた感を持ったことは想像に難くない。翌三年一一月、淡窓は死んだが、おそらくそれ以前、かなり早い時期に塾を去ったように思われる。

安政四年、大楽は上洛、市内河原町三条に居を構える頼三樹三郎の塾に入った。前年の夏から旧師月性が本山御用で滞京中であり、おそらくその紹介であろう。梁川星巌《せいがん》、梅田雲浜《うんぴん》、池内大学ら錚々《そうそう》たる人びとと往来しているが、いずれも月性の交遊関係を辿ったものと思われる。翌年五月、江戸へ下り、しばらく桜任蔵の塾にいた。頼三樹三郎が、「この人学文未熟に御座候え共、すこぶる有志の者にて」（内田伸『大楽源太郎』一二頁）などと紹介の労を取ってくれたお蔭で、食客として遇されている。江戸滞在は二カ月ほどで終わったが、この間、藤田東湖門で、微禄ながら水戸藩の扶持を得ていた桜のルートで、水戸藩関係の人びとと親しくなった。

安政大獄で大楽の師頼三樹三郎は捕らえられ、六角の獄舎に繋がれるが、幕閣に遠慮した藩政府はその門人大楽の身柄を拘束して国元へ送り返し、謹慎処分とした。野山獄中で松陰が藩主伏見要駕策を企てたさい、大楽や赤禰らの謹慎を解くことを議しており、すでに彼のいわゆる「吾が党の士」として扱われていたことが分かる。

村塾関係者の間では、萩の吉松塾で同窓の久坂玄瑞や高杉晋作と早くから交際があったが、なかんずく久坂とは旧師月性を介していただけに、とくに親しかった。久坂が主導した文久元（一八六一）年一二月の「一燈銭申合」に参加している。一枚銭五文の筆耕料を貯えて一朝事あるときの同志の扶助にしようと、松門の人びとが発起したものであるが、大楽はすでに彼らと行動を共にしていた、つまり村塾グループの一員であったのである。

天誅事件の常連となる

中央政界の志士的活動で、大楽の名が知られるようになるのは、文久三年二月、足利尊氏《たかうじ》ら一族の木像を奪い、その首を三条河原に曝《さら》した梟首《きょうしゅ》事件である。天誅云々の高札文の中に幕政を甚だしく非議する箇所があり、十数人の関係者が捕縛される騒ぎになったが、大楽はうまく逃れており、この件では罪に問われていない。

文久三年三月、出京中の将軍家茂《いえもち》を擁して攘夷戦を貫徹しようと策した高杉らは、将軍の東帰を断固阻止する必要があった。長州藩邸に集まった彼らは、一橋慶喜《ひとつばしけいき》を通じてその工作をし、もし聞き入れない場合は、襲撃も止むを得ないなどと考えたが、一橋の元へは熊本藩士堤松右衛門と大楽が論者に選ばれて向かった。要求が通らないときは切腹も辞さないという命懸けの企てであったが、結果的に堤一人が死に、大楽はこれを見殺しにしたとして同志中から非難された。談判に行った一橋邸で案に相違して将軍の滞京が決まったことを知り、二人は目的を見失ってしまったのである。これより

殺された。巡察使の追求が厳しく、もはやかばい切れなくなった勤王党の人びとが、藩主と社稷《しゃしょく》を守るために決断したものである。享年三八歳であった。

4　西本願寺執行長大洲鉄然

勤王僧として世に出る

安政二（一八五五）年、二一歳のとき、大洲鉄然《おおずてつねん》は広島城下立町誓立寺の獅絃臘満に宗乗を学んだ。この頃、「本典知聞録」三〇巻を写したというのは、真宗の根本聖典である本典、すなわち「顕浄土真実教行証文類」の口述を筆記したものであろう。翌三年、豊前国下毛《しもげ》郡蠣瀬《かきせ》村（現・中津市）の照雲寺に向かった。当代随一の学匠と評判の高かった勧学松嶋善譲の信昌閣で学ぶためである。文久元（一八六一）年春、周防国熊毛郡塩田村からもと村塾生の僧観界が来学、三年夏頃までいた。同じ真宗本願寺派の僧侶で、しかも鉄然の故郷久賀村と地理的に近い関係から、あるいは彼の紹介で来たのかもしれない。

文久三年春、三〇歳のとき、鉄然は学階を得るべく本願寺に出頭したが、最下位の得業に冥加金一〇両を要することを知り、怒ってそのまま本山を去った。帰途しばらく堺にとどまり、武芸を教える町道場を開いたというのは、僧侶の副業としては分かりにくいが、もともと武芸が好きで乗馬から剣、槍の何でもこなしたというから、万更《まんざら》作り話でもなかろう。時習館時代、同窓の赤禰や世良らと武芸の訓練に励んだことも役立ったようである。

大洲鉄然肖像写真
（三坂圭治『維新の先覚月性の研究』所収）

この頃、長州藩では馬関攘夷を決行し、四国連合艦隊の襲撃に備えて奇兵隊を編成するなど、藩を挙げて臨戦体制にあったが、こうした情報を知った鉄然は、早々に町道場を閉じて帰国、浦家の臣秋良敦之助や松門の佐々木亀之助らが組織していた上関の義勇隊に参加した。元治元（一八六四）年正月、自坊の覚法寺内に神武場を設け、有志者多数を集めて文武を講習したが、五月にはこれを母体に、久賀村の大庄屋伊藤物兵衛らと図り、真武隊を組織した。総督は秋良敦之助である。第一次征長役のさい、恭順派政府により諸隊解散を命じられ、真武隊もいったん解散を余儀なくされたが、高杉の馬関決起に呼応して再編された。室積の専光寺に結集した南奇兵隊がそれであり、鉄然は書記に任じている。後の第二奇兵隊である。時あたかも四境に幕府の大軍が押し寄せつつあり、海中に孤立した大島郡の防衛が必須であったが、慶応元（一八六五）年九月、鉄然は急遽故郷の久賀村に戻り、覚法寺内に護国団を組織している。郡内の真宗僧侶を結集して武芸を練り、緊急に備えようというものであり、鉄然が陣頭指揮をとった。すでに第二奇兵隊参謀の地位にあった彼は、石城《いわき》山の本陣と久賀村を往来して寧日《ねいじつ》がなかったという。

藩巡回講談師

ところで、鉄然にはもう一つ重要な仕事があった。それは藩巡回講談師として防長二州に出張することである。内外に敵を抱え危急存亡の時にある長州藩が、挙藩一致体制を確立するには、尊王攘夷の大義を人民一般に説き、その士気を喚起することが急務であったが、鉄然らはその講師に任じたものである。別名「忠孝談」とも呼ばれたが、かつての月性のそれと同じく、護法護国の政治的主張に他ならなかった。雄弁で知られた鉄然の講筵は至る所で人気を呼び、いつも満堂立錐《りっすい》の余地がない盛況であり、大勢の聴衆が押し掛けて家の門を倒してしまう「門こかし」の異名で知られたという。四境戦争のさい、芸州口の戦場で鉄然の話を聞いた藤本藤助が、「陸路可部《かべ》通り中山に一宿、真宗所にて生仏大洲鉄然の談に涙を流させ」（大元玄一『勤皇僧大洲鉄然』六〇頁）などと記しているのも、彼の講筵がいかに迎えられ、評判が高かったのかを伝えてくれる。

慶応二年四月、第二奇兵隊の脱隊騒動、倉敷代官所襲撃事件が起きた頃、鉄然は参謀を辞し、覚法寺で法務に従事していた。急死した兄香然の跡を継いだものである。間もなく四境戦争が始まるが、大島口の戦いで彼は護国団を率いて奮戦した。慶応四年、播州の志士児島長年が花山院家理卿《いえさと》を擁して、豊前四日市の日田天領陣屋を襲い、武器弾薬を奪って馬城峰《まきみね》（御許山）に挙兵した件で寺内謹慎となった。前年、彼らが九州に向かう前、二カ月余にわたり覚法寺内に滞在したことを、政治的陰謀に関わったとして咎められたものである。

本山改革の中心

明治元（一八六八）年一一月、本願寺参政に任じられた鉄然は、本山改革に着手した。折から燎原の火のごとく広がりつつあった廃仏毀釈に対するには、本願寺積年の悪弊をこのさい一挙に解決しなければならないという信念からである。その内容は、世襲の家臣団を解体し、門閥によらず広く人材を登用し、宗制寺法を一新、財政整理を断行するなど、すでに旧師月性が、「護法意見封事」で明示した項目とまったく同じである。神道国教政策を掲げる中央政府に対しては、神仏教義の本質的相違を説き、排仏政策の停止を求めることが最大の急務であったが、鉄然らの奔走で、まず民部省内に寺院寮を設置、次いで神祇省を廃して教部省を置くなどが実現した。そのさい佐波《さば》郡島地村妙誓寺の島地黙雷《しまじもくらい》、都濃《つの》郡徳山村徳応寺の赤松連城《あかまつれんじょう》、三田尻村光明寺の安部有蔵、大島郡日前《ひくま》村荘厳寺の白鳥唯帽、三國貫嶺、芥川義天《あくたがわぎてん》ら防長出身の僧侶が彼を助けて活躍したことも大きい。いずれもかつて萩録所、後の萩別院の改革に関わった人びとである。

明治九（一八七六）年、鹿児島県では藩制時代より何百年も続いた真宗禁制が解除となり、布教が認められることになった。西本願寺からは鉄然ら八名の僧侶が派遣されたが、時あたかも西南戦争前夜であり、政府のスパイと疑われた彼らは、私学校党の人びとに捕われ、二カ月余の牢獄生活を余儀なくされた。布教団のトップ鉄然が木戸と極めて親しく、排仏政策の阻止にも何かと協力を求めた間柄から見て、私学校党の疑いはむしろ当然である。布教に名を借りた、実は県下の情報収集を企てていたというのが真相であろう。

京都に戻った鉄然は、寺法編成委員、議案局委員長、執行兼教務局長など、本願寺の重職を歴任したが、明治二一年、五五歳のときには、執行長兼内事局長に就任、三三年、六七歳まで一三年間このポストにあった。この間、彼が西本願寺の中心的存として一連の改革を主導し、その近代化に果たした役割は極めて大きい。明治三四年、一切の役職を辞して郷里久賀村に帰った鉄然は、翌三五（一九〇二）年四月二九日、覚法寺住職として死んだ。享年六九歳。長年の功績に報いるため、西本願寺は本山葬で遇した。

5　時習館出身の勤王僧たち

政治運動に身を投ずる

真宗僧侶の月性が主宰する時習館に寺の子が沢山いたことはすでに見たとおりであるが、彼らが勉学を卒《お》え故郷の寺に戻り、いかにも僧侶らしく仏の道に仕える穏やかな暮らしを送ったのかというとそうではなく、むしろ幕末激動の政治的場面に積極的に身を投じ、月性のいわゆる護法護国の実現に力を尽くした人びとが少なくない。その意味では、彼らは極めて忠実な月性の弟子たちであったということになる。むろん、彼らの活躍は必ずしもワン・パターンでなく、宗俗両面さまざまな領域にまたがり、複雑な様相を呈するが、ここでは単純明快に、諸隊の実践と宗門改革の二つに焦点を合わせながら、その活躍のあらましについて見てみよう。

高杉晋作や赤禰武人を挙げるまでもなく、奇兵隊を嚆矢《こうし》とする諸隊のリーダーには、松下村塾や時習館に学んだ人びとが多いが、月性の薫陶を受けた僧侶たちも、もと仏の道に仕える出世間的な立場にもかかわらず、ほぼ例外なく諸隊の活動に関係した。大洲鉄然はその代表例であるが、彼とほとんど常に行動を共にした大島郡三蒲村徳正寺の田村探道、小松村妙善寺の三國貫嶺、戸田《へた》村照林寺の大谷周乗、熊毛郡阿月村円覚寺の芥川義天、金山村真福寺の金山仏乗《かなやまぶつじょう》、小松村浄蓮寺（のち熊毛郡光井村の教栄寺に入る）の浪山真成《なみやましんじょう》、あるいは大津郡三隅村西福寺の和《やまと》真道らも、志士的活動という点で

妙善寺
（山口県大島郡大島町小松）

円覚寺（山口県熊毛郡阿月町）

は、鉄然に勝るとも劣らない実績を残している。
ところで、彼ら僧侶はなぜ政治運動に関係するようになったのか。大洲鉄然が晩年、「当時尊王攘夷とか討幕勤王とかの説おこり、僧兵中にてあまり後につかなんだは、師説をききはべりたる御蔭にて御座候」（前出『勤皇僧大洲鉄然』五七頁）と言うように、時習館の授業で月性から徹底的に護法護国論を学んだことが、やはり決定的であった。廃仏毀釈の荒波、とくに真宗教義へ向けられた非難攻撃と戦うことが、とりもなおさず尊王攘夷、やがて討幕の国是につながるという風に考えるならば、今こそ如意や数珠を持つ手に武器を執って立ち上がることが、何よりも必要だというわけである。その意味では、文久三（一八六三）年一〇月、時習館の同窓、赤禰武人の勧誘に応じ、芥川義天が世良修蔵ら同志一一名と、領主浦氏へ届け捨ての書面を呈して奇兵隊に投じたのは、極めて分かりやすい行動である。書記に任じた世良以外の人びとは、砲隊、槍隊、製錬場などに入ったが、義天は銃隊に属した。

円立寺の僧練隊屯所跡（山口県熊毛郡田布施町）

元治元（一八六四）年四月、足痛のため奇兵隊を辞し帰郷していた義天は、三國貫嶺らと図って熊毛郡田布施村円立寺に僧練隊を組織した。上の関宰判内の真宗僧侶を糾合した一隊であり、隊中では文武両道を課した。すなわち毎朝三部経を読誦した後、諸書の素読・講述・会読の傍ら剣槍弓矢の習練を行っている。慶応元（一八六五）年二月、俗論派政府の下で解散した真武隊が再興され、南奇兵隊と称した頃は、義天は大砲隊司令士および総務補佐に任じた。その他、軍監世良修蔵、軍監兼書記大洲鉄然、書記田村探道、輜重《しちょう》方三國貫嶺らが名前を列ねた。第二奇兵隊では書記となり、大島口の戦いを指揮している。維新後は、本山の法中会議所詰となり、次いで教部省訓導や県風儀改正掛などに任じた。

小松村の三國貫嶺は、早くから寺内で寺子屋を営み、読み、書き、ソロバンを教えたが、諸隊の結成とほぼ時を同じくして「英武場」の名札を掲げる武芸修練場を妙善寺の門外に設けた。寺子屋の生徒だけでなく、近傍の有志者のために撃剣や操銃、洋式調錬などを授けるための教室である。貫嶺自身も教えたらしいが、銃陣訓練などの場合には、教師は各地に駐屯する諸隊から招かれた。奇兵隊士渡辺寛が、「六月六日、英武場率然として約に応じて調兵を閲する。諜《つぶさ》に知る海駅遥かに警を伝えるを。長く諸君と死生を誓い、席上筆を走らせて巧譲上人（貫嶺）に示す」（矢田部与市『第二奇兵隊』）などと書いたのは、そうした教育の一端を伝えてくれる。

三蒲村の田村探道の徳正寺にも寺子屋があった。嘉永六（一八五三）年から「学制」頒布の頃まで継続したものの、たかだか十数名の生徒を擁したに過ぎず、英武場のような教室の存在は確認できないが、必要に応じ武芸の訓練が広い境内を使って催されたことは想像に難くない。元治元（一八六四）年五月、秋良敦之助らが創設した真武隊に真っ先に馳せ参じており、大島口の攻防では探道自ら刀を揮って敵兵を倒すなど、最前線で戦った。南奇兵隊や第二奇兵隊、またこれに膺懲隊《ようちょうたい》を合した健武隊の書記に任ずるなど、一貫して幹部クラスであるが、維新後は世俗的な出世に興味がなく、田舎の小寺の住職として生きた。

慶応元（一八六五）年二月、波多野健蔵が熊毛郡光井村真福寺に一隊を組織したとき、同寺の住職金山仏乗も入隊を志願している。この結隊を踏まえた真武隊や南奇兵隊には参加の有無がはっきりしないが、慶応元年四月、第二奇兵隊と名称を改めた頃には、名前を列ねた。ただ、役職等については不明である。宗学兼漢学に優れ、また説教に練達なことを評価され、藩内各地を巡回して得意の尊攘論を説いた。維新後は大洲鉄然に続いて本山に入り、内事局長や財務局長などを歴任、宗門改革に活躍した。

大谷周乗は、慶応元年九月に久賀村覚法寺に組織された護国団にいち早く加わり、器械方に任じた。慶応二年六月一一日、大島郡に侵入した松山兵と戦い、久賀村で死んだ。享年二五歳である。

安政三（一八五六）年、再入した梨花寮での四年間の勉学を卒えて故郷三隅村に帰った和真道は、自坊の西福寺内に不老渓塾（九淵塾）を創めた。「彼の学を慕うて贄《にえ》を執るもの常に六十名を超え、外来の門弟亦《また》三十を下らず。教授科目は、四書・五経・詩文・歴史（左伝等）・仏典（阿弥陀経・御和讃等）等にして、講義の巧妙と懇切とは、子弟皆膝を進めたり」（横山繁雄『勤王僧和真道』四～五頁）といわれるように、かなりの規模を有し、また教育水準も高かった。仏典を除けば、ごく平均的な漢学塾の授業であるが、かねて月性の門下生として、勤王の志に厚かった彼の関心は、常に政治的方面にあり、授業の随所で眼

和真道墓（山口県大津郡三隅町西福寺）

前の危機的状況をいかにして打開するかという時務論を取り上げた。

文久三（一八六三）年七月、防長二国、三百の真宗僧を萩の清光寺に招集して金剛隊が結成され、勤王の士気を鼓吹し武芸を訓練することを議したが、このとき総督に推されたのは彼である。かねて座談や説教が巧みで、各地に巡錫して倦《う》むところがなかったが、名利や栄達に大して興味がなく、村の住職として一生を終わった。

浪山真成は、この金剛隊の小隊長に任じた。京都進発の先陣となった来島又兵衛の遊撃軍に属し、禁門の変で戦っている。維新後は島地黙雷と親しく、彼に従って上京、各地の法導に従事した。明治八（一八七五）年、四二歳のとき、熊毛郡光井村教栄寺に入り住職となる。

宗門改革をめざす

時習館出身者たちが発議した宗門改革は、四境に幕府の大軍が押し寄せつつあった慶応二（一八六六）年正月、小松村妙善寺の春供養に集まった人びとの間で決まった。三國貫嶺の「社会の風儀を善に導くは宗教の任、宗教を善に導くは余輩の任ずる処なれば先《ま》づ我が真宗たる萩の清光寺の弊風より改善を始め推《お》して他に及ぼさば如何《いか》に」（芥川義純『第二奇兵隊書記芥川義天』四二頁）という提案に、当日説教師を勤めた大洲鉄然や芥川義天らが双手を挙げて賛同したものである。間もなく時習館の同窓である田村探道や金山仏乗、それに白鳥唯帽らが協議盟約し、少し遅れて島地黙雷、安部有蔵、赤松連城、都濃郡富田《とんだ》村善宗寺の香川葆晃《ほうこう》、吉敷郡岐波《きわ》村西福寺の白松《しらまつ》青象ら、藩内各地の有志もこれに加わった。かねて雄弁家で知られた金山仏乗は、改革の趣旨を説くため、巡回師として派遣されている。

慶応二年三月六日、発議の中心となった大洲鉄然、芥川義天、三國貫嶺、白鳥唯帽らは、萩録所に乗り込み、「真宗一派風儀改正」に必ずしも賛成しない法中と激しい論戦を繰り広げ、一時は反対する保守派幹部を刺殺し切腹することまで考えたらしいが、数日間に及ぶ談判の結果、「国歩艱難《かんなん》の今日に当り袖手《しゅうしゅ》傍観すべきの秋《とき》に非ず身命を抛《なげう》って国家に報ずべきは此秋なり」（同前書、四八頁）と迫る彼らの主張がようやく容《い》れられた。四境に幕府の大軍が迫る緊急事態に、宗門改革などいささか迂遠に過ぎる感がないではないが、鉄然らにして見れば、今この非常時を逃して積年の旧弊一新などあり得ない。防長二国の改革が成功すれば、これを突破口に中央に進出し、本山改革も可能ではないかと考えたのである。旧師月性が早くから唱えた「護法意見封事」を、まず防長二国から始めようというわけである。

慶応四年八月、宗門改革の要望書を「長防法中物代」の名儀で西本願寺門主広如に提出したのは、そうした運動の成果を踏まえたものである。島地黙雷、赤松連城、三國貫嶺、白鳥唯帽らが名前を列ねたが、大洲鉄然は花山院家理卿の一件で謹慎中のため、参加していない。この年秋、鉄然の覚法寺に関係者が集まり協議し、芥川義天、安部有蔵、白松青象の三名が選ばれて上京した。在京中の物代となった人びとに加わり本山改革を前進させるためであり、法中会議所詰となった。坊官下間《しもつま》氏を排し、百余名の寺侍を解雇するのに膨大な支出を余儀なくされ財政逼迫したため、義天らが帰国して田村探道や三國貫嶺らと奔走して数百円を集め、京都へ送金したりしたのは、この時である。明治二年正月には、謹慎を解かれた大洲鉄然と香川葆晃が上洛、本願寺参政となり、本山改革に着手した。内事局長など本願寺重役となる金山仏乗をはじめ、時習館出身者を含む防長二国の勤王僧たちが、鉄然らを助けて直接・間接に活躍したことは言うまでもない。

参考文献

妙円寺所蔵史料

「過去帳」
「南游日記」
「東北遊日記」
「清狂堂金欄簿一」
「清狂草堂記、附清狂説」
「寺児入門帳」
「戊申清狂堂出入会計録」
「御暑見舞・時習館諸生中」
「内海杞憂」
「訳文原稿」
「鴉片始末考異　附評」
「封事草稿」原本複写本
「妙円寺書簡集」
「妙円寺諸達」

その他史料

「清狂吟稿」二冊　萩松陰神社蔵
「清狂詩鈔」　京都大学尊攘堂蔵
「釈月性封事草稿　完」　同前
「護法意見封事」（利井興隆『国体明徴と仏教』）
『月性師事蹟資材』一・二　吉田樟堂文庫、山口県文書館蔵
『釈月性土屋松如書簡集』一・二　同前
『地下上申』　同前

『防長風土注進案』　同前
「富海村史稿」（児玉識氏提供）
土屋蕭海「浮屠清狂伝」（三坂圭治編『維新の先覚月性の研究』）
大洲鉄然・天地哲雄編「清狂遺稿」上・下（同前）
「赤根武人ノ事蹟ニ就テ」　山口県文書館蔵
『日本教育史資料』九　文部省　一八九〇年
『福岡県資料』第四輯　福岡県　一九三五年
山口県教育会編『吉田松陰全集』全一〇巻　岩波書店　一九三四～六年
山口県教育会編『吉田松陰全集』全一〇・別巻　大和書房　一九七四年
『白石家文書』　下関市教育委員会　一九八一年
＊樟堂文庫所蔵の書簡その他史料のうち、『釈月性土屋松如書簡集』一・二は、「書簡集」一・二、また『月性師事蹟資材』一・二は、「資材」一・二と略記した。
＊上記に含まれない妙円寺所蔵の書簡類は、「妙円寺書簡集」と表記した。
＊「清狂遺稿」巻上・下所収の詩稿は一々出典を示さないが、すべて『維新の先覚月性の研究』に拠った。また読み下し文は、吉富治一らの先行研究を参照した。
＊『吉田松陰全集』大和書房版は「全集」、岩波書店版は「全集」旧版と略記した。

天野御民『維新前後名士叢談』　一九〇〇年
木崎愛吉『篠崎小竹』　玉樹香文房　一九二四年
　小冊子だが、現時点では小竹や梅花社に関するもっとも詳しい研究書。

佐伯仲蔵『梅田雲浜先生』 有朋堂書店 一九三三年
神根悊生『明治維新の勤王僧』 興教書院 一九三六年
幕末勤王僧の典型としての月性を、門主広如や大洲鉄然らと関連づけながら説明。
利井興隆『国体明徴と仏教』 一味出版 一九三六年
門主へ呈した「護法意見封事」の原本を引用して、護法すなわち護国論を説明。
吉富治一『勤王僧月性伝』 白木屋内山田忍三 一九四二年
詩作を至る所に引用しながら、その生涯、思想や行動を平明に論述する。
布目唯信『吉田松陰と月性と黙霖』 興教書院 一九四二年
三人の交友をテーマにするが、月性の記述が中心であり、引用史料も多い。
知切光歳『宇都宮黙霖』 日本電報通信社 一九四二年
黙霖の生涯を本格的に取り上げた最初の本、その人と為りの再評価を促した。
横山繁雄『勤皇僧和真道』 大政翼賛会山口県支部 一九四三年
地方名望家として生涯を終えた勤王僧真道に関する小冊子。
大元玄一『勤皇僧大洲鉄然』 久賀町翼賛壮年団 一九四四年
志士鉄然の活躍を新出の史料で説明。晩年のさまざまな社会活動にも詳しい。
岡為造『豊前薬師寺村恒遠塾』 築上郡教育振興会 一九五二年
稿本スタイルであるが、恒遠一族やその学塾の活動を詳述。
『鳴門村史』 鳴門村役場 一九五五年
月性の紹介だけでなく、妙円寺の過去帳など貴重な史料が収録されている。
『村田清風全集』上・下巻 山口県教育会 一九六三年

『柳井市史』　柳井市役所　一九六四年
『湯浅町誌』　湯浅町役場　一九六七年
芥川義純『第二奇兵隊書記芥川義天』　一九六八年
　往復書簡や交友関係などから、維新戦争を担った諸隊の実像を明らかにする。
『柳井の維新史』　柳井市役所　一九七〇年
　浦氏の郷校克己堂の教育やその政治的実践について詳しい。
『増補淡窓全集』上・中・下　日田郡教育会　一九七一年
内田伸『大楽源太郎』　風説社　一九七一年
　意図的に抹殺された事績を掘り起こし、大楽―反逆者的な見方に一石を投じる。
村上磐太郎『赤根武人の冤罪』　柳井市立図書館　一九七一年
　変節漢、裏切り者扱いされた維新史の偏向を、新発掘の史料で訂正する。
谷林博『世良修蔵』　新人物往来社　一九七四年
　東北人が憎悪した世良の実像を、官軍・列藩同盟双方の史料で再検討する。
『京都の医学史』　京都府医師会　一九七五年
『広島県史』近世資料編Ⅵ　広島県　一九七六年
児玉識『近世真宗の展開過程』　吉川弘文館　一九七六年
　長州藩勤王僧の登場を真宗寺院の形成や独自の信仰形態から説く。
谷川健一『最後の攘夷党』　三一書房　一九七七年
　九州へ脱走、憤死するまでの大楽について、時代背景や人間関係から説く。
『水戸学』日本思想史大系五三　岩波書店　一九七八年

三坂圭治編『維新の先覚月性の研究』僧月性顕彰会　一九七九年
五人の研究者の論考を中心に年譜や詩の解釈を収録。巻末に「仏法護国論」「清狂遺稿」などの原史料を付す。
恒遠俊輔『幕末の私塾・蔵春園』葦書房　一九九一年
咸宜園など同時代の学塾と比較しながら見る。門人や交友関係などにも言及。
『大畠町史』大畠町役場　一九九二年
幕末維新期の一節を月性に割き、その生涯、人と為りについて平易に解説。
斎藤正和『斎藤拙堂伝』三重県良書出版会　一九九三年
斎藤家に残された膨大な史料を駆使しながら、拙堂の思想やその学塾を詳述。
一坂太郎編『史料赤禰武人』東行庵　一九九九年
現時点で発掘、収集された史料を網羅する。
『僧月性顕彰会会報』第一号　僧月性顕彰会　二〇〇二年
最新の研究や史料収集、啓蒙活動などの現状を報告。
岡不可止「男児立志出郷関の作者攷」『月性師事蹟資材』一
中野証「資料紹介『仏法護国論』――月性」伝道院紀要一〇　一九七〇年
中野証「近代真宗史における〈信教自由運動〉の問題」伝導院紀要一一　一九七一年
三宅紹宣「幕末期長州藩の宗教政策――長州藩天保改革における淫祠解除政策について」（河合正治編『瀬戸内海地域の宗教と文化』）一九七六年
蔵本朋依「僧月性顕彰会所蔵資料（一）斎藤拙堂・誠軒書簡」広島近世文学研究会『鯉城往来』第三号　二〇〇〇年

〈後記〉 脱稿後、本年二月の町村合併により大畠町が柳井市となったことを知ったが、ここではすべて旧行政区画、すなわち玖珂郡大畠町とした。

あとがき

僧月性と私の出会いはかなり古く、昭和五二（一九七七）年春、今から二八年前に僧月性顕彰会が、『維新の先覚月性の研究』の編纂を企てた時である。まだご存命であった会長森本常雄氏のお誘いで、「教育者としての月性」と題する一章を担当したのが最初である。月性が生まれ育ち、そして死んだ遠崎村妙円寺は、私の両親が晩年住んだ大畠町の家から大して遠くなかったから、夏休みなどの休暇を利用しながら、何度も機会を見て史料調査に出掛けることになった。妙円寺内に残された膨大な書簡類や過去帳などは、この時初めて目にすることができた。瀬戸内の小さな村の寺、静寂そのものの庫裡の一角で、私は長い時間を掛けて初めて見る貴重な史料に興奮し、懸命に筆を走らせたり、シャッターを押した記憶がある。この分野では一家言を持っておられた森本さんに、その都度沢山のことを教えられ、いろいろアドバイスを受けながら出入りした日々である。三十年近い歳月を経た今では、すべてが懐かしい思い出となっている。

この頃、収集した史料は、私が担当した一章に利用したものも少なくないが、その余のほとんど、沢山の史料類が私の手元に残った。史料収集はこの後も機会あるごとに続け、妙円寺以外のところでは、山口県立図書館や文書館の所蔵史料を集中的に見た。門下生については、各人の出身地に直接出掛けて史料調査を行った。月性やその門下生に関する史料を可能なかぎり収集し、これらを私は、その都度項目別に整理して書斎に積み上げた。数十年の時間的経過の中で、いつの間にか大変な分量となったことは言うまでもない。

私の頭のどこかにあった、おそらくいつか僧月性の勉強に本格的に取り組みたいという思いが、そうした作業に取り組ませたと思われる。初めて出会ったこの人物が、それだけ魅力的な存在として、私の興味や関心をかきたて、心を揺さぶったに違いない。同じ頃、私が吉田松陰や松下村塾の研究を始めたこともプラスした。僧月性やその学塾時習館は、そうした研究を進めれば進めるほど、無関係ではなくなったからである。

赤禰武人や富樫文周らのように、もと月性の門下生が萩城下の村塾をめざした。一方、土屋恭平のように村塾から時習館に来た者もいるから、二つの学塾を一緒に勉強することになった。両者の間では、詩文や書簡の往復も盛んに行われており、当然調査の対象になった。松陰の東北脱藩の道筋を辿る旅では、奥羽鎮撫使参謀世良修蔵が憤死した阿武隈川の畔や遺骸を葬った白石城下の風景に出会うなど、思わぬ収穫が行く先々であった。要するに、松陰研究が進むのと並行して、僧月性に関する史料収集もしだいにその量を増し、質の面でも益々充実することになった。私の小さな書斎の相当部分を占め、うず高く積まれた史料類、今回、それらすべてが改めて陽の目を見ることになった。

僧月性に関する研究がこれまでなかったのかというと、そうではない。戦前、国体明徴運動が高揚した頃、すなわち昭和十年代に、幾つかの伝記が相次いで試みられた。松陰精神普及会のいわゆる松陰主義、すなわち日本主義が、戦争完遂の思想動員の具として活用されたのと同じレベルであり、そのまま受け入れ難いものが多いが、吉富治一『勤王僧月性伝』のような優れた研究もなかったわけではない。敗戦と同時に、それらすべてが一挙に拡散、消滅してしまった。僧月性顕彰会の発足が、昭和四三（一九六八）年五月だから、実に二十年以上もの長い歳月、この人物は世の人びとの関心を呼ぶことなく、その視野の外に捨てて顧みられなかったということになる。

二八年前、森本常一氏が率いる顕彰会が試みた月性伝、かつて私も関係した一書がきっかけになって、この人物に関する研究が本格化するかと思ったが、必ずしもそうはならなかった。その理由はともかく、長年温めてきた僧月性とその時代を克明に辿り、これを一冊の書物にまとめたいという構想、懸案の大きな宿題を今、私はようやく果たした思いでいる。むろん、その成果に決して満足しているわけではない。妙円寺に残された膨大な史料類の解読を含めて、僧月性なる人物をよりよく説明し、もっと深く理解するための研究は、今まさにようやく緒に付いたといっても過言ではない。本書がその第一歩となることができれば幸いである。

二〇〇五年五月二四日

海原　徹

月性略年譜

和暦	西暦	齢	関係事項	一般事項
文化一四	一八一七	1	9・27周防大島郡遠崎村（現・玖珂郡大畠町）の妙円寺に生れる。父祇城、母尾の上27歳。名を煙渓、字を知円といい、清狂と号す。祖父謙譲63歳、祖母オヨネ48歳、叔父周邦13歳。	水野忠成、老中となる。9・27英船浦賀に来航。
文政元	一八一八	2	竹馬の友、秋元晩香（稲彦）生まれる。	文化15年4・22文政と改元。
二	一八一九	3	3・5早世した長男篤祐（周邦）の一三回忌法要	
五	一八二二	6	3・2叔父周邦、日田咸宜園に入る。	小田原藩、二宮尊徳を登用。
七	一八二四	8	春、周邦日田より帰郷。4月祖父謙譲（70歳）隠居、周邦（20歳）第九世住職となる。11・27周邦、咸宜園を除名。	5月英国捕鯨船員、常陸大津浜に上陸。7・5英国捕鯨船員、薩摩に上陸。シーボルト、長崎に鳴滝塾を開く
八	一八二五	9	7・3周邦、咸宜園に再入。	2・15異国船打払令。
一一	一八二八	12	1・26周邦、咸宜園を除名。この頃、佐波郡右田村大田梁平の本教館に学ぶというが、確証なし。	越後大地震。シーボルト事件。

一二	一八二九	13	西本願寺で得度を受ける。	江戸大火。
天保 二	一八三一	15	田布施村の円立寺で遊説中の僧不及に会う。夏、恒遠醒窓の蔵春園に入る。	7月下旬防長二国、百姓大一揆
三	一八三二	16	閏11・17萩光山寺の恵深、月性の紹介で蔵春園に入る。	この年より全国各地で飢饉続発。
五	一八三四	18	4・4三蒲村龍泉寺天龍、小松村妙善寺憲嶺、遠崎村秋元佐多郎、5・18妙円寺天端ら月性の紹介で入塾。6月叔父龍護本願寺門主の命で熊本に赴き、無名指を切断して衆徒を説得する。帰途、妙円寺に来る。	1月幕府、関東諸国に江戸廻米を命ずる。3月水野忠邦、老中となる。
六	一八三五	19	上洛、短期間で帰る。冬、蔵春園を去り帰郷。年末、上洛する。	足立左内、露語辞典を完成。
七	一八三六	20	新春を京都で迎える。3月中島棕隠に詩を示す。3・26広島の坂井虎山に束脩を呈する。秋、佐賀遊学のため発つ。11・24日田咸宜園に入り客席生となる。七日間学ぶ。12月初旬、薬師寺村の蔵春園を訪ね、しばらく在塾。12・22蔵春園に別れを告げて発つ。年末、佐賀善定寺の精居寮に入る。	6・13藩内各地で大洪水。大飢饉が進行し、一揆と打ち壊しが全国各地で発生。
八	一八三七	21	周邦の娘梅野（後の月性妻）生まれる。12・17祖父謙譲没（83歳）	2・19大塩平八郎の乱。米船モリソン号浦賀入港、撃退。

九	一八三八	22	晩秋、長崎に遊ぶ。船で平戸沖、鬼界ヶ島へ行く。	緒方洪庵、大坂に適塾を開く。
一〇	一八三九	23	5～6月半山楼、縁猗園、光明寺での送別会出席。6月上旬精居寮を去り帰郷。	5・14蛮社の獄
一一	一八四〇	24	10月下旬詩作千首より七十首を集め一本を作り、師友に贈る。	6・5藩内各地で大洪水。7月アヘン戦争の報入る。
一二	一八四一	25	1月広島の坂井虎山を訪ねる。3月厳島を経て広島に行く。虎山歌の長詩を作る。夏、萩城下に出る。	5・9高島秋帆、徳丸原で洋式砲術を試す。5月水野忠邦の改革始まる。
一三	一八四二	26	春、恒遠醒窓の代講として蔵春園で教える。帰途、佐賀、広島を経て帰郷。9・13祖母オヨネ没（73歳）	7月文政8年の打払令を廃し、薪水給与令を復活。9月諸侯の物産専売禁止。
一四	一八四三	27	2・12広島東照宮に詣でた後、坂井虎山を訪ねる。6・28出萩、北条瀬兵衛、周布政之助らと舟遊び。8・14男児立志の詩を残して旅立つ。叔父龍護の大坂島町長光寺に寓しながら篠崎小竹の梅花社に学ぶ。閏9・28津城下に斎藤拙堂を訪ねる。	3月人返し令(帰農法)。6月江戸・大坂周辺上地令。閏9月水野忠邦失脚、阿部正弘老中となる。萩藩、羽賀台の大操練実施。
弘化元	一八四四	28	5月上旬龍護と上洛、初めて超然に会う。6月北国巡拝に出発。7・9～17帰途、富山城下に滞在。7・18富山発、北国街道、琵琶湖を経て帰京。7・26～8・1京都滞在。8月初旬大坂へ帰る。11・22	天保15年12・2弘化と改元。仏船、琉球来航。5・6水戸藩主徳川斉昭謹慎処分となる。7月オランダ国王開国を進言。萩藩、

			龍護と上洛。12・9上洛、超然と詩仙堂に遊ぶ。	各地の沿岸に砲台を築く。
二	一八四五	29	1・17田布施村円立寺の叔母織江没（45歳）。2・10江州福堂に超然を訪ねる。2・11逮夜法談を行う。2・12養老の滝を経て津城下に斎藤拙堂を訪ねる。2・25福堂の超然の元に戻る。2・26超然と安土、守山を経て上洛。4月末坂井虎山に超然「放言」六冊を示す。7・7浪華橋の寓居に篠崎父子らを招いて飲む。7・16篠崎父子らと桜宮の舟遊びに興ずる。9・26上洛、超然と会う。10月頃まで在京。	1月浦賀に砲台築造。6月幕府、オランダ国王の開国勧告を謝絶する。7・5幕府、海防掛を設置。米艦、漂流民を送還。英艦、琉球・長崎に来る。
三	一八四六	30	6月堺の薬店（三臓円製造）、安松村根来喜右衛門宅に篠崎小竹と泊す。9・29上洛、超然を訪ね、「絶句類苑」の版刻を告げる。10・4超然に従い江州福堂に行く。10月津城下に斎藤拙堂を訪ねる。	3・27江戸大火。4・5英船、琉球に来航。閏5月米使ビッドル浦賀に来り開国を要求、幕府拒絶。8月海防の勅諭、幕府に下る。
四	一八四七	31	春、帰郷。5月上旬上坂。6・6津城下に斎藤拙堂を訪ねる。6・15梅花社に入る斎藤徳太郎を伴い帰坂。8・15篠崎父子、広瀬旭荘らと観月の会。9・26上洛、超然と会う。10・16津城下に斎藤拙堂を訪ねる。11月徳太郎を伴い廉塾、百千堂を訪ねながら西下。12月初旬遠崎村に帰る。徳太郎、数日間滞在。	信州地方大地震。3月学習所（学習院）開講。5月長州藩、沿岸防備を厳しくする。幕府、相模・安房・上総の沿岸防備を諸藩に命ずる。

嘉永元	一八四八	32	徳太郎を送って遠崎、大坂間を海路往復する。12・15斎藤徳太郎、津城下に帰着。 3月叔父周邦上洛。4月妙円寺内に時習館を開設。円立寺真道、西藤馬ら入塾。同月、赤穂の河原士栗来る。備中の阪谷希八郎・山鳴弘蔵、上毛の田中謙三郎、仙台の針生大八郎ら来り、留宿五日。5月備中の守脇基太郎、姫路の生田如圭ら来る。6月徳田喜代次郎、福山の浜野章吉、京都吉田家内の中川出羽ら来る。7月丹後田辺の牛窪茂太郎来る。9月針生大八郎、西遊の帰途再来する。この月大洲鉄然入塾、年末右田村の学文堂に戻る。12月高槻の滝川直三郎来る。	弘化5年2・28嘉永と改元。5・2米国捕鯨船渡島に漂着、乗員を長崎に護送する。6月オランダ商館医モーニッケ種痘を伝える。この年、佐久間象山、大砲を鋳造する。
二	一八四九	33	1・6塾生円立寺真道没（20歳）。5月岩国の桂公素（玉乃世履）・大草隆之輔ら来る。7・10塾生西藤馬没（11歳）。7・15広島城下に坂井虎山を訪ねる。12・17叔父龍護の西遊を迎える。新春を迎え帰坂。	3月萩明倫館の再修成る。閏4月英国船、浦賀に来航。5月幕府、打払令復活の可否を問い、海防論沸騰。同じ頃、江川太郎左衛門、韮山に反射炉建設。
三	一八五〇	34	4・14周邦、梅野を伴い上洛、5・7まで在京。6月秋元晩香らと厳島の神祭を見る。6・24萩の土屋蕭海来る。8・18伊予大洲の丸山民江来る。9・9	4・5七社七寺に外患防止の祈禱の勅諭。再び海防の勅諭、幕府に下る。清国太平天国の乱起

四	一八五一	35	坂井虎山没、葬儀に出席。12月広島から帰途土屋蕭海来り、留宿数日。この年、秋良雄太郎入塾。春、土屋恭平入塾。3・5周邦北国巡拝に出発。4・29萩の山県謙蔵来る。5月大洲鉄然再来、10月頃まで学ぶ。盆前より発病、数カ月間病床に伏す。大島郡代官より見舞いの品届く。11・3周邦北国巡拝より帰る。この年、松岡弁之助、和真道ら入塾。	こる。防長両国洪水。正月中浜万次郎帰国。幕府、浦賀砲台などの整備着手。8月薩摩藩、製煉所を建設。佐賀藩の反射炉完成。
五	一八五二	36	1・15守田良弼来る。2・12岡山藩の岡本友之助、村上惟達ら来る。4・25住職免許、周邦（48歳）隠居。この頃従妹の梅野（16歳）と結婚か。5月萩に遊び大酔。この頃、秋良敦之助の紹介で村田清風に会う。7・7周盈真人来る。年末、再来。この年、松崎門平（赤禰武人）、大楽源太郎ら入塾。	2月水戸藩、「大日本史」を刊行。5月幕府、浦賀砲台を彦根藩管轄とする。8月蘭人長崎に来て開国を主張。露船、下田に来航。薩摩藩、反射炉を建設。徳川斉昭、地球儀を献上。
六	一八五三	37	1・15久賀村阿弥陀寺に遊ぶ。4・9播州林田藩の村越充吉来る。4・28土佐の細川壮次郎、萩の長野九右衛門、三戸玄庵来る。7月出萩、久坂玄機、嚶鳴社の北条らと飲み激論。9月村田清風を萩別邸に訪ねる。この頃、山県有朋、鈴木高鞆の紹介で清光寺で月性に会う。11・29周邦上洛。	6・3ペリー浦賀来航。7月幕府、諸侯以下に開国の可否を聞く。7・18露使プチャーチン長崎来航。8月高島秋帆の禁固を許す。9月幕府、大船建造の禁を解く。12・5プチャーチン長崎に再来。石川島造船所建設。

安政 元	一八五四	38	2・27久坂玄機没、弔詩を作る。3月上旬周邦上洛。5・3出萩、坪井九右衛門（顔山）を水哉亭に訪う。5月勢州洞津の北川藤平（長谷川左仲）来る。5・29博多の拳法家林道一来る。しばらく滞在。8・15秋良敦之助製作の車輪船を見る。9月ロシア軍艦侵入の報を聞き、秋良ら壮士三十余名、妙円寺境内で演武す。10月阿月村円覚寺で法話。12月末「封事草稿」脱稿、秋良敦之助、土屋蕭海らに添削を依頼。これより前、「内海杞憂」を著す。この年、中司修蔵（世良修蔵）入塾。	嘉永7年11・27安政と改元。正・14米艦、再来。3・3日米和親条約。8・23日英和親条約。10月紀州百姓一揆。11・4江戸、東海地方に地震、大津波。12・21日露和親条約。
二	一八五五	39	春、京都より帰郷。2・22出萩、小林三四郎宅に泊る。北条ら来談。2・28佐世主殿の依頼で大津郡黄波戸村に赴く。3・3黄波戸の海岸寺で法話。3・22萩の斎藤市郎兵衛（貞甫）、赤川忠亮、口羽徳祐ら来る。留宿三日。4・4~10萩松本村の明安寺で法話。4・11大津郡に赴く。4・22秋良らと三隅村沢江山荘の村田清風を訪ねる。4・23瀬戸崎村の浄願寺で数日間法話。5月周邦上洛。この頃、福原三蔵入塾、林道一来る。8月頃まで滞在。8・9林道一別れにさいし月性剣舞之図を描く。8月下旬出萩、	1月幕府、洋学所設置。2月幕府、東西蝦夷地収公。5・21ドイツ船下田に来る。7・29幕府、海軍伝習所を長崎に作る。10・2江戸大地震、藤田東湖圧死。10・9堀田正睦、老中首座になる。10・24長崎海軍伝習始まる。萩藩からも多数参加。12・23日蘭和親条約。萩藩、西洋学所を設置。

益田弾正の依頼で須佐へ赴く。9・3～9須佐村の浄蓮寺で法話。9・17萩の益田邸で法話。9月末より、芸州僧黙霖、妙円寺に滞在。この年、芸州人天地哲雄、富樫文周ら入塾。

三　一八五六　40

1・12宗祖六百回忌執行準備のため周邦上洛。2月某日本山御用僧より4月6日～12日本山御堂で法話の命あり（応諾の事実なし）4・6～13萩清光寺で法話。5・5長女簾子生まれる。7月本山御用僧より門主呼び出し状来る。8・10海路上洛。途中、広島の木原慎斎を訪ねる。この後、福山の江木鰐水、城西草戸村里正らに招かれ滞在。8・29大坂着、在坂の斎藤拙堂らと舟遊び。8・30拙堂ら諸儒と免角亭に遊ぶ。9・12上洛、萩藩留守居役宍戸九郎兵衛らと三本木の酒楼で飲む。9・20斎藤拙堂送別の宴で中村水竹のメリケン踊りに怒り抜剣、吊燈を切る。9・23叔父龍護没（63歳）。10・1南禅会、拙堂、頼三樹三郎、宗長弥太郎、広瀬元恭らと会す。10・3本山門主へ「護法意見封事」を呈する。この頃、本山より初め藤陰亭、のち翠紅館居住を命じられる。11・13超然、梅田雲浜らと飲む。11・25梅田雲浜長

2・11幕府、蕃書調所（洋学所を改称）設置。3・24幕府、講武所設置。3月松下村塾開塾。4・24長州藩、萩に軍艦製造所を開設。7・21米総領事ハリス来日。11月長州藩、洋薬製造を開始。手塚律蔵、本郷に英学塾を開設。

四	一八五七	41	州遊説の送別会。翌日、雲浜西下。年末、大楽源太郎上洛。 2・3入洛中の藤森天山を訪ね酒楼で飲む。2月下旬本山御用で伊勢へ赴く。途中、月ヶ瀬の梅を観賞する。3・1津城下着、拙堂を訪ね17日まで滞在。4・15在京中の超然と紀州遊説の件を相談。4・18京都出発。4・19大坂八軒家浜着、翌日より信濃楼、免角亭での送別会。4・21大坂発、高石駅泊。4・22和歌山着、鷺森別院に入る。友嶋奉行らに加太海門の防禦策を示す。4・27鷺森別院で二度にわたり法話。4・28別院で法話を行う。5・3勘定奉行水野藤兵衛に会う。5・4和歌浦に遊び、東照宮、法福寺に詣でる。5・6家老久野丹波守に会い、海防論を述べる。5・8和歌浦より塩津まで舟行、陸路を須原浦まで歩き、海防家菊池海荘を訪ねる。5・10和歌山帰着。5・15帰京、御用僧に復命書を呈する。5・24超然を福堂に訪ね、紀州一件を報告。閏5・15本山より帰国許可書。この頃、月性の蝦夷地箱館派遣の議起こる。閏5・29三本木月波楼で頼三樹三郎主催の送別会。7・9妙円寺に帰る。12・1	春、西本願寺、幕府より小樽内1万坪貸与を受け休泊所を設ける。4・11幕府、江戸築地に軍艦教授所を置く。5・26ハリスと下田条約締結。5月西本願寺、函館平野西端に55万坪の借用を得る。7月幕府、長崎飽の浦に製鉄所建設。7・29畿内に大風雨、洪水。8・25東海・東山道諸国に大雨、洪水。9・21オランダ軍医ポンペ、長崎で教授開始。

五	一八五八	42	母尾の上発病。同月4日没（67歳） 2・16出萩、18日より玉江の光山寺で法話。2・19村塾生二・三十名法話を聴講。2・27城下某所で法話。村塾生聴講。この頃、松陰の依頼で村塾と江南派の対立・抗争を調停する。3・1中谷の依頼で山口に出て法話。4・5出萩。4・20～26田布施村の円立寺で法話。4・27平生村の真覚寺で法話。4・28妙円寺で月例法話。4・29室津より発つ。船中で病み引き返す。5・2妙円寺に帰り病床に伏す。 5・10夜五ツ時（8時）没、享年42歳。	1月堀田老中、条約勅許のため上洛。4・23井伊直弼、大老となる。5月長州藩、天朝に忠節、幕府に信義、祖先に孝道の三藩是確定。6・19日米修好通商条約。7月以降蘭・露・英・仏国と修好通商条約を締結。8・8水戸に密勅下る。9月梅田雲浜ら下獄、安政大獄始まる。12・26吉田松陰、野山再獄。コレラ大流行、死者3万名に達す。

和宮　辻ミチ子

近代

明治天皇　伊藤之雄
大正天皇　フレッド・ディキンソン
大久保利通　三谷太一郎
山県有朋　鳥海　靖
木戸孝允　落合弘樹
井上　馨　高橋秀直
*松方正義　室山義正
北垣国道　小林丈広
大隈重信　五百旗頭薫
伊藤博文　坂本一登
井上　毅　大石　眞
桂　太郎　小林道彦
林　董　君塚直隆
高宗・閔妃　木村　幹
山本権兵衛　室山義正
高橋是清　鈴木俊夫
小村寿太郎　簑原俊洋

犬養　毅　小林惟司
加藤高明　櫻井良樹
田中義一　黒沢文貴
平沼騏一郎　堀田慎一郎
宮崎滔天　榎本泰子
浜口雄幸　川田　稔
幣原喜重郎　西田敏宏
関　一　玉井金五
広田弘毅　井上寿一
安重根　上垣外憲一
グルー　廣部　泉
東條英機　牛村　圭
蒋介石　劉　岸偉
木戸幸一　波多野澄雄
*乃木希典　佐々木英昭
加藤友三郎・寛治　麻田貞雄
宇垣一成　北岡伸一
石原莞爾　山室信一
五代友厚　田付茉莉子
安田善次郎　由井常彦

渋沢栄一　武田晴人
山辺丈夫　宮本又郎
武藤山治　阿部武司・桑原哲也
小林一三　橋爪紳也
大倉恒吉　石川健次郎
大原孫三郎　猪木武徳
河竹黙阿弥　今尾哲也
イザベラ・バード　加納孝代
林　忠正　木々康子
森　鷗外　小堀桂一郎
二葉亭四迷　ヨコタ村上孝之
巌谷小波　千葉信胤
樋口一葉　佐伯順子
島崎藤村　十川信介
泉　鏡花　東郷克美
有島武郎　亀井俊介
永井荷風　川本三郎
北原白秋　平石典子
菊池　寛　山本芳明

宮澤賢治　千葉一幹
正岡子規　夏石番矢
P・クローデル　内藤　高
高浜虚子　坪内稔典
与謝野晶子　佐伯順子
種田山頭火　村上　護
斎藤茂吉　品田悦一
*高村光太郎　湯原かの子
萩原朔太郎　エリス俊子
原阿佐緒　秋山佐和子
高橋由一・狩野芳崖　古田　亮
竹内栖鳳　北澤憲昭
黒田清輝　高階秀爾
中村不折　石川九楊
横山大観　高階秀爾
橋本関雪　西原大輔
小出楢重　芳賀　徹
土田麦僊　天野一夫

岸田劉生　北澤憲昭
松旭斎天勝　川添　裕
中山みき　鎌田東二
ニコライ　中村健之介
出口なお・王仁三郎　川村邦光
島地黙雷　阪本是丸
*新島　襄　太田雄三
澤柳政太郎　新田義之
河口慧海　高山龍三
大谷光瑞　白須淨眞
李方子　小田部雄次
古賀謹一郎　小野寺龍太
久米邦武　高田誠二
フェノロサ　伊藤　豊
内村鑑三　新保祐司
*岡倉天心　木下長宏
徳富蘇峰　杉原志啓
内藤湖南・桑原隲蔵　礪波　護
岩村　透　今橋映子

法然　今堀太逸
慈円　大隅和雄
明恵　西山　厚
親鸞　末木文美士
恵信尼・覚信尼　西口順子
道元　船岡　誠
叡尊　細川涼一
*忍性　松尾剛次
*日蓮　佐藤弘夫
一遍　蒲池勢至
夢窓疎石　田中博美
宗峰妙超　竹貫元勝

南北朝・室町

後醍醐天皇　上横手雅敬
護良親王　新井孝重
北畠親房　岡野友彦
楠正成　兵藤裕己
新田義貞　山本隆志
足利尊氏　市沢　哲
佐々木道誉　下坂　守
円観・文観　田中貴子
足利義満　川嶋將生
足利義教　横井　清
大内義弘　平瀬直樹
日野富子　脇田晴子
世阿弥　西野春雄
雪舟等楊　河合正朝
雪村周継　赤澤英二
宗祇　鶴崎裕雄
*満済　森　茂暁
一休宗純　原田正俊

戦国・織豊

北条早雲　家永遵嗣
毛利元就　岸田裕之
*今川義元　小和田哲男
武田信玄　笹本正治
三好長慶　仁木　宏
上杉謙信　矢田俊文
吉田兼倶　西山　克
山科言継　松薗　斉
織田信長　三鬼清一郎
豊臣秀吉　藤井讓治
前田利家　東四柳史明
蒲生氏郷　藤田達生
伊達政宗　伊藤喜良
支倉常長　田中英道
北政所おね　田端泰子
淀殿　福田千鶴
ルイス・フロイス　エンゲルベルト・ヨリッセン
*長谷川等伯　宮島新一
顕如　神田千里

江戸

徳川家康　笠谷和比古
徳川吉宗　横田冬彦
後水尾天皇　久保貴子
光格天皇　藤田　覚
崇伝　杣田善雄
春日局　福田千鶴
池田光政　倉地克直
シャクシャイン　岩崎奈緒子
田沼意次　藤田　覚
末次平蔵　岡美穂子
林羅山　鈴木健一
中江藤樹　辻本雅史
山崎闇斎　澤井啓一
*北村季吟　島内景二
ケンペル　ボダルト・ベイリー
荻生徂徠　柴田　純
雨森芳洲　上田正昭
前野良沢　松田　清
平賀源内　石上　敏
杉田玄白　吉田　忠
上田秋成　佐藤深雪
木村蒹葭堂　有坂道子
大田南畝　沓掛良彦
菅江真澄　赤坂憲雄
*鶴屋南北　諏訪春雄
良寛　阿部龍一
滝沢馬琴　高田　衛
山東京伝　佐藤至子
平田篤胤　川喜田八潮
シーボルト　宮坂正英
本阿弥光悦　岡　佳子
小堀遠州　中村利則
尾形光琳・乾山　河野元昭
*二代目市川團十郎　田口章子
与謝蕪村　佐々木丞平
伊藤若冲　狩野博幸
鈴木春信　小林　忠
円山応挙　佐々木正子
*佐竹曙山　成瀬不二雄
葛飾北斎　岸　文和
酒井抱一　玉蟲敏子
オールコック　佐野真由子
*月性　海原　徹
西郷隆盛　草森紳一
*吉田松陰　海原　徹
徳川慶喜　大庭邦彦

ミネルヴァ日本評伝選

上代

俾弥呼 古田武彦
日本武尊 西宮秀紀
雄略天皇 吉村武彦
蘇我氏四代 遠山美都男
推古天皇 義江明子
聖徳太子 仁藤敦史
斉明天皇 武田佐知子
天武天皇 新川登亀男
持統天皇 丸山裕美子
阿倍比羅夫 熊田亮介
柿本人麻呂 古橋信孝
元明・元正天皇 渡部育子
聖武天皇 本郷真紹
光明皇后 寺崎保広
孝謙天皇 勝浦令子
藤原不比等 荒木敏夫
吉備真備 今津勝紀
道 鏡 吉川真司
大伴家持 和田 萃
行 基 吉田靖雄

平安

桓武天皇 井上満郎
嵯峨天皇 西別府元日
宇多天皇 古藤真平
醍醐天皇 石上英一
村上天皇 京樂真帆子
花山天皇 上島 享
三条天皇 倉本一宏
後白河天皇 美川 圭
小野小町 錦 仁
藤原良房・基経 滝浪貞子
菅原道真 竹居明男
紀貫之 神田龍身
慶滋保胤 平林盛得
*安倍晴明 斎藤英喜
藤原道長 朧谷 寿
清少納言 後藤祥子
紫式部 竹西寛子
和泉式部 ツベタナ・クリステワ
大江匡房 小峯和明
式子内親王 奥野陽子
建礼門院 生形貴重
阿弖流為 樋口知志
坂上田村麻呂 熊谷公男
*源満仲・頼光 元木泰雄
平将門 西山良平
平清盛 田中文英
藤原秀衡 入間田宣夫
空 海 頼富本宏
最 澄 吉田一彦
奝 然 上川通夫
源 信 小原 仁
守覚法親王 阿部泰郎

鎌倉

源頼朝 川合 康
*源義経 近藤好和
後鳥羽天皇 五味文彦
九条兼実 村井康彦
北条時政 野口 実
熊谷直実 佐伯真一
*北条政子 関 幸彦
北条義時 岡田清一
曾我十郎・五郎 杉橋隆夫
北条時宗 近藤成一
安達泰盛 山陰加春夫
平頼綱 細川重男
竹崎季長 堀本一繁
西 行 光田和伸
藤原定家 赤瀬信吾
*京極為兼 今谷 明
*兼 好 島内裕子
重 源 横内裕人
運 慶 根立研介

刊行のことば

歴史を動かすものは人間であり、興趣に富んだ人間の動きを通じて、世の移り変わりを考えるのは、歴史に接する醍醐味である。

しかし過去の歴史学を顧みるとき、人間不在という批判さえ見られたように、歴史における人間のすがたが、必ずしも十分に描かれてきたとはいえない。二十一世紀を迎えた今、歴史の中の人物像を蘇生させようとの要請はいよいよ強く、またそのための条件もしだいに熟してきている。

この「ミネルヴァ日本評伝選」は、正確な史実に基づいて書かれるのはいうまでもないが、単に経歴の羅列にとどまらず、歴史を動かしてきたすぐれた個性をいきいきとよみがえらせたいと考える。そのためには、対象とした人物とじっくりと対話し、ときにはきびしく対決していくことも必要になるだろう。

今日の歴史学が直面している困難の一つに、研究の過度の細分化、瑣末化が挙げられる。それは緻密さを求めるが故に陥った弊害といえるが、その結果として、歴史の大きな見通しが失われ、歴史学を通しての社会への働きかけの途が閉ざされ、人々の歴史への関心を弱める危険性がある。今こそ歴史が何のためにあるのかという、基本的な課題に応える必要があろう。評伝という興味ある方法を通じて、解決の手がかりを見出せないだろうかというのも、この企画の一つのねらいである。

狭義の歴史学の研究者だけでなく、多くの分野ですぐれた業績をあげている著者たちを迎えて、従来見られなかった規模の大きな人物史の叢書として、「ミネルヴァ日本評伝選」の刊行を開始したい。

平成十五年（二〇〇三）九月

ミネルヴァ書房

《著者紹介》
海原　徹（うみはら・とおる）

1936年	山口県生まれ。
	京都大学卒，京都大学助教授，同大学教授を経て，
1999年	京都大学停年退官，名誉教授。
現　在	京都学園大学学長。教育学博士。
著　書	『明治維新と教育』ミネルヴァ書房，1972年。
	『明治教員史の研究』ミネルヴァ書房，1973年。
	『大正教員史の研究』ミネルヴァ書房，1977年。
	『学校』近藤出版社，1979年。
	『近世私塾の研究』思文閣出版，1983年。
	『教育学』ミネルヴァ書房，1987年。
	『近世の学校と教育』思文閣出版，1988年。
	『吉田松陰と松下村塾』ミネルヴァ書房，1990年。
	『松下村塾の人びと』ミネルヴァ書房，1993年。
	『松下村塾の明治維新』ミネルヴァ書房，1999年。
	『江戸の旅人 吉田松陰』ミネルヴァ書房，2003年。
	『吉田松陰』ミネルヴァ書房，2003年。
	『偉大なる凡人辻本光楠』丸善，2005年。
訳　書	R. Rubinger『私塾』共訳，サイマル出版会，1982年。

ミネルヴァ日本評伝選
月《げっ》性《しょう》
――人間到る処青山有り――

2005年9月10日　初版第1刷発行　〈検印省略〉

定価はカバーに
表示しています

著　者　海　原　　徹
発行者　杉　田　啓　三
印刷者　江　戸　宏　介

発行所　株式会社　ミネルヴァ書房
607-8494 京都市山科区日ノ岡堤谷町1
電話（075）581-5191（代表）
振替口座 01020-0-8076番

共同印刷工業・新生製本

ISBN4-623-04425-4
Printed in Japan

人名索引

あ 行

か　行

さ　行

た　行

な　行

は　行

ま　行

や　行

268, 276–278, 280
吉富治一（よしとみ・はるいち） 99, 104, 105
吉松淳蔵 192

ら・わ行

頼厳（らいげん，護国寺） 104
頼山陽（らい・さんよう） 30, 52, 54, 67, 72, 76, 240
頼三樹三郎（みきさぶろう） 54, 112, 216, 235, 244, 246, 256–258, 299
離蓋（りがい，願正寺） 33, 136
陸游（宋の人） 269
李渓（教念寺） 18
龍護（覚応，長光寺10世） 7, 17, 44, 46–48, 87, 101, 136, 215, 197, 215, 222, 256
林雲銘（清の人） 66
冷雲（極楽寺） 240
冷泉為恭（れいぜい・ためちか） 301
蓮如（本願寺８世） 6, 57, 63, 64, 126, 140, 171, 225, 230
若林強斎（わかばやし・きょうさい） 258
渡辺寛 312

事項索引

た　行

な　行

は　行

ま　行

や　行

ら　行